读史的智慧

（修订本）

姚大力 著

复旦大学出版社

姚大力，复旦大学文科资深教授，任教于本校历史地理研究中心。主要专业方向为元史、中国边疆史地。先后发表论文及学术评论百余篇，结集成书者有《北方民族史十论》（广西师范大学出版社）、《蒙元制度与政治文化》（北京大学出版社）、《追寻"我们"的根源：中国历史上的民族与国家意识》（生活·读书·新知三联书店）、《边疆史地十讲》（复旦大学出版社）等。

目　　录

"安答"心目中的一代天骄

——《蒙古苍狼》^①大陆版汉译本后跋

法国小说《蒙古苍狼》大陆版汉译本的出版者要我为它写一篇跋文。说老实话，我是几经犹豫才同意的。成吉思汗是我在自己的专业领域里经常要涉及的历史人物；那么，他将如何现身于一个文学创作家的笔端之下？被强烈的好奇心所驱使，我不愿意放过这个一逞先睹之快的机会。但我又有一点担心，生怕自己的眼光和思考囿于专门之

欧梅希克《蒙古苍狼》书影

业的局限，致使情不自禁的过求或苛责会妨碍我对本书的阅读。

出乎意料的是，一旦展卷在手，《蒙古苍狼》便举重若轻般地将读者的思绪引领到成吉思汗的贴身心腹博尔术的精神世界之中，让我们在直面博尔术敞开的胸襟、直面他极具个人色彩的观察与感受的叙事语境里，跟随着小说里的"我"，去接近和认识那个震撼过 13 世纪整个旧大陆的"一代

---

① ［法］欧梅希克《蒙古苍狼：世人最崇敬的蒙古之王——成吉思汗》，王柔惠译，桂林：广西师范大学出版社，2006 年。

天骄"。

博尔术并不是以隆重的盟约与成吉思汗结拜为"安答"（译言契友、义兄弟）的第一人，但他肯定是成吉思汗最早的少数几个安答之一。在追随成吉思汗出生入死的二十多年中，他有太多的机会近距离接触这位传奇式的领袖。因此，通过他的眼睛、情感和思想，小说成功地向读者传达了一个性格丰满、思想复杂开放、内心充满张力的草原游牧英雄的形象。他有极敏锐深刻的洞察力，能一眼就识别出那些将会与他一辈子投缘的忠实骑士；他像狼一样狡猾，在战场上步步胜算，从不纵容出于本然之心的各种脆弱来干扰自己；"引弓之民"赋予他的天性，使他爱宝马总是胜于爱美女；他能以惊人的冷静来算计现实中的利害，甚至冷酷到把实施集体屠杀当作煽动恐怖、瓦解敌方意志的手段。

与成吉思汗相距咫尺，博尔术察觉出这个人身上平庸阴暗的一面。但是，身不由己地处于成吉思汗个人影响力的场阈之中，博尔术心里又总是充满着对他的敬重、爱戴与崇拜。即使发现成吉思汗为促成自己妹妹与他的婚姻而藏匿起他最心爱的情人，即使成吉思汗无情地夺走了他的另一个心上人、还因为无端怀疑他的不诚实而几乎将他处死，博尔术始终没有背叛自己的安答。正如同从龙之云、从虎之风，一个形象高大的"我"，就这样愈益衬托出更凌驾于"我"的那种笼罩性权威所具有的无上的魅力、威严和风采。

成吉思汗是他那个时代蒙古文化的象征。840年代，回鹘汗国崩溃。大批游牧人迁离塞北高原。那里一度成为权力真空和人口稀薄的地带。此后两百多年间，随着大兴安岭山地的原蒙古语部落一个接着一个地向西迁徙，草原上的人口被再度"填满"了。也许主要是由于这个原因,也许还因为周期性气候转冷对游牧人造成的生存压力,12 世纪草原社会所呈现的"天下扰攘,互相攻劫,人不安生"的形势,似乎已经在呼唤着某种至高权威的降临。暴力、阴谋、背叛、弱肉强食、奸诈诡谲成为新社会秩序出生的催产婆。

但是,绝不应该因此就把所有这些看作是当日蒙古历史文化的全部内容!小说描写在蒙古人的眼光中被腾格里不断爱抚的山峰、落日照射下像巨大的金蛇般的克鲁伦河,以及被落地松、红针松、白垩桦树所环绕的明亮耀眼的绵延草原;小说用长篇的诗歌赞颂阿尔泰山,以极细腻的白描手法讲述那个时代人对人的忠贞与爱情、人与马之间的动人友谊,甚至马与马之间的亲密情感。读者从这部小说中听到的,始终是战歌与牧歌的双重奏。多亏作者准确地把握了其中的平衡,处处不忘记真实地反映古代蒙古人对自然的深沉的爱、与人真诚相待的质朴纯洁、对天的敬畏和对未知世界的好奇,我们的心才不至于完全被那个时代的血腥和阴霾所抑郁。也正因为如此,当我们读到成吉思汗要求博尔术像他一样地"朝着阳光走去,永不回头"的时候,我们感受到的,绝不会是掂斤簸两式的狡狯心机,而只能是他豪迈、明朗的胸怀。

那么,《蒙古苍狼》所讲述的,可以说是真实的历史吗?我以为并非如此。这么说丝毫没有要批评本书的意思。追求"真实的历史"是历史学研究的任务,它本来就不是历史小说的创作目标。向历史小说寻求真实历史,虽然还不至于是缘木求鱼,无论如何是找错了对象!

历史小说的创作与历史研究自然是有区别的;然而它们

之间的差异,或许又并不如乍看起来那么大。即使是历史研究者,也早已放弃了那种一厢情愿式的天真信念,以为总有一天他们可以做到绝对客观地去"复原"历史。他们所孜孜以求的"真实历史",不仅处处显现出从史料中"榨取"出来的五花八门的"真实细节",同时也总是内在地包含着研究者自身在追忆过去时所必不可免地掺入其间的主观"想象"成分。"真实细节"再多再全,它们的总和也不可能自行构成所谓真实历史。创造性的想象力对历史研究是如此必不可少,以至于连被其批评者指责为把历史出卖给"社会科学祭坛"的年鉴学派泰斗布洛克都主张,必须在历史学科中保留诗的成分,保留住"能让人惊异脸红的那份精神"。因此,历史研究与文学创作的区别,并不在于它们是拒绝还是接纳创造性想象力,而在于二者表达其想象力的各自方式及其程度的差异。

历史学领域内的想象必须最充分地接受资料的核证与检验。在从古至今不计其数的潜在历史可能性或曰偶然性之中,只有最终演化为历史现实的那小小一族才有资格受到历史学的青睐。遵循着"有一分材料说一分话"的严厉约束,历史学的想象不允许生造没有资料依据的人物、对话、情节、事件,甚至也不允许在现存资料所提及的内容之外再去添油加醋,为它们虚构种种细节。

与这种最受拘束的"受控想象"不同,历史小说的创作却与其他类型的文学创作相类似,可以拥有大得多的自由想象空间。它可以在不被"证伪"的范围里,也就是在未与现有资料相抵牾的前提下从事各种虚构。不仅如此,它也完全有权利突破上述界限,沿着未曾被实现的那些历史可能性所指示的线索去纵情幻想,为故事里主人翁的命运或者事件的结局作出很不相同于真实历史的安排。历史小说所体现的历史想象力当然也存在优劣之分。但它的标准不在于作品是否讲述了真实的历史,而在于它是否能真确地捕捉到对其所描述时代的历史感,亦即是否能从总体上逼近那个时代人类生存的自然、物质与社会环境,逼近当日人类的精神气质和文化风貌。

《蒙古苍狼》里的绝大多数角色都脱胎于历史上的真实人物。看得出在创作过程中,作者对那段时期的蒙古史作过相当广泛透彻的了解和思考。小说里不少生动优美的人物对话,直接来源于蒙古人那部最早的史诗《蒙古秘史》,不过是把其中体裁特别的、在每句开头押韵的"头韵诗"改成了散文体而已。作者对某些历史节骨眼的理解也极有洞穿力。少年时代的成吉思汗曾与他的弟弟哈撒儿共谋,残忍地杀害了同父异母的兄弟别克帖儿。根据《蒙古秘史》,这起因于别克帖儿抢夺了成吉思汗捕获的一只鸟雀和一尾鱼。但如此说法实在难以让人信服。古代蒙古人有"收继婚"习俗,父亲或兄长死去后,他们的长子或弟弟可以收继庶母、兄嫂为妻。有一位美国人类学家因而提出,成吉思汗对自己生母将被别克帖儿收继的焦虑,才是促使悲剧发生的真正原因。这种见解有一个弱点:当日的别克帖儿还远不到足以收继其庶母的年龄。但它却立即启发我们想到了另一种蒙古旧俗,即在家长去世、诸子尚未成年的情况下,应由死者的长妻来主持一家之政。看来,促成成吉思汗弟兄间冲突白热化的核心问题是,在父亲遗留的两个妻子中,究竟应该由谁来支配这个没落中的贵族家庭以及属于他们的部落平民?编写于清前期的《蒙古源流》在追述此事时,别有用心地在别克帖儿母亲头上安了一顶"侧室夫人"的帽子,似乎正是力图切断人们继续作如是推想的思绪。在小说里,这个故事是以回忆往事的形式,借成吉思汗之口讲述出来的。后者特别点出,他母亲一向拥有"正堂夫人"的地位。这一细节揭示出,小说作者事实上已经猜出了那场残酷内讧的真正催化素。从博尔术最初出使札木合的部落开始,小说铺设了一条长长的伏线,把成吉思汗和他的大巫师阔阔出之间矛盾的逐步发展写得曲尽其幽。成吉思汗在立国后向阔阔出最终摊牌,因而就显得更在情理之中。由此可见,作者的历史眼光是很犀利的。

不过,作者的想象显然没有在"不被证伪"的界阈前打住脚步。文学人物形象的创造对故事情节多样性和丰富性的需要,可能在绝大多数情形下都远远超过历史记载能够满足它的程度。所以小说有时采用"移花接木"的办法,把史料记载中属于其他人的事迹移用到小说主人翁的身上。历史记载中替战败受伤的成吉思汗吮吸伤口淤血,并且赤身裸体地为他闯入敌营去寻找马奶子的人,名叫者勒篾,小说却把它们全写进了博尔术的故事里。博尔术本来是有儿子的,小说却直到最后还在让他为"无后"而担心。他应当参与了成吉思汗的西征,但小说却把他留在由成吉思汗的幼弟斡赤斤主政的大本营里。这就使作者得以避免从正面去描写成吉思汗的西征,而仅通过由博尔术转述的种种传闻,对此略作交代。在这些方面,全然用不着为墨守"史实"而对故事情节的安排说三道四。

但是,小说作者对早期蒙古社会的历史感,也有一些地方似未达于一间。试举数例言之。他把博尔术最初的情人命名为"牡丹"。这个名字固然很浪漫美丽,而且也确被近代蒙古人用作女人的名字(如著名的嘎达梅林之妻就叫"牡丹"),可是它绝不可能为那时的蒙古人所采用。蒙古草原本无牡丹花。蒙语"牡丹"一词读作"曼答剌瓦",是一个经由藏传佛教传入的梵文外来词;其梵文原意由印度的曼陀罗花而转指天界花名,满语则以"曼答剌瓦花"为无花果。这就是说,该词不可能出现在成吉思汗时代的蒙古社会中,因为那时候的蒙古人对藏传佛教基本上一无所知。再则,小说一再称呼博尔术的游牧营地为他的"兀鲁斯"。后面这个语词在元代用指具有成吉思汗家族血统的"诸王"才有资格获得的封民与封地;而博尔术一类的"那演"(译言"官人")们,是没有属于自己的"兀鲁斯"的。又如,小说通过成吉思汗的言辞表达了对犬类的强烈厌恶。这个情节的依据,当来源于《蒙古秘史》。他的父亲曾嘱咐儿子未来的岳丈说:"我儿子怕狗。休叫狗惊着。"但是,幼年时怕狗,是否必定意味着一生就会对狗持有极鄙视厌恶的情感? 我们知道,在蒙古游牧社会里,狗是仅次于马的人类忠实伴侣和帮手,是与蒙古人关系最亲密的牲畜之一。所以成吉思汗手下最勇健的八个将士,才会被称为"四骏马"、"四狗"。小说对此一细节的处理,似乎有些偏离对蒙古文化的准确理解。这些例证告诉我们,历史想象力在历史小说的创作中实际上并不是丝毫不受到限制的。不过,与小说在向今日读者传达古代蒙古人的历史文化方面所具有的深厚打动力相比,诸如此类的失实之处,至多也只算是大醇小疵而已。

我所认识的老一辈蒙元史专家里,不少人对金庸根据金元间事迹人物创作的历史小说很推崇。以为它们虚构归虚构,却相当准确地把握了对那个时段的历史感。《蒙古苍狼》之所以引人入胜,我想主要也是因为这个原因。在阅读这部小说的时候,我反复感觉到,即使历史研究者具有明确的主观意图,竭力想"看见"自己正在追索的那段往事,他的努力,最多只有事倍功半之效。有时候,阅读好的历史小说,更容易让人真切地"看见"从前。更深刻一层地感悟和理解过去,因此也就需要靠历史和文学,乃至其他更多学科之间的互相贯通、补充与融合,才能够不断达成。

【补记】

本文原来附载于欧梅希克《蒙古苍狼》汉译本(桂林:广西师范大学出版社,2006 年)卷末。这部小说是由台湾译者王柔惠译为汉文的。译文流畅、优美、典雅,使汉译本的读者更容易感受到小说的魅力所在。在跋文里没有把这一层意思写进去,让我耿耿于怀久矣。今得补言于此,洵一快事耳。

另一种视角的蒙古史

——《成吉思汗与今日世界之形成》①汉译本代序

蒙古帝国史的研究,需要涉及太广袤的地域、太漫长的时间段、太多语种的文献资料,而漠北草原深处的游牧政治与文化所留下的翔实记载又太过稀少。这就迫使绝大多数学者只好根据自身的兴趣与擅长,而把各自的学术探索聚焦于被进一步分割开来的诸多狭小而专门的分支领域。在这种情况下,一般读者想要通过直接阅读一大堆过分专精深奥、过分细部化的专业性著

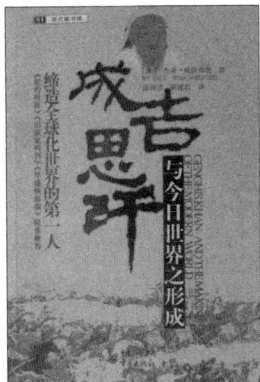

杰克·威泽弗德《成吉思汗与今日世界之形成》书影

述,从而求得对这段历史的比较深入通贯的理解,也就变得格外困难了。或许正因为如此,在近代以来的学术界,曾出现过不少大手笔的蒙古史名家,他们力图在创造性地对各种史料及研究成果进行系统清理、吸纳和消化的基础上,整体地、准确地展现出蒙古民族历史变迁的宏伟图景。瑞典人多

---

① [美]杰克·威泽弗德《成吉思汗与今日世界之形成》,温海清、姚建根译,重庆:重庆出版社,2006 年。

桑的《蒙古史》、英国人霍渥斯的五卷本《蒙古人史》、法国人
格鲁塞的《蒙古帝国史》,不但赢得了大量非专业的读者,而
且至今仍是从事相关课题的专业工作者必须备置案头的重
要参考书籍。

　　就其总的写作宗旨而言,刻下呈现在读者面前的这本
书,与上面提到的那几部名著可以说略有相似之处。为了读
懂《蒙古秘史》这部用汉字记音方式传承下来的 13 世纪的伟
大蒙古史诗,作者和他的同事们检阅了"十二种语言的最重
要的第一手和第二手"文献资料。本书收采史料的范围,包
括俄罗斯的《诺夫哥罗德编年史》,撰写于蒙古征服时代的珍
贵的叙利亚编年史《巴尔赫布勒斯》,以及穆斯林世界的伊本
阿昔儿《编年史》、术兹札尼书等。虽然还不能说是"上穷碧
落下黄泉"(这方面存在的最大问题,是作者似乎不能直接阅
读汉语文献),但是作者在发掘史料和广泛参照前人研究成
果方面的不倦努力,确实已做到了令人印象深刻的地步。不
过,它不同于多桑、格鲁塞等人著述的地方也很明显。作者
念念不忘的,是从自己特定的专业视角出发,对蒙古帝国兴
亡的历史进程作出某种带有人类学性质的阐释;他尤其关注
的是这样一个问题,即蒙古对欧亚旧大陆的征服,给紧接着
就跨入近现代门槛的人类社会带来了一些什么样的积极影
响? 如果要用一句话来概括这本书的独特之处,那么我们不
妨称之为对蒙古帝国史的文化人类学解读。

　　现在让我举一个例子,说明作者是如何凭藉着人类学视
角的观照来窥穿某些历史事件背后的文化涵意的。在阔亦
田击败"古儿汗"札木合所纠结的十一部联盟后,成吉思汗的
军队却在接下来追击溃部的战斗中被打散了。他颈脉被创,

血流不止,昏迷到半夜才醒过来。这时他只觉得全身的血已经流尽,口里干渴难忍。于是陪伴在他身边的一名勇士者勒篾便只身闯入对面的敌营,去为成吉思汗找寻蒙古人爱喝的马奶子。《蒙古秘史》的汉文旁注在这里写道:"者勒篾帽、靴、衣服自的行都行脱着,独裤有的赤裸,相抗拒着立着敌人里面走着。"(按此语大意为:者勒篾脱去自己的帽子、靴子和上下衣服,光身只穿着内裤,朝驻扎在对面的敌方营垒里走去。)他虽然没有找到马奶,可还是从敌营中带回来一桶马酪,使成吉思汗从重伤中获得稍许的恢复。这段故事是每个研习蒙古史的人都熟知的。但是为什么者勒篾在闯进敌营时需要裸露着自己的身子?《秘史》记载者勒篾自己的话说,万一在敌方营垒里被人发现,他便能以赤身裸体为证,诡称自己是在即将被自己人处死之前侥幸逃脱,来投奔对方的。不过,本书作者却不满足于这一解释。他说:"对蒙古人而言,当众裸体是非常失身份的,但要是有一位泰亦赤兀惕人看到有人夜间裸体穿越营地,他们或许会以为是自己人在起床夜解。出于礼貌,担心羞辱到自己的勇士,他们或许会把脸转过去。"看来这确是一个身处险境的陌生人避免别人注视自己的好办法!一个非常真实的细节就这样获得了更充分的解说。

也许会有人以为,者勒篾为何要赤裸着身子进入敌营,这本身并不是一件很重要的事,所以原不必如此认真地对它刨根问底。但是他们没有想到,人类以往的历史已一去不复返;想研究历史的人,如果不能够从五花八门的片断资料中找回对过去时代的触摸肌肤般的感知和理解,也就无法真切地"看见"他想追寻的那段历史。"不拘细节"或以"不拘细节"而沾沾自喜的人,起码是不能成为像样的历史学家的!

当然,蒙古帝国时代的历史资料并没有为作者的上述解释提供直接的证据。那么作者是从哪里获得这一类有关知识的呢?他曾经广泛地游历过古代蒙古人所到之处,用他自己的话说:"我穿越俄罗斯、中国、蒙古、乌兹别克斯坦、哈萨克斯坦、塔吉克斯坦、吉尔吉斯斯坦和土库曼斯坦,去追寻蒙古人的足迹。我用了一个夏天的时间沿着突厥部落在古代迁移的道路行走。""然后,大致遵循马可·波罗的海上航线,我围绕这个古帝国一圈,从华南到越南,穿越马六甲海峡,到达印度及波斯湾的阿拉伯国家,最后抵达威尼斯。"不过,光靠这种走马看花式的旅行考察,断然还无法写得出像现在这样的一本书,尽管连作者自己对此也一度估计不足。1998年,他再次去到蒙古。出乎他本人意料的是,原先是为结束本课题研究而安排的这次"收尾式的短暂旅行",却变成了另一项长达五年之久的研究。这位文化人类学家如今才真正找回了自己的感觉:这是长期与"一群不断更换的蒙古学生、学者、当地牧民以及养马人"一起生活和工作带给他的最大收益。对于自己的这一大群合作者,他充满敬意地写道:"他们之间总是非常激烈地进行着争论,试图回答我正在探讨的问题。他们的判断和答案总是比我的好,而且他们经常会提出一些我从未想到过的问题。他们了解牧人的想法,即使在陌生的地域,也可以很容易地确定他们的祖先将会在哪里扎营,将会按哪个方向行进。他们很容易判别出哪个地方蚊虫多,因而不适合夏季驻宿,哪个地方太过暴露,故不适宜冬季下营。更重要的是,他们乐意验证自己的想法,例如,弄清楚骑着一匹马从一个地点到另一个地点究竟需要多长时间,或对不同地方的土壤和牧草进行比较,弄明白马蹄击地的回声因而会如何不同。他们知道在冻结的江面上,需要多厚的冰

层才能让人骑着马走过,在什么情况下人可以在上面步行,
或者必须破冰涉水而过。"

　　人类学家总是力图从被研究对象自身的经验、思想及其
生存的自然和社会环境出发,去寻找对于他们行为的社会和
文化解释。所以作者反复强调,《蒙古秘史》的解读,必须建
立在"对十三世纪的蒙古文化和地理"具有"深厚知识"的基
础上。他说,除非把文献读回到"事件发生的实际地点上
去",现代的人们将难以理解史诗叙事的来龙去脉和它作为
一部传记史的意义。散见在本书中的诸多新鲜见解,颇多得
益于作者所全心全意地予以坚持的这一特殊学术取向。

　　书中另有一个例子也很值得提出来加以讨论。在他的
父亲也速该被塔塔尔人毒死、少年成吉思汗(当时叫做铁木
真)所在的孛儿只斤家族被他们的近亲泰亦赤兀惕部落驱逐
出去以后,铁木真在非常孤立无援的生存环境中与他的同父
异母兄弟别克帖儿发生了冲突。结果他残酷地杀害了别克
帖儿。《蒙古秘史》在叙及两人不和时,仅提到别克帖儿曾先
后夺走过铁木真捕得的一只云雀和一尾咸水鱼。在一个亟
须同心协力以应付危机的时候,为一点小事而害死了自己的
亲属,铁木真的此种行为确实有些令人难以理解。于是本书
作者想起了在古代蒙古人中流行的"收继婚"习俗,即在一家
之长死去以后,由其成年的长房长子继承家长地位,后者并
有权利将其生母以外的父亲其他庶妻收娶为自己的妻子。
作者写道,在也速该被毒死之后,别克帖儿"渐渐地开始行使
最长男性成员的特权"。不仅如此,"别克帖儿长大后,诃额
仑(按:此即铁木真的母亲)将接受他作为丈夫。因此,无论
在哪个方面,别克帖儿都是一家之主。然而,铁木真绝不能

忍受与别克帖儿共处在这样的局面之下"。铁木真的失常行动由此似乎获得了相当圆满的解释。

不过,作者的这次尝试还不能算十分成功。这里的关键在于,无论别克帖儿是否具备长房长子的身份,他在当时还远远没有到达能够"行使最长男性的特权",包括娶庶母为妻的年岁!

我们不知道别克帖儿的准确年龄。但是他的同父同母弟弟别勒古台一直活到1251年之后;即使后者是死于1172年或1171年的也速该留下的遗腹子,那时他也已经八十岁左右了。这就是说,既然别勒古台的出生年代不会更早于1172年或稍前,则比他略年长的哥哥别克帖儿本人的生年,也不大会早过成吉思汗出生的1162年。所以他极可能是成吉思汗的弟弟;至少不存在任何证据可以让本书作者宣称说"别克帖儿稍长于铁木真"。所以,在那场悲剧发生时,别克帖儿绝不会大于十一二岁。本书对铁木真的焦虑所作的推定,其实是很难成立的。

尽管如此,作者的以上讨论却马上让我们想起了古代蒙古人的另一种习俗,即在家长去世而诸子尚未成年时,死者的长妻自然就成为一家之长。也速该留下了两个妻子。那么在她们中间,究竟谁才应该获得对这个破落贵族家庭及其依附人口的最高支配权呢?看来这才是少年铁木真所面对的一个真正紧迫的问题,也是引发他们兄弟之间的冲突白热化的真正催化剂。

《蒙古秘史》没有提起过别克帖儿母亲的名字。本书根据一部较晚期的蒙古史诗,即罗卜藏丹津的《黄金史》,把她叫作"索济格勒"。清代的蒙古史书《蒙古源流》又称她为"特克什哈屯",意谓特克什夫人。但所谓"特克什"其实也不是一个专门的人名，它是 tagha 这个蒙古语词的派生词。蒙语 tagha 译言"依从、随、从"；故而所谓特克什夫人，就是"从夫人"，或者汉语中"如夫人"的意思。为什么《蒙古源流》要在事隔数百年之后，凭空往别克帖儿母亲的头上戴一顶"从夫人"的帽子，并且一反《秘史》之说，把这位"特克什哈屯"的死安排在两兄弟火并之前？足见清代前期的蒙古人早已窥出上述家庭悲剧的症结所在，并且竭力想把它掩盖起来。

因此，本书有关这段情节的猜想虽然有趣，但尚有未安之处。问题并不出在作者所采取的人类学视角，而在于他对历史资料的阅读在有些地方似乎还不能完全到位。

倘若不揣冒昧，这里或许还应当补充说，本书叙述中欠于精确的地方，看来还远远不止是个别的。朝鲜半岛在成吉思汗建国前早就建立了统一的王氏高丽王朝；但作者却把它的建立归因于"蒙古人统治的扩张"。在蒙古帝国之前，中国和欧洲，尤其是中国与西欧之间的确长期缺乏直接的相互沟通；可是由此便断定"在中国没人听说过欧洲，而在欧洲则没人听闻过中国"，就又显得有点鲁莽了。蒙古人称驿道为 jam，它因此也可转指驿道中转设施。事实上，汉语中的"站"字，就是在被用来音译蒙语的 jam 一词之后，才有了"固定的中途转运地点"这样的含义。本书把驿站称为"牙木"（yam），指的是突厥人对这个词的读音，这是不错的。但它同时又说，驿站亦名为 ortoo。蒙古语里恐怕没有这个词语；作者所指，或即 ortoq 一词，元代汉语将它音译为"斡脱"。它在元代是指借用政府的权力替蒙古贵族贸易生息的"官倒"，其中以中亚和西亚的外来移民居多。他们做生意时，很可能会通过各种途径广泛地利用驿站系统，但是"斡脱"一词从未变成过驿站本身的别名。

再举两个略微复杂一点的例子。一是本书对蒙古部落的原初经济文化形态,提出了一个相当大胆独特的见解,即把蒙古部的生存环境定位在"草原与北部西伯利亚森林的交界处",藉以突显出森林狩猎型文化对蒙古人思想和行为方式的深刻影响。作者由此便推断说,他们与真正生活在草原上的游牧人体现出"完全不同的特性"。不知道作者此一见解是否受到乌瑞夫人有关论述的影响。这个说法似乎对蒙古人围猎方式与其惯用的军事战略及其他社会动员手段之间的相似性,给出了某种很完美的解释。或许是出于专业性的直觉,作者很灵敏地感悟到,较晚才从大兴安岭迁移到漠北草原的蒙古部,其生活和生产方式的发达程度,与乃蛮、克烈等部落相比还有不小的差距。这使我想起乃蛮王妃对蒙古部的讥讽,她曾骂他们是一帮"歹气息、烂衣裳"的乌合之众。但是,如果作者所说的"蒙古人"也包括像泰亦赤兀、主儿乞惕等较富裕强大的部落在内,那我们就不能否认,12 世纪的蒙古文化从总体上说其实早已演变为游牧的文化了。不应该把铁木真氏族因被他们所属的大营盘驱逐出去而陷入其中的艰难处境,看作是蒙古部落整体生存状态的写照。另外,大规模的围猎活动,即使起源于森林狩猎民的传统,也早已转变成了草原游牧人的经济和社会活动的重要组成部分。事实上没有必要硬将它看作是只能属于森林狩猎民的技术。

其二,书里说到"蒙古官员发现欧洲和中国的数学太简单、不实用,于是他们采用阿拉伯、印度数学中的许多实用的新方法"。它又说:"他们很快就认识到用阿拉伯数字来表示纵横位置的优点,并把零、负数和代数学介绍到了中国。"阿拉伯和印度数学之被引入当日中国,既不出于"蒙古官员发现"云云,也不是因为"中国的数学太简单、不实用",只不过是从穆斯林世界大批东来的中亚和西亚知识人很自然地将他们早已熟悉的一种技术随身带到了中国而已。事实上,这些数学知识基本上也只在他们中间流行和应用。在元代安西王居第遗址中发现过一块铁板铸造的"方阵图"。它共有三十六格,分别在其中刻铸从 1 至 36 的阿拉伯数目字;每个直行或横行的六个数字相加,其和都是 111。这是包含 0 在内的阿拉伯数字传入中国的最早实证,但它并不能证明上述方阵排列法本身也是那时从域外传入中国的。因为在南宋末年钱塘人杨辉的《续古摘奇算法》一书里,已经出现了比安西王所藏更复杂的方阵图:它横竖各十格,内中填有 1 至 100 共 100 个数字,每横行和每直行相加,其和俱为 505。倒是类似现代算术里用竖式计算多位数与多位数乘积的方法,明代称为"铺地锦"或"格子算",则很可能是在元代经由中亚细亚穆斯林世界传入中国的印度数学技术。除了像这样的极少数例外,在元代传入中国的阿拉伯数目字、阿拉伯与印度数学,包括经由阿拉伯中转的欧洲数学如欧几里得几何学等等,似乎大都不曾被真正接纳到中国人自己的知识体系中去。

上面提到的这些缺憾足以提醒读者,哪怕是对一本写得极其精彩的书,我们也没有理由把其中所讲的一切内容都毫无保留地予以接受。这又使我想到,在本书再版的时候,能不能在书中增加一些附注,既用来表彰该书所独有的精当新颖之处,也对那些叙事还不够精审的地方予以必要的疏证或说明。之所以会有这个念头,是因为我猜想,这本书注定会在中国成为读者面极广泛的畅销读物。层出不穷的"戏说"作品启发了人们对历史知识的兴趣,越来越多的人想进一步追问:"真的"历史,也就是演绎出诸多"戏说"故事的这段或那段真实历史过程,究竟是如何在过去的岁月中现实地发生的?可惜的是,绝大多数以研究历史为专业的人,一面慨叹几乎要被"戏说"气死,一面却依然故我地只顾埋头炮制远远离开大多数非专业读者的兴趣及其阅读耐心的"论文专著"。所以在今日中国,由貌似高深的大部头"专著"所装点的"学术繁荣"已甚有过度之势,惟图书市场又最缺少"企鹅丛书"或"岩波新书""中公书库"一类具有极高专业水准的普及本读物。

其实,想要提高作品的可读性,未必以降低它的学术准确性,或者以辜负读者的高智商作为代价。正相反,它很可能会对作者本身的智慧及其学术品格形成某种挑战。因为它要求作者具有一种更开阔、更深刻的整体性关怀和对人类精神价值的敏锐洞察力,把他正在讨论的问题放置到人类普遍经验的认知框架中去定位和讲述。想把一本书写得让人读不懂,这是很容易做到的。但是要把很专门化的问题表述得使缺乏专业基础的人也能理解,并且还要使他阅读得滋滋有味,那就十分困难了。在如何最大限度地将专门化历史知识转化为一般人们的公共知识方面,本书作者的努力应该说是非常成功的。

对所谓"普及性"一词,很容易引起误解。说某书具有普及读物的性格,绝不意味着它就不值得被专业工作者阅读。专业工作者不但需要广泛接触其所从事领域之外的许多"普及性"读物,而且也完全可以从同一领域的优秀普及读物中获得某些专业上的启发。除了对新近解除禁闭政策的成吉思汗埋葬区的有关信息,本书所提到的绝大部分历史事实是我原来就已经了解的。但是很诚实地说,这丝毫也没有影响我在某种新鲜感的推动下,几乎一口气看完了这部著作。书里不时闪现出来的许多锐利见解和生动而流畅的议论,经常会以崭新的观念化的形式将旧有的实证研究重新激活,或者触发一系列新的细部考察,并由此在很多方面推进我们对那段历史的理解。足见外在形式十分平易的历史叙事,也可以被写得具有高度的学术张力。

我们都知道,近代人类社会的世界体系,是在西方资本主义对外扩张的冲击之下形成的。但就旧大陆而言,在近代之前,已经出现过一次维持了大约一世纪之久的"世界体系";而它正是由成吉思汗缔造的蒙古帝国所促成的。三十多年前,有一位学者曾全面研究过这个近代以前的世界体系。本书力图追寻的,则是这两个世界体系之间的历史联系。作者用充满激情和想象力的笔调写道:"伟大的历史人物,不能被整齐地卷塞在书皮之间,也不能像受压的植物标本被熨平。……当事件本身从人们的视野中淡去后,它们的影响还将长期存在。就像一口钟的振荡声一样,在停止敲击之后,我们仍可以感觉到它。成吉思汗离开历史舞台已经很长时间了,但他的影响将持续地萦绕在我们这个时代。"

历史经常喜欢以"吊诡"的形式来呈现自己的面貌。蒙古对外战争的血腥残忍,它给受害方造成的经济文化破坏和强烈精神创伤,足以使今天的人们在阅读相关记载时依然感到不寒而栗。在把对各地的军事占领转变为持久统治的过程中,蒙古人也施行过不少暴政,做过许多愚蠢和不识时务的事情。本书说他们"对国际主义不断地显示出极大的热忧",又说南宋军民"发现,在生活习性和思想感情方面,他们与蒙古人的共同点要比他们与宋廷官僚的共同点更多"。这显然已属于太过离奇的"同情的理解"。但在另一方面,蒙古帝国又确实打破了在它之前存在的此疆彼界所带来的种种阻隔。要是没有这个帝国的存在,13 及 14 世纪旧大陆范围的"全球史",乃至于后来时代欧洲——它之受惠于当日东西方之间的交流,明显要超过与它相向的另一极——的历史,也就一定会是别一种样子了!是历史的"合力",将人类所蒙受的很多灾难性事件转换为推动他们福祉的客观条件。揭示蒙古帝国与现代世界形成之间的历史联系,并不意味着要为当日蒙古对他国的侵略和蹂躏进行申辩。

本书简略描绘出,包括科技、战争、衣着、商业、饮食、艺术、文学和音乐等等在内的"欧洲人生活的每一方面",如何"由于蒙古人的影响,而在文艺复兴时期发生了改变"。具有反讽意味的是,恰恰也就是在文艺复兴的后期,"欧洲启蒙运动却产生出一股不断增长的反亚洲精神";而"对蒙古人的诅咒",则成为批判"亚洲劣根性"的最典型言说之一。此种欧洲中心论的幽魂后来又奇怪地与霸权主义的意识形态贴附在一起。就这个意义而言,作者的有关阐述似乎还是有所针对的。从中国读者的角度说来,他们对历史上的游牧人与定居农耕社会之间相互关系的了解,较多地是集中在沿"长城南北"这一轴线而展开的历史空间中。因此,本书描述的阿尔泰山东西两侧草原游牧人与他们南方各农耕人群之间全方位互动的宏伟画卷,也一定会在体察成吉思汗与现代世界的历史联系方面,给他们带来很多意想不到的认识和启发。

最后,我要从个人专业的角度说一点题外的感想。这本由人类学家撰写的蒙古史著作又一次生动地提醒我们,历史学研究固然应当充分发挥其人文取向的原有传统优势,但是与此同时,它也必须同各种相关的社会科学领域保持全方位的沟通和相互渗透。当代中国的各种社会科学,大都在1980年代才重新建立起来。中国的历史研究者和高等院校的历史专业教学,在对于如何吸纳社会科学的理论、观念和方法的问题上,至今仍缺乏最基本的意识。就如同一位文学评论家说过的:"我们都被创新的狗追得连撒尿的时间都没有。"诸如"大部头""多卷本""系列著作"和各种名目的量化指标,把本来就先天不足的一代专业工作者逼得根本没有再学习的时间和精力,又给下一代树立了很坏的榜样,造成写书人比读书人还多的怪现象。正因为如此,当我读到本书作者叙述自己计划中的收尾式旅行如何变作"另一个五年的研究"时,我心中顿时充满了一种难以言状的凄凉的感动!这不是一本十全十美的书,但是凭着作者在当年心甘情愿地开始"另一个五年"的精神,我就敢于相信,这是一本值得我们认真去读的书。

　　(本文原载杰克·威泽弗德《成吉思汗与今日世界之形成》一书卷首)

"成吉思汗",还是"成吉思合罕"?
——兼论《元朝秘史》的编写年代问题

　　虽然乃蛮、克烈等部的首领在 12、13 世纪之际可能早已采用来自于突厥政治文化的"可罕"称号,并且后者亦曾被窝阔台汗当作他个人的专用名称,但直到 1250 年代为止,在蒙古语里,大蒙古国的最高统治者,仍然与各支兀鲁思的为首宗王同样地被称为"汗"。不过,"合罕"的名号在波斯及其相邻地区的钱币铭文里见于使用,却从蒙古征服初期的 1220 年代就开始了。在冲制于 1252 年的谷儿只钱币上,我们发现蒙哥已被叫作"合罕"。另外,《世界征服者史》尽管明确地提到铁木真的称号是"成吉思汗",而贵由也明确地被该书称为"汗",同时它却把蒙哥的名号写作"合罕"。就现在可以看到的资料而言,显然是在深受突厥政治文化影响的蒙古帝国西半部,"合罕"的名称首先获得流行。大约在 1250 年代中叶,它终于被蒙古人自己所接受。1254 年的蒙文《少林寺碑》尚使用"蒙哥汗"的称号;在 1257 年初的《释迦院碑记》中,我们已读到"蒙哥合罕"的蒙文语词。而 1261 年的蒙文碑铭则表明,自从忽必烈即位之日起,元朝皇帝便一向用它作为正式的蒙语称号。

　　从今存元代圣旨、令旨碑判断,由"汗"到"合罕"的称号改动,并没有被倒溯及元太祖的正式名号。此类碑文大都一仍其旧地称元太祖为"成吉思汗",只有五通以"成吉思合罕"

名之(其中最早的一例出现在 1282 年)。后面这种情况，似可看作是当日流行语词向官方文书写作的渗透。"成吉思汗"称号的保留，应与至元元年(1264)所定"太庙七室(不久后增为'八白室')之制"有直接关系。在一个双语种并用的环境里，要确定前朝诸帝的汉式庙号，也就同时意味着需要相应地赋予或再度确认各人的蒙古语名号；恰恰在那时候，人们对"汗"与"合罕"之间涵义的差别还远没有如同后来那般的强烈意识。而"成吉思汗"的称号一旦在元初的官方言说中获得确定，它的形式也就被相对固定下来，为后代沿用不衰。拉施都丁的《史集》提到蒙哥、忽必烈和元成宗，俱以"合罕"称之；但对元太祖则始终采用"成吉思汗"的名号。《史集》的史源是《金册》。是知《金册》亦称元太祖为"成吉思汗"。

　　由上述说法也产生了一个困难问题：有关前四汗史的一种最详细、最重要的史源《元朝秘史》，为什么却把元太祖的称号写作"成吉思合罕"？伯希和在他的遗著《马可·波罗注》里提出，今日所见《元朝秘史》，实乃元代某个时期的抄本：正是这个抄写者，按他那个时代对元朝皇帝的蒙古语习称，将原来文本里的"成吉思汗"改写作"成吉思合罕"。

成吉思汗

　　伯希和的这个见解十分值得重视。在今本《秘史》中，"成吉思罕"的称号仅于§255 中一见。这也许可以看作是抄写者改削未尽所致。在§123、§125、§126 和§127，当史诗叙述铁木真如何第一次被他的部众推为蒙古部首脑,以及他如何向札木合与王罕传递这个消息,而后两者又如何答复时,他所拥有的统治地位一连十次被称呼为"罕",而不是"合罕"。在交代窝阔台即位的情节时,《秘史》同样使用了"立窝阔台合罕为罕"(§269)、"窝阔台合罕既被立为罕"(§270)等词语。在《秘史》的行文中,成吉思汗一般被他的儿子们称为"合罕-父",但有些场合也出现了"罕父"的称呼(§255、§269、§281 等节)。在§201,札木合把铁木真叫作"罕—安答",而不是"合罕—安答"。§74 则称,铁木真兄弟都"罕每愿做到了";文句中所使用的也是"罕",而不是"合罕"的复数形式。所有这些,都应该是为抄写者所漏改的文句。可见在未经改动的文本里,大蒙古国的"大位子(yeke oron)",原是被称呼作"罕"的。

以"罕"为最高统治者称号的用法,也出现在《秘史》的最后面几节中。这一事实排除了《秘史》关于窝阔台汗的记事乃续写于蒙哥后期或者甚至更晚的可能。因为如前所述,至少从 1257 年开始,蒙古统治体系已接受了以"合罕"作为最高统治者名号的用法。这样,确定《秘史》写作年代的问题就变得较为单纯了。它记录成吉思汗事迹的部分,当写成于 1228 年的大聚会时;窝阔台部分则最可能续写于 1251 年选举蒙哥为大汗的忽邻勒台大会上。只有§274 至§277 四节,大概是在与拔都后裔交恶后的元王朝时期才添加进去的。

那么今存《秘史》的文本又形成于何时呢?它至少要晚于《金册》成书之时。这是因为,如果撰写《金册》时《秘史》已称元太祖为"合罕",那么《金册》绝不敢置《秘史》这一权威史源的提法于不顾,而把元太祖的尊号从"合罕"重新降为

"汗"。

　　元政府着手编写列朝实录始于至元十三年（1276）。耶律铸于是年受命"监修国史"。这里的"国史"，据《王利用传》即指实录而言。前四汗的实录初稿，都曾被译为"畏吾字"蒙文，向皇帝进读，以便听取皇帝意见后再对它们进行修改。《元史》提到《世祖实录》也曾被译为蒙文。惟其所指，恐怕不会是多达八十册的《汉字实录》全部，而只能是它的节写本。《世祖实录》节本的蒙译文本，曾用金字缮写进呈。前四汗的实录部头不大，其初稿原已有蒙文译本，定稿后也完全可能用金字缮写进呈；其事当在"金书"《世祖实录》节译本之前。拉施都丁所说"金册"，极有可能就是元政府颁发的以金字书写的前四汗实录蒙文本和《世祖实录》节译本。是则《金册》的完成，事在元贞二年（1296）至大德八年（1304）之间。

　　这就是说，今本《秘史》的形成，应在 14 世纪。因而在这个文本中出现"东昌""宣德府"等晚出地名，也就不难索解了。

（本文原载《文汇报》2006 年 6 月 11 日"学林"版）

马可·波罗到过中国吗？

马可·波罗如今已经在中国变成了一个大名人。证据是：在中国只有很少几个人的名字被用作商品的品牌，而马可·波罗居然是其中之一。我们有李宁牌运动衣裤、靳羽西羽绒服、俞兆林内衣、马兰拉面，然后还要加上马可·波罗面包。（是否意大利式面包？）所以在这里只需要对这个人作一番最简单的介绍，相信就足够了。

马可·波罗

马可·波罗的父亲和伯父都是在欧亚大陆西半部分从事中间贸易的威尼斯商人。1260 年代，因为战乱，两个人从做生意的地方一直往东漂泊，最后来到中国。当时统治着北部中国的，正是刚刚把统治中心从蒙古腹地南移到汉地附近草原的元朝皇帝忽必烈。据说在回国的时候，马可·波罗的父亲和伯父把元朝的一封国书带到罗马教廷。

1271 年，两人在拜见新上任的教皇格利高里一世后，带着新教皇给元世祖忽必烈的信重访中国。这一次，他们带上了年轻的马可·波罗同行。1275 年，他们由陆上丝绸之路穿行中亚和西北中国，到达元上都。从这时候起，直到 1291 年从泉州登船西行，马可·波罗在中国共留居十七年之久。

在中国的十七年里，马可·波罗先是留在忽必烈的朝廷里学习元代中国的礼节、民俗、语言、文字等等。而后他奉忽必烈的命令出使云南（大概在 1280 年前后）。这以后他又奉命出使各地，包括在扬州任职三年，多次到杭州办事，还到过福州、泉州等城市。大约在 1287 年到 1289 年之间，马可·波罗可能曾远行印度。1291 年，元朝要把一个蒙古公主送到波斯去做那里的蒙古国王的王妃，马可·波罗于是陪同护送公主的使臣一起坐船远航西域，然后从那里归国。

元代中国的史料文献中没有留下有关马可·波罗的任何直接记载。汉文史料中提到过好几个"孛罗"或"孛罗丞相"。但那些"孛罗"都是名为 Bolod 的蒙古人，与马可的姓氏 Polo 没有什么关系。我们关于马可·波罗在中国的活动的知识，几乎全部来自一部著名的书。它是回国后的马可·波罗在威尼斯与热那亚的一次武装冲突中被热那亚人俘虏后囚禁在狱中时，和一个被关押在一起的三流传奇作家合作写成的。这时大概是在 13 世纪末叶。

马可·波罗的这部周游东方的回忆录，最初并没有专门的书名。后来大家都习惯于把它称作《环宇记》或《马可·波罗行纪》。从 14 世纪初开始，这部书就在欧洲被反复传抄，或翻译成各种各样的文字，因此也就出现了许许多多在内容和文字方面都具有极大差异的文本。在 16 世纪耶稣会士东来以前，这部书成为西欧人了解东方尤其是中国情形最重要的参考书。哥伦布在他著名的远航途中，就随身带着一本写满了批注的《马可·波罗行纪》。

作为一个极喜欢向人们讲述自己在东方经历的威尼斯名人，马可·波罗的存在，现在是一个无人怀疑的确凿的历史事实。威尼斯至今保存着一些与马可·波罗有关的档案文书,其中包括他的一份遗嘱。马可·波罗的中国之行,在近一百多年以来,也自然而然地被人们所相信,并没有什么人提出严肃的质疑。到了 1960 年代,有一位非常著名的研究中国史的德国人傅海波(Herbert Franke),在他的一篇论文里用大约一页左右的篇幅讨论了马可·波罗游历中国的历史真实性问题。他猜想马可·波罗很可能没有到过中国;马可·波罗书中关于中国的描写,或许是从当日流行于穆斯林世界的某一本旅行手册中抄来的。也许是受到傅海波的启发,在这之后,怀疑马可·波罗中国之行真实性的看法逐渐滋生。这些看法集大成地反映在大英图书馆的中国问题专家吴芳思(Frances Wood)在 1995 年出版的一本书里。这本书在 1997 年被译成汉文,由新华出版社出版,书名是《马可·波罗到过中国吗?》。

吴芳思的这本书,又引来许多不同的意见,它们也集中地反映在一本书里,书名叫《马可·波罗在中国》,由南开大学出版社于 1999 年出版,作者是刚去世不久的著名元史和隋唐史专家杨志玖教授。我今天要讲的大部分知识,本来在上面两本书中都可以读到。但是关于马可·波罗是否到过中国的争论,非常典型地反映出历史学如何通过各种具体而微的相关细部研究,来对一个原先看来很笼统、因此也很难处理的问题展开深入思考的。所以今天我还是想从这样一个角度,来讲一讲马可·波罗中国之行的历史真实性问题。

怀疑马可·波罗到过中国的人们,主要提出四类理由来支持自己的看法。第一是除了马可·波罗本人的书,有关元代的汉文、蒙文、阿拉伯文、波斯文和其他任何文字的史料文献都没有谈到过马可·波罗其人其事。第二是马可·波罗所叙述的情节中,有些明显地与事实不相符合。例如他说自己参加了元军攻占南宋襄阳城的战役,并在当时的前线为蒙古军队制造过回回砲(从穆斯林世界传入蒙古的一种巨型抛石机)。他又说自己做过扬州地区(元代叫"扬州路")的行政长官等等。他所叙述的在中国的旅行路线也时常中断,突然跳跃到另一个端点重新开始。所以今天那些力图追随着"马可·波罗足迹"进行考察的人们痛苦地发现,要在波斯以东地区"一步不差地按照马可·波罗叙述的路线"旅行,实际上是不可能做到的事。第三是马可·波罗完全没有提到中国的很多令外国人十分吃惊的特殊性,比如茶、长城、筷子、汉字,还有女人的小脚等等。也就是说,马可·波罗关于中国的知识,与他所宣称的在中国的十七年生活体验是根本不相称的。如果说以上三类理由都带有"内证"的性质,那么第四类理由就属于从版本学角度提供的"外证"。这种见解以为,确认马可·波罗游记真实性的"基本困难"之一,就是缺少那部"原始的"手稿。而现存的两部 1400 年左右的抄本不但内容差异极大,而且连同漂亮插图在内都不过六七十页。如果马可·波罗书的文本真是越古老越短小,那么我们今天所看到的内容庞大的这个文本,就只能是在后来的传抄和翻译过程里对原始文本不断添加改写的结果。这也就是说,原本的马可·波罗书即使确实存在,它的内容也可能十分单薄;而书中许多被我们用来证明马可·波罗中国之行的细节描写,很可能在原始文本中根本就不存在。书的真实性既然有问题,再用书里的内容来证明作者事迹的真实性,当然也就发生问题了。

上面提到的四类理由,是否具有足够的力量来否定马可·波罗来到过中国的历史真实性呢？我以为没有。

蒙元时代到过远东的西方人，马可·波罗之前有访问过蒙古帝国首都哈剌和林的卡尔必尼和鲁不鲁克，马可·波罗之后有西方中世纪四大旅行家中的另外两人，即意大利人鄂多立克（1274/1286—1331）、摩洛哥人伊本·拔图塔（1304—1377）。中世纪西方四大旅行家中的第四人尼哥洛·康笛(1395—1469,意大利人)也可能到过南部中国,不过即使如此,那也是在明代,这里不说他。所有这些人,除了他们自己写的旅行记,也都没有在中国史料中留下什么蛛丝马迹。但是我们不能因此而否定他们来过中国。德国著名科学家洪堡说过,西班牙巴塞罗纳的档案中没有哥伦布远航归来、胜利进入该城市的记载,葡萄牙档案中没有阿美利加奉皇帝命令远航海外的记录。但它们却都是无可否认的事实。所以上述第一类理由是不能成立的。

马可·波罗的回忆中确有许多不准确甚至夸大失实的地方。这中间至少存在两方面原因。一是常规的记忆错误。就像前面提到的,如果一个人能在事隔十多年之后"一步不差地"把过去的复杂旅程回忆出来,那不是反而成了一桩令人疑惑的大怪事吗？其次,马可·波罗的话里有一些确实属于自我放大、浮夸吹嘘的成分,但我们没有理由因此而把他的全部叙述都视为不可信。

第三类理由也不难排除。请想一想怀疑论者们埋怨马可·波罗没有提及的那些"中国特色",例如茶、筷子、汉字、长城、小脚等等,它们之间有没有什么共同之处？看来怀疑论者关于元代中国的"意象"(imagination)本身带有两种不符合历史实际的特征。一是它带有太多的汉语人群和汉文化特征,而忘记了蒙古帝国曾是一个世界性的王朝或帝国,其版图跨越欧亚大陆的大部分地区。作为蒙古帝国的继承者之一，元代的上层社会里，尤其是在马可·波罗所处的元代早期的上层社会里，蒙古和中亚贵族的影响仍然占有压倒的优势。真正受信任的汉人大都会说蒙古语，可以不依靠"舌人"而与蒙古君臣对话。有的汉人对蒙古语的掌握甚至精深细微到连蒙古皇帝也感到吃惊的程度。从西域来到中国的回回人，有些人的母语是与蒙古语十分接近的突厥语；有些人的母语虽然是波斯语，但因为长期受伊斯兰化的突厥人统治，所以往往会讲突厥语。这样，在元初的上层社会中，最重要的族际交流语言并不必定是汉语。一个生活在这样的圈子里的外国人，对汉语和汉语人群的文化少有了解，并非不可思议。

马可·波罗书里的很多细节叙述确实透露出，他在元代中国所接触的，主要不是汉人，也不是蒙古人，而是来自中亚的移民。让我举两个例子予以说明。河北正定元代称为"真定"，因为是忽必烈母亲的封地而十分有名。蒙古语把这座城市称为 Chaghan Baliq，意思是"白城子"。但是马可·波罗在他的书里既不用汉名，也不用蒙古语名称，而是使用"白城子"的突厥语译名，即 Aq Balaghasun 来称呼这个地方。从唐代至明代，云南的一部分傣族先民向来有"金齿"之名。马可·波罗把他们称为 zardandan。这个名称明显是来自波斯语的 zar-dandān，意思恰恰是"金色的牙齿"。马可·波罗不是使用蒙古语，而是用从蒙古语转译过去的突厥语或者波斯语专名，这有力地表明他在中国所接触的，主要是中亚贵族的圈子。所以他虽在中国，但在当时的特定历史环境中，对汉人的生活状况却很少印象，就没有什么可奇怪了。

怀疑论者对元代中国意象的另一种误差，起因于时代观念的错位。长城成为今天这般的砖墙、石墙建筑,并且这般完整、宏伟,是在什么时代?这发生在明代。饮茶对今天的蒙古人而言已成为他们日常消费中不可或缺的一部分。但是它还不是元代蒙古人的普遍习惯。与其责怪马可·波罗的叙述遗漏了这一类重大信息,倒不如说它们在元代中国尚未构成足以引起外来人们关注的重要风景线。

关于中国妇女缠足的问题,我还要再讲几句。缠足是对妇女极残酷的摧残。其实为实现缠足的效果,本来是不需要采用这样残酷的方式的。现代人在这一点上要聪明得多。穿高跟鞋就可以收到在视觉上使脚变小和使人躯体挺拔的效果。汉族妇女缠足在南宋和元代的南部中国应该已经开始。但是当时缠足风气究竟普及到何种程度,我们其实并不能知道得很清楚。如果换一种思维方式,那么我们甚至可以认为,马可·波罗没有提到妇女缠足这种必定会令外来人深感怪异的习俗,也许正可以证明缠足风气在当时尚未普及,因此也就不像我们想象的那样容易引人注目。它不但不能说明马可·波罗未到过中国,反而有益于我们更深入地思考缠足风俗在中国历史上获得普及的时间问题。

在怀疑马可·波罗中国之行的四类理由中,最后的一种其实是最富挑战性的。如果现在能够见到的最早几种马可·波罗书,例如分别成书于 14 世纪上半叶和 1400 年左右的那两个文本连带插图都最多只有五六十对开页,那么后来写本中多出来的那些内容究竟是从哪里来的?在这个方面,对各种文本的比较研究仍然是一个尚待完成的巨大而困难的课题。不过,这条理由本身也不能算太充分有力。因为至少就法国国家图书馆保存的一个 1413 年的抄本而言,这部游记连同八十四幅绘图,在当时已经有一百九十二页,其内容也已经有二百多章了。将它与我们今天看到的马可·波罗书的合成本内容相比较,差别还不至于大得太令人吃惊。即使其中的内容比"原始文本"有所增加,那么它们仍应该是辗转地源自蒙元时代游历过中国的那些不知名的外国旅行家们。

　　在对四类怀疑的理由进行讨论以后,我还想从正面肯定马可·波罗游记的历史价值的角度,补充一点看法。马可·波罗书里对很多中国事物的细节描写都极其具体、准确。如果不是身历其境,或者直接得之于当时统治层中的口耳相传,而是远在中国之外,靠旅行手册或转了几道手的传闻之词,那是绝对做不到这一点的。可以从他的书里随便找几个例子。例如他相当详细地描写过西湖上的游艇,大运河流入长江处的瓜洲。他还十分生动明确地讲述了忽必烈镇压东北地区的蒙古叛王乃颜的故事。

　　这方面最为生动的例证,还当数马可·波罗离开中国的情节。据他自己说,他是与出嫁西域的蒙古公主以及护送公主的三个使臣一起坐船从泉州启程的。在书中,马可·波罗记载了公主的名字阔阔真,以及三名使臣的名字:Oulatai、Apuscah 和 Coja。有趣的是,在明代编修的《永乐大典》里,保留了 1290 年元朝对三名去西域的使臣发放差旅补贴的公文。汉文公文里列举的三名使臣的名字是:兀鲁䚟、阿必失呵,以及火者。毫无疑问,两种互相独立的史料所提到的,是同一件事、同一批人。更加值得注意的是,使团到达波斯时,上述三人中有两个已在途中死去。所以波斯语文献讲到本地蒙古国王迎接阔阔真时,在三名护送者中只提到当时还活着的火者一人。如果不是确实与阔阔真及三使臣同行,马可·波罗如何可能在千万里之外知道包括已死去的两人在内的三位使臣的名字?

根据以上的理由,我以为,对马可·波罗中国之行的历史真实性,应该是无可怀疑的。顺便说一句,与马可·波罗书的真伪问题相仿佛,几年前,有人声称又发现了一种前所未知的中国游记。这次访问中国的是一个犹太商人。他在1270年代蒙古人进攻南宋前不久,到达南宋的第一对外海港泉州。这本书的书名叫《光明之城》。根据专家们对这本书的鉴定结果,它倒是一本不折不扣的伪书。这个结果是如何获得的? 可参见《〈光明之城〉订疑录》(载《文汇读书周报》2001年3月24日第5版)。

元代中国的对外关系,是在蒙古人征服了大半个亚洲的特殊背景下展开的。蒙古人所统治的地区,西南逼近东地中海,北面深入东欧。欧亚旧大陆在这时候形成了近代以前唯一的一个"世界体系"。中国也在这种情况下建立了与西欧之间不经过任何中介环节的直接联系。东西方统治者各自都对这种相互关系怀有水火不相容的过度期望。西欧的教皇和世俗国王们一心请出"天主"来阻挡蒙古人的西进,并且进而希望联合蒙古人来夹攻穆斯林世界。而从蒙古人的眼光看来,凡处在"有星的天、有草皮的地"之间的整个世界,"从日出处到日落处"的全部百姓,都是蒙古的臣民;基督教的西欧在蒙古人的世界观念里也没有任何特殊地位。东西方之间一百年的外交努力,就这样变成双方各自一厢情愿的"聋子对话"。然而重要的是,中国和西欧之间的直接沟通和了解,毕竟开始发展起来。马可·波罗和他的游记,是这种相互了解的一个最生动的见证。

在多种文化交相辉映的元代中国,大都(今北京)、杭州、泉州等等,都是远远压倒当日巴黎的名副其实的国际大都市。在成群结队地出没于这些都市的大街小巷之间的外国游客里,到底存在过一个叫作马可·波罗的人吗? 对这个问题,人们的看法还没有完全取得一致。但有一点可以确定无疑。即使他从未有过中国之行,那么一定也会有某个甚或某几个叫"约翰·波罗"或者"马可·斯特劳斯"的人,曾经有过长期、直接地在元代中国生活和活动的经验,从而成为马可·波罗书中那些具体、翔实的记载的依据或素材。正是在这个意义上,"马可·波罗到过中国吗"其实已经变成了一个伪问题。

【补记】

本文原载《旅行者》2000 年第 2 期。

2012 年,以明清社会经济史为主要研究领域的德国学者傅汉斯(Hans Ulrich Vogel),出版了一部长达六百多页的著作《马可·波罗确实到过中国:来自元代货币、盐业和财政史的新证据》。在本书"导论"中,作者"罗列出从有关马可·波罗是否到过中国的辩论里抽绎出来的所有主要的是非曲直",分为十三个方面进行扼要的介绍评述。书中指出,被吴芳思认为应当最接近马可·波罗书原来模样的那个版本,实际上"无疑是一个极其明显地经压缩的文本"。他的结论是:"根据我在自己考察中所达致的如此全面的评估,我最终决定把'马可·波罗确实到过中国'作为这本专著的书名。"傅汉斯这本书的"引用文献"部分长达九十二页,并引述了九十三种版本的马可·波罗书。他把一项属于自己边缘领域的"附带研究"做得如此扎实详尽,让我们不得不佩服德国人严谨的学风。

雅各是另一个马可·波罗吗?

——《光明之城》①札记

雅各·德安科纳《光明之城》书影

署名为雅各·德安科纳所著《光明之城》的英译本在中国大陆极少流传。所以毫不奇怪,直到该书汉文转译本的出版,方才在中国学者中引发出关于本书的激烈争论:它究竟是一本伪书,还是又一部马可·波罗行纪式的"世界奇书"?

为一本新发现的旧时著作从事甄别、辨伪的工作,大体上可以从三个方面来进行。一是考察它被发现或流传的具体经过,检核它在以往书目或有关文献中被载录的情况;二是对文本的表达形式,诸如书写风格、正字法、词法及句法等语法特征乃至版式装帧之类,进行综合的辨别;其三则是对它所叙述的内容(包括专门名词、术语在内)作出鉴定。

由此反观《光明之城》一书,在它的英译本面世之前,人们对它的存在可以说一无所知。据英译者称,该书手写本最

---

① [意]雅各·德安科纳《光明之城》,杨民等译,上海:上海人民出版社,1999年。

初由某犹太家族"世代秘藏"，后来转入今藏家之手；然而后者乃至其子孙很"可能不会让世人发现此书的准确踪迹"，并且在供英译使用后便拒绝再以原件示人，使它从此变成"一部别人不易接近甚至不可能接近的手稿"（《光明之城》汉译本，上海人民出版社，1999年，页2。以下引用该书，只括注页码）。这就是说，由于今藏家所采取的令人难以理解的不合作态度，从上述第一和第二方面鉴别《光明之城》真伪的工作，变得几乎难以着手。因此现在可以做的，就只有借助英译本，从该书所叙述的内容去判断它的价值。

事实上，《光明之城》载录的有关中国的讯息，似可分为三类来加以辨析。

第一类的情节，肯定反映了西欧人在13和14世纪"鞑靼人统治下的和平"时代（Pax Tatarica）过去之后才可能掌握的有关中国的知识。

《光明之城》在提到宋元对峙时期的中国时说："中国或称Mahacin的国土分成两部分，一部分是北方的契丹人（Citaini）的土地……另一部分是南部的蛮子人（Mancini）居住的土地，他们现在在度宗（Tout Son）皇帝的统治下生活。"（页154）这里说到的"契丹"和"蛮子"稍后再来讨论，现在先看Mahacin一词。该词也写作Machin，它源于梵文Maha-China，译言"伟大中国"。在纪元之后的若干世纪中，印度人确实一直用它指称位于喜马拉雅山另一方的中国。晚至11世纪上半叶，在阿拉伯学者比鲁尼的地理著作中，我们仍能看到它的这一用法。然而恰恰是在蒙元时代，当蒙古语中用来称呼南宋臣民的语词menji（借自汉语"蛮子"）以mailzi的形式流行于西亚以后，mahacin或machin就被与manzi搅浑在一起,用来指称当日中国的南部地区。而 mahacin 在含糊不清的意义上再次被用来指称整个中国,则是在明代中叶中国与西亚中止了密切接触以后(见亨利·玉尔等《霍布孙·约布孙:英语中的东印度外来语辞典》,霍特福郡,怀俄:坎伯兰书屋,1996 年重版本,页 530—531)。

这样看来,本书沿用 mahacin 作为对中国全境的称呼,肯定不符合蒙元时代的历史环境。那么,书中的这一项知识,究竟来源于蒙古之前,抑或是在它之后的时代呢?单从这个词的用法本身很难作出判断。但是如果把它放在另外一些证据中一并考察,我们大体可以说,它们都来自大大晚于蒙古时代的信息资源。

正如龚方震先生此前业已指出过的,本书作者在很多地方又把中国叫作 Sinim(页 92、150、159 等)。这个出自《旧约》的西伯来语词被欧洲人用来转指中国,据目前所能见到的其他文献判断,只能晚至 17 世纪以后。该书又称,宋末泉州城里有不少基督教徒,而且他们居然还记得唐太宗时有一个名叫"阿罗菲诺"(Alofeno)的人从"大秦"将基督教传到中国的故事(页 163)。这无疑是指《大秦景教流行中国碑》所追述的基督教聂思脱里派教士阿罗本于 635 年带经籍到长安传教之事。碑建于 781 年,后随唐政府禁断景教(845 年)而湮没无闻。从那时起直到 13 世纪中叶,其间相隔已达四百余年之久。往事如烟,宋元之间的人们,早已无从知悉阿罗本入唐的这段故事。而该碑之重新被发现,已是 1620 年代的事情;它被当时在华传教的耶稣会士当作一件大事介绍到西方。可见《光明之城》关于阿罗本来华传教一事的记载,实出于 17 世纪之后人们的手笔无疑(见《〈光明之城〉真乎?伪乎?》引龚方震语,《文汇报》2000 年 2 月 12 日第 12 版)。

历史学是一门重举证的学问。我们当然无法先验地断言说,宋元之际生活在华南的犹太人肯定未使用 Sinim 指称中国,或者他们肯定不知道阿罗本其人其事。但我们确切地知道,除了《光明之城》以外,迄今所知以 Sinim 转指中国和唐代以后重提阿罗本来华事迹的中外文献,其年代都要比宋元时期晚得多。即使《光明之城》属于完全可靠的历史资料,根据孤证不为定说、因而也不能用以推翻定说的原则,书里的这两处记载,也还是不能用来推翻上述两项公认的知识。反过来,从判断《光明之城》一书真伪的角度思考问题,那么这两条记载只能表明,该书中至少有部分材料,更可能是晚于本书所宣称的成书年代的。

书中的第二类信息,大率反映了 13 世纪下半叶中国的若干一般特征。不幸的是,其中不少内容所透露的,却是蒙古人占支配地位的北部中国社会的流行见解或态度,因此它们根本不可能出自当日南宋的政治和社会环境。

上面已经谈到过,书中称北部中国居民为"契丹人",而把南宋居民叫作"蛮子"。在华北,蒙古人所取代的金王朝是女真族的政权。南宋人从没有称呼女真人为契丹的说法。倒是蒙古人确实以 Qitad(按:它应当来源于蒙古语中"契丹"一词的复数形式)来移指金政权("金国")以及金统治下的华北居民("汉人")。蒙古人对南宋有好几个称呼,如"南家思"(由汉语借词"南家"加蒙古语复数后缀-s 的音写字"思"构成)、"赵宋家"、"蛮子田地"等等。其中最带贬义性质的是"蛮子"一词;在现代蒙古语里,它已经从特指南宋臣民的诬称转义为"笨人""糊涂人"。把南部中国人叫作"蛮子",最鲜明不过地反映出立国华北的政权藐视南中国人群的政治和文化立场。南宋人当然不会甘心用它来称呼自己。

本书又说,主人翁到达泉州的 1271 年是羊年。"因为蛮子人都这样叫,他们给我们的年份取了动物的名字,如龙年、牛年、蛇年等。"(页 151)塞北草原上的游牧人,至少从鲜卑人开始已用十二相属纪年。元代蒙、汉、波斯等语文献中屡见不鲜的"羊儿年""虎儿年"之类记载,表明蒙古人完全继承了十二生肖纪年的草原传统。汉族虽然很早就有十二支纪年的习惯,但在游牧人的政治统治深入南方汉地社会之前的南宋,断没有任何证据可以说,十二生肖纪年已在那里流行。书中记录的,与其说是南宋,不如说是由蒙古人加之于华北地区的社会习俗。

本书还提到诸如"也里可温"(页 165)、"色目人"(页 166)、"斡脱"组织(页 168)、用指混血儿的专名"阿儿浑"(ar-guni,页 170)等。所有这些,都确然存在于那个时代;但它们都不是出现在泉州或南宋的其他什么城市,而只能出现在蒙元统治下的北部中国。本书英译者在他所写的"引言"中已注意到"阿儿浑"这个词,说它"源自鞑靼",因而"不可能是雅各在泉州的时候所流行的词"(页 8)。可惜这一点并没有引起他足够的警觉。

现在的问题是,既然本书作者并没有到过 13 世纪后期的华北,他在书中所记载的这些有关北方中国社会的消息,又是从哪里获得的呢?

在这里,至少有两种可能性应当加以认真考虑。

首先,我们应该注意到,作者述及他的家族曾在亚速海东岸的塔纳城从事贸易(页 46)。这个城市,当时正在发育为金帐汗国蒙古贵族从南俄草原经由黑海、东地中海而与埃及、欧洲进行商业往来的一个越来越重要的港口。另外，作者的儿子则在波斯湾南端的巴士拉港从商，而且在那里娶妻成家(页77及以下)。该城市位于蒙古人建立在西亚的伊利汗王朝境内；在《大德南海志》中，它被元代中国人称为"弼施罗"。来自蒙古大汗的"腹里"地区即北部中国的种种逸闻，在这两个西方蒙古人统治下的港口城市里被人们辗转相传，乃是完全可以想见的。本书载录的这一类消息，其时间下限，要比作者宣称的他离开泉州的时间(1272年)更晚将近二十多年。书里明确提到大汗忽必烈的庙号"世祖"(页156)。上述庙号只有在忽必烈于1294年去世之后才会被拟定颁行。由此我们甚至有理由推想，作者不惜笔墨加以描绘的1270年代初发生在泉州城内的那场骚乱，其原型很可能就是稍晚几年之后、亦即元军攻破泉州前夕所发生的出身"侨蕃"的宋市舶使蒲寿庚叛宋降元事件。作者很像是在依据远播于西域的传闻之词来杜撰他的这段"亲历记"。所以有关文字写得离奇古怪，使人怎么读也觉得不像。

当然还存在着另一种更糟糕的可能，即属于第二类的这等消息，竟或是由一个后来的作假者从蒙古时期的西域资料中摘抄出来的；而且这个作假者的年代，很可能要比本书所宣称的写成年代晚得多。如果真是这样，那么著名的马可·波罗行纪就是其人剽窃作假时的主要牺牲品。不过他当然也不至于愚蠢到只拣一本书来抄。例如马可·波罗就没有提到在14世纪的南中国海—印度洋航海圈内流行的对广州的称呼Sin-Kalan。它来源于前面提到过的Mahacin一名的波斯语对译词Chinkalan。写成于14世纪中叶的伊本·拔都他、马黎诺里的游记里，都载录过广州的这一名称。《光明之城》提及"辛迦兰"(Sinchalan，页152等)，大概就抄自上述两种书。又如本书关于唐末黄巢攻陷广州事,所述与阿卜·赛义德·哈散在10世纪撰述的中国逸闻略同(见张星琅编《中西交通史料汇编》第2册,北京:中华书局,1977年,页207)。上面那些资料,在欧洲有各种西文译本,甚便文抄公随意取用。

还可以断定的是,作假者没有直接使用汉文史料的能力。书中偶尔涉及些许宋元史的粗浅知识,也都是很容易从诸种西文转译本中觅得的。

将以上两类信息过滤掉之后,《光明之城》关于中国的记载,剩下的基本上是对南宋末年泉州社会生活的细节描写,尤其是围绕时政与风俗问题发生在当地上层人物圈内的激烈辩论。令人诧异的是,迄今为止,在这部分篇幅冗长的叙述中间,几乎找不到什么足以反映宋末泉州特定时空场景的事项,诸如人名、地名、制度或其他名物等等,可以拿来与有关汉语文献相互对质求证。因而这些描述依然不能成为作者到过宋末泉州的积极证据。

对一部我们知之甚少的书籍轻易言伪是很冒险的。近代以前的著述,其成书过程往往与今日不同。章学诚说:"古人有依附之笔,有旁托之言,有伪撰之书,有杂拟之文。考古之士当分别观之。"(《文史通义》外篇一"论文辨伪")西方的情形当亦类此。但是,根据前面的分析,对《光明之城》关于中国的记载,我们至少可以作出如下几项判断:

一、本文列举的第一类证据表明,该书中有些内容,所反映的是蒙古时代之后、甚至是非常后来的晚出知识。如果该书确实存在一种较早的文本,那么至少这一类内容乃是后人增益的蛇足。

二、第二类举证透露出，它们不可能获悉于宋末南方社会，而至多不过得之于来自华北、几经辗转的耳食之言。

三、与第一、第二类的证据同样，第三类记载仍然无法使我们确信作者曾于宋元之际亲历泉州；这些内容虽然详细到若有其事的程度，却又绝对缺少可用以与汉文资料互证的价值。因此我们有理由对于这一部分内容的可靠性持充分的保留态度，尽管它涉及汉文史料所很少述及的那些层面，因而使读者对它深感兴趣。

现在让我们回到本文开头提出来的问题：雅各·德安科纳是蒙古时代的又一个马可·波罗吗？

回答恐怕只能是否定的。

是的，与本文对雅各是否到过宋代泉州的质疑相似，马可·波罗曾否来过中国也在受到一些人的怀疑；是的，从汉、蒙、波斯文以及其他文字的史料业已积累的信息量来衡量，马可·波罗的游记似乎也没有给予我们多少实质性的新知识。尽管如此，《光明之城》与马可·波罗的游记亦仍断然难以同日而语。后者对元代中国各方面的详尽描写，足以与同时期其他史料比勘求证、互相发明。一个远在千里之外的外国人，如果没有对中国社会长期、切身的体验，是无法获得这么多真确翔实的细节知识的。所以这部游记本身，就是元代中国与西欧社会间密切直接的相互交往留下的珍贵历史见证。因此，即使马可·波罗本人未曾来过中国，那也必定会有某个叫"菲立普·波罗"或者"马可·斯特劳斯"的人有过类似的经历。从这个意义上说起来，"马可·波罗到过中国吗"其实是一个伪问题。

《光明之城》就不同了。书里有关中国的说法，今可判断其稍近事实者,率多掇拾他书旧言而已;其余部分,则详而未敢指其实,奇而未敢信其真。章学诚说:"伪撰之书,后世求书悬赏,奸人慕赏造伪。"《光明之城》的著成,未必是由于"悬赏"、"慕赏"之激发;说它属于"伪撰",亦仍稍嫌轻率。不过在新的、有足够权威的佐证出现之前,对于这部书的史料价值,无论如何不宜有过于乐观的估计。

　　　　　　　　　　　　（本文原载《新知》2000 年第 1 期）

《光明之城》订疑录[*]
——对英国学者见解的述评

在大卫·塞尔本编译的《光明之城》于 1997 年 11 月在英国出版之前,预先为刊布该书而进行的宣传活动已经持续了一段时间。由于受到出身于英国、又有哈佛背景的著名中国学专家史景迁(Jonathan Spence)的严厉批评,该书的出版商即小布朗出版社放弃了在美国出版这本书的计划。但在伦敦,小布朗出版社英国分社的主管部门却坚定地站在塞尔本一边,因而本书仍然得以如期面世。

关于《光明之城》一书可靠性问题的最早一篇学术评论,发表在 1997 年 10 月 16 日的《卫报》上。这篇题为《商人的故事》的书评,是由一位声望卓著的学者罗伯特·欧文(Robert Irwin)撰写的;他先后发表过的专著包括《中世纪的中东:早期玛姆鲁克国家》(1986)、《〈一千零一夜〉指南》(1994)、《伊斯兰艺术》(1997),以及最近的《夜色、骏马与沙漠:阿拉伯文学经典作品选》(1999)。

欧文的评论一开头就提到塞尔本的翻译工作所依据的那个手稿本:"我完全可以想象,塞尔本会如何欣喜,当几年之前,他的一个熟人访问他在乌尔比诺的家,并将一份至今为止其真实性尚未遭人怀疑的中世纪手稿本递到他的手中

---

[*] 本文系大英图书馆中文部主任吴芳思撰写,姚大力汉译。

的时候。……这份手稿,据说是一个犹太商人的游历记,此人在 1271 年至 1272 年间从意大利的安科纳港远游到中国的泉州港,即'光明之城'。"接下来,在概述本书的内容后,欧文又重复他在开篇时的那句话说:"我完全可以想象,塞尔本会如何欣喜他发现了这样一部手稿,——但是,我对这部手稿却无法予以信任。"然后,欧文叙述了本书内容中最可能引起一个阿拉伯学专家直接反应的几个问题,诸如雅各·德安科纳所可能采取的旅行路线,以及那个时代与税收有关的一些术语等等。

例如,"在从地中海到波斯湾的陆上行程中,雅各与他的随行者是从大马士革穿越叙利亚沙漠,从而到达幼发拉底河上一个多少有点与巴格达相当的地点;而他们采取这条路线,丝毫没有遭遇到任何真正的阻碍。在我看来这是令人难以置信的。这时候立国于埃及、叙利亚的马姆鲁克苏丹正在与统治着伊朗、伊拉克的蒙古伊利汗朝交战,因而在叙利亚和伊拉克之间的边境地带是禁止通商往来的"。

欧文说:"不仅如此,即使是在和平时期,雅各商团所选择的这条路径也是很难通行的。当时的大部分商队采取一条更北的路线,即从阿勒颇(Aleppo,在叙利亚西北部,阿拉伯语拼作 Halab 或 Haleb)经由帕尔米若(Palmyra,在叙利亚中部)抵达北部伊拉克。"后面这一个说法本身似乎不那么有力,但是如果将它放在对塞尔本这本书进行质疑的全部论据一起加以考虑,那么它还是很能说明问题的。

在谈到当日穆斯林世界的赋税名称时,欧文注意到,雅各其人甚或是塞尔本自己阅读中世纪史料的范围相当广泛,但读得并不完全准确。他是最先指出这一点的人。"书里说,居住在考姆萨(Cormosa,即波斯湾口著名的海港古城霍尔姆兹)穆斯林地区的犹太市民要缴纳一种税金,'它在撒剌逊语(即阿拉伯语)中叫作哈剌只(kharadj)'。事实上,处于穆斯林统治下的犹太人和基督教徒都应缴纳一种称作 jazya 的人头税。而哈剌只乃是农村的土地税。"

欧文这样结束他妙语横生的评论:"……《光明之城》的公布于世使我足足兴奋了一个礼拜,因为我实在喜欢这一件出色的赝品,并且对体现在……它的制作过程中的机智和勤勉赞叹不已。"不过欧文并没有直接地指责大卫·塞尔本是该书的作伪者,相反,他猜想"有某个了解塞尔本兴趣所在的人,将他引入了圈套"。

巴雷特(Tim. H. Barrett)教授发表在 1997 年 10 月 30 日《伦敦书评》上的《万事俱备,只欠筷子》一文,同样不愿意直接谴责塞尔本。巴雷特当时是伦敦大学东方及非洲研究学院的亚洲史教授,后来调至同一学院的宗教研究系任教职。他的博士研究课题是中国宗教,发表的著作中包括《唐代道教:中国史上黄金时代的宗教与帝国》(伦敦,1996),以及一部短小却内容丰满的英国汉学史,即《孤独的困惝:英国汉学家简史》(伦敦,1989)。巴雷特著述目录的篇幅或许不算太长,但他以对中国历史所有各方面的极其广泛的研究而著称;这一特点也反映在他对本书的评论中。

巴雷特一开始就指出,我们似乎应当将《光明之城》看作"是历史小说,因为它不是出自于真实的原始资料"。它"包罗了马可·波罗未曾提及的种种细节,诸如印刷术、茶叶、火药、缠足之类关于中国的几乎一切有趣的事情;极其奇怪的是,它唯独遗漏筷子这件事"。巴雷特的评论最先提出,本书不时出现将有关记事年代提前或挪后的问题。其中令人颇感吃惊的有"'蛮子(Manzi,源于蒙古语中的汉语借词)'一词

的使用。雅各用这个蒙古时代带侮辱性的语词来指称据说是
他访问过的真正的汉人。还有拿"回"这个名称来称呼穆斯
林教徒的用法：中国的历史学家陈垣早就指出，上述专名最初
只是被用来指称"某个特殊的穆斯林群体"，故而"只有从1348
年后不久的某个时候起，它才成为对穆斯林信徒的通称"。

　　巴雷特还揭示出另一处年代混乱的叙述："雅各自称与
明经、明法、算学和书学诸科功名的获得者互相交往。这是
严重的年代错乱，因为在13世纪已不存在这样一系列的功
名。在通读了出于充满自豪感的当地历史学家之手、并接续
数百年之久的泉州功名获得者的名录后"，巴雷特找到一个
晚至1196年时取得过此种功名的人，"不过我敢肯定再也没
有人在此公身后取得过这一类的功名"。

　　《光明之城》所宣扬的蒙古侵寇前夕泉州城中（亦可推及
中国其余地区）的道德衰败，构成此书内容的部分背景。可
是巴雷特指出，简尼福尔·贾易（Jennifer Jay）的新近著作
《鼎革之际：十三世纪中国的忠诚观》（华盛顿，1991）以及其
他学者的研究所揭示出来的，恰恰是对于宋王朝相当强烈而
真诚的道德支持，以及体现在1250年泉州城的双塔建造乃
至这个时期其他佛教建筑活动中的虔诚行动。

　　雅各·德安科纳有关泉州是"自由贸易港"的叙述也有
问题，它与我们所知道的恰恰发生在这个时期的蒲寿庚对泉
州海关相当严厉的控制这一事实正好相反。作为一个长期
讲授中国史的教授，巴雷特对《光明之城》的出版深表遗憾，
因为"炮制出关于中世纪泉州这一番故事的那个人，作为中
国历史的学者只能得一个低分"。不过，就像欧文一样，他也
没有责备塞尔本："或许有人会觉得塞尔本应当有能力识破
这本伪书，但我仍然以为他是可以原谅的。"

对《光明之城》最令人印象深刻的否定,也许是玻纳德·瓦色斯坦(Bernard Wasserstein)与大卫·瓦色斯坦(David Wasserstein)发表在《泰晤士报·文学副刊》上的评论,题为《一个假造的雅各》。玻纳德与大卫分别是牛津希伯来与犹太研究中心主任和特拉维夫大学中东及非洲史教授。尽管玻纳德主持着英国最重要的犹太研究中心之一,他最新近的著作却是《上海的秘密战》(伦敦,1998),该书描绘的是中日战争期间一伙外国冒险家在日本人驱逐了大部分外国人的情况下在上海所从事的非同寻常的活动。在玻纳德另一部较早的著作《特莱比施·林肯的秘密生活》(纽黑文,1988)中,中国也占有相当重要的地位。

两位瓦色斯坦的评论涉及的面很广,它提到了史景迁和其他人的批评;但是它最有原创性的贡献,则在于它以关于中世纪犹太文化的优越知识为基础而提出的批评。首先,作者们注意到,塞尔本说过,该书手稿大部分是用中世纪的意大利"白话文"写成的;但这一点十分令人费解,因为中世纪基督教世界中的犹太人毫无例外地使用希伯来字母。其次,雅各"提到中国犹太人的法典全部用希伯来文书写"。两位瓦色斯坦解释说:"绝大多数的犹太法典都使用阿拉美字母拼写。无论是在中国或其他任何地方,我们都还不知道有那样一部'完全用希伯来文'写成的犹太法典存在。"

类似于从不存在一部希伯来文犹太法典之类的论据,可以用该书"作者"的无知来加以解释。这种说法也经常被用来为马可·波罗的旅行记辩护。正如两位作者提到的,塞尔本可以用这一点来为自己进行"辩护(事实上,他也确实在他的某些公开谈话中作出这样的暗示),说他毕竟只是一位编译者,他无法为手稿作者的陈述负责……"。

　　不过,瓦色斯坦们还是指出了表明"整个故事之虚构性质"的内证。书中写道,在今日称为班达拉巴斯(Bandar Abbas,即古代的霍尔姆兹)的海湾港口城市,统治者苏丹曾前往位于"mellah"城区的当地拉比(Rabbi,犹太人中的法律学者和教师)家中进行访问。塞尔本在他编制的该书学术词汇表里,是这样界定 mellah 一词的:"阿拉伯城市中的犹太城区"。而两位瓦色斯坦则告诉我们:"mellah 固然是用指城市中犹太居住区的阿拉伯词汇,但它仅只流行于马格里布(此指今突尼斯、摩洛哥与阿尔及利亚诸国所在的北非地区),并不使用于中东。不仅如此,迄今所知,它最早见于使用是在15 世纪。对前一项质疑,也许还可以辩解说,雅各作为环绕地中海的一名饱经风霜的旅行者,可能是在早先游历摩洛哥时学会了上述词语。就该词出现的年代问题而言,人们也可以说,雅各提到这个词语,非但不能简单地用来怀疑他的叙述的权威性,反而表明这个词可能比我们原先以为的要更为古老。可是麻烦的是,实际情况不可能如此。因为 mellah 这个词的起源是可以准确地知道并加以断代的。它从一个意思为'盐'的词根派生而来。Mellah 在塞尔本所指明的意义上最初见于使用,是在 1438 年:当时菲兹(Fez)城中有一处特殊的盐碱滩地被划出来用作犹太人居地。此后,这个用法传播到摩洛哥的其他城市。所以,该词以上述意义出现在塞尔本声称是写成于 1280 年代初叶的雅各手稿之中,这实在是不可能的。塞尔本又推测,手稿或许不是出于雅各本人之手,而是一部 14 世纪的抄本。然而这样的断代依旧无法解决手稿使用或者毋宁说是误用了一个 15 世纪的词汇的困难。这就好像莎士比亚……会讨论共享性软件或者淘商店狂之类的问题。仅仅出于这个理由,我们就应该作出结论说,这份手稿(如果它当真有过的话)只能是一件假骨董。"

在大英图书馆希伯来文分部供职的我的同事,十分赞赏瓦色斯坦们,因为他们竟然能够把对于塞尔本这本书的摧毁性批评"建立在某一个词汇的基础之上"。两位作者用下列词句结束他们的文章:"受骗的购书者们也许可以写信给哈理森先生(小布朗出版社英国分社的总经理),要求退还他们的购书款。"

尽管该书已经被以一字定谳,对它进行批评的攻势仍持续不断。在 1997 年 12 月 1 日《泰晤士报》刊登的题为《是令人惊异的旅程,还是一场骗局?》的论文里,本书关于意大利历史的不准确解释和错误也被纳入清算范围。剑桥大学中世纪史讲师、著名学者大卫·阿布拉菲亚(David Abulafia)从他自己的学术经验,从一个曾经撰写过有关亚德里亚海港口城市安科纳本身、有关意大利的犹太人、有关连接意大利与中东并进而插手来自东印度的胡椒生意的东地中海商业等方面历史的研究者的视野,报告了书中那些在他看来是"惊人的历史知识错误"。他说:"从这样的角度去看问题,那个受尽颠簸之苦的雅各,不像是真实可信的人物。"

阿布拉菲亚描述了安科纳与威尼斯之间剧烈的商业战争。历史悠久的威尼斯决意击败它的新竞争者,切断了从安科纳向东的各支航线,而这恰恰就是雅各踏上他的所谓旅程的时候。威尼斯与安科纳、热那亚之间的商业战争扩大到十字军占领的阿克尔城。在那里,威尼斯人驱逐了热那亚商人及其来自安科纳的同盟者,并且夷平了"阿克尔城里的热那亚人居住区,使他们永远无法再回来"。阿布拉菲亚说,由此可见,雅各使用了与我们所知道的事态发展完全不同的言词来描绘阿克尔城，"根据雅各的说法，这座城里到处是热那亚和安科纳商人，但这时正应当是他们在遭受大规模驱逐的时候"。

在阿布拉菲亚看来，该书内容中充满了类似的"一个同时代的叙述者绝不可能犯的错误"。同样地，国立澳大利亚大学的中国历史教授简讷尔(William Jenner)在发表于1997年12月11日《远东经济评论》上的文章中，也强调一个真正是在1271年至1272年间访问泉州的人所不可能采用的后出史料的问题。"雅各或曰塞尔本在本书主人翁于1272年离开中国时对在位的南宋皇帝和蒙古大汗的称呼，使用的是他们分别于1274年及1294年死后才能获得的谥号。"简讷尔也提到"蛮子"一词的使用说："这是另一个后出专名，外国旅行者不可能在宋政权统治版图内听到对本朝的这样一种自称。"

所有的评论者都提出，塞尔本拒绝出示该书手稿原件，哪怕是该手稿一个单页的复制品，这一点很使人怀疑手稿文本究竟是否经得起必要的检核。确认马可·波罗游记真实性的基本困难之一，就是缺少那部"原始的"手稿——如果我们相信关于它产生的那个故事的话。可是，现存的两种写成于1400年左右的出色的抄本，其中一部收藏于牛津大学鲍雷安图书馆，另一部在法国国家图书馆(两部抄本的内容差异颇大)，至少可以作为这个游记创作很早、并且它的各种不同系统的抄本很早就开始各自独立发展的证据。除非能证明事情不是那样，《光明之城》只能被看作是凭空虚构出来的。

塞尔本自己有关手稿的说法也无法令人振奋。它以长达二百八十页的篇幅而使自己与所有的早期马可·波罗手稿凿然有别，后者连漂亮插图在内都不超过六十至七十页。同样地，一位略早期的犹太旅行者，杜德拉的本贾闵，在1159

年至 1173 年间曾游历意大利、希腊、巴勒斯坦、波斯、埃及和西西里,也只留下一部很短的手稿,尽管它的内容涉及好几个国家和长达十三年之久的时间段。杜德拉的本贾闵沿途考察各地的商业景象以及犹太人状况,其关注目标与塞尔本推出的雅各十分相像。但是本贾闵的笔触非常简明,而且正如瓦色斯坦们所设想的,他完全是用的希伯来文。塞尔本手稿的此种不合时宜的长度已由吴芳思发表在《时代》杂志(1997 年 11 月 10 日出版)上的论文《太聪明,太长,太多的错》予以指出。

吴芳思还提到了与巴雷特论文的讨论相关联的问题,即是否确如该书所称,面临蒙古的威胁,泉州业已陷入深刻的"世纪末"颓废的状态之中。在那里,男色和妓女、反常行为和公开的性炫耀都变成家常便饭。

尤其不可能的是,雅各据说带了两名洗衣女佣一起去中国,"这两人粗野的《十日谈》式的古怪行为致使他在泉州红灯区中睿对身着女装的男妓们目瞪口呆"。女人完全不可能乘中世纪欧洲的船只航海;人们确实以为她们会带来噩运。晚至 18 世纪之时,还流传过一个名叫杰华的广东瓷雕匠的悲惨故事。此人于 1770 年为帮助大英博物馆替若干汉文和日文书籍编目而访问伦敦。在登船预备返回广东时,他却被人从船上扔将出来:水手们认为,由于他穿的长袍很像女人的服装,所以他会给全船带来噩运。第二次,他只得穿上西方绅士的衣服,以便被接纳上船。

1997 年 12 月 12 日《泰晤士报》刊登的一封信,提到一个细节问题,与雅各的那个其存在与否颇可怀疑的洗衣女佣有关。信是伦敦经济学院的凯·莱塞(Kay Lacey)写的。她写道:"我在阅读塞尔本编译的《光明之城》时注意到,雅各·德安科纳给他的女仆布卡祖普两颗适用于耳朵的珠子。我想这是指耳饰一类东西而言。然而，作为一个对该主题具有特殊兴趣的纺织与服装史专家，我很怀疑这个时期的西方妇女会佩戴它们。以为中世纪的人们佩戴耳饰，其实是一种普遍的误解。北欧海盗时期以后（即公元1000年后），在西方世界，人们停止佩戴耳饰，只是到16世纪的第一个二十五年间，它们才重新出现。只有'摩尔人'，才在中世纪被描写为是带着单耳环的人。……"

　　普通的误解，失之毫厘的年代倒置，乃至败露在本书基调中的错乱细节，所有这些都让人觉得，本书不是对原有手稿的迻译，而是一种新的创作，创作者曾从事过某些研究，并且几乎（不过尚未完全地）造就出一部成功地摹仿中世纪旅行记的赝品。研究中国、阿拉伯世界、意大利、犹太文化、纺织及时装的历史学家们，都指出了书中的许多错误，表明它不可能是一份当时人留下的记述。大多数的人似乎不愿意直接指斥它为大卫·塞尔本所伪造或虚构。他们力图回避这个问题，只是很礼貌地提出，塞尔本错误地把这部手稿（一部除他以外，没有任何其他人见到过的手稿！）当作了真品。

　　《时代》杂志的伦敦记者海伦布兰德（Barry Hillen-brand）采取别一种方式来阅读本书。他不是关注与本书相关的历史背景，而是把注意力集中在据说是雅各·德安科纳向泉州文人和商贾们所发表的演说的那些段落。《光明之城》对塞尔本说起来是一个令人惊异的工作成果，因为此前他出版的作品几乎都是当代政治哲学方面的著述。

　　海伦布兰德在题为《旅行者的故事》（《时代》杂志，1997年11月10日出版）的评论中写道："熟悉塞尔本著作的人们会发现，在一个生活于13世纪并且博览群书的商人雅各与他在 20 世纪的翻译者的政治观和宗教观之间,存在着显著的同一性。雅各对中国城市里的长老会议发表的关于公民责任感问题的演讲,重复着塞尔本在他发表于 1994 年的《责任原理》一书里所表达的政治哲学。不止如此,对于资本主义,对于社会教育,以及毫不足怪地再加上对犹太人所受到的不公正待遇(这是塞尔本于 1993 年出版的《时代的精神》一书的主题),雅各和塞尔本的看法也完全一致。

"'这并不是巧合',将雅各看作是良师益友和自己观点代言人的塞尔本如是说。对此,他本人的解释是,'雅各手稿中有两三个段落,推动着我身上的哲学创造性成为丰富的思维过程'。在《光明之城》的'导论'里,塞尔本承认,他'在写作《责任原理》时大量地借用了雅各·德安科纳的思想材料'。可是在最初的 1994 年版《责任原理》中,他根本没有提到过雅各,尽管那后一本书开列了塞尔本声称曾从它们中间'获得过思想激励或道德教示'的种种参考文献。"

海伦布兰德没有将他的意思完全点破,因为《时代》杂志的律师非常非常担心此事可能引出一场官司;不过他还是暗示出,写作《光明之城》的动机是为了以另一种形式再现塞尔本《责任原理》一书的内容,不过这次加上了"种种外国的场景、性、冒险",以及"使人惊异的发现手稿的历史内幕",用来增强它们的吸引力。

虽然欧文对这本伪书深感愉悦,中国学家简讷尔却以为"《光明之城》的问题不在于它是否属于伪作,而在于这本书令人厌恶"。但是还有一个更为严重的问题存在:尽管遭到严肃的学者们的责难,本书依然在公众中有强大的影响,继续在误导轻信的读者和学生们。巴雷特教授强调指出,对于《光明之城》的真实性以及随之发生的对该书价值的严重怀疑,已经被它的作者和出版者加以利用,很可能这是因为所有的炒作都可以成为有利于炒作者的宣传。巴雷特总结说,由于出版者"没有请一位公认的专家来作鉴定……《光明之城》的教训使我们获益良多;它表明,为追逐利润而牺牲对学术的尊重会有何等的危险。而在只顾生财之道这个意义上,它也确实是一部极其现代的书"。

译者按:1997 年 11 月,英国出版了一本名为《光明之城》的奇书。据说它原是一部秘藏了数百年的中世纪意大利语手稿,以出于英国人大卫·塞尔本(David Selboune)之手的英文译注本形式刊行。在此之前,人们对本书的存在一无所知;而在它被英译之后,据塞尔本称,那位不露形迹的该手稿目前的拥有者决意不再以原件示人,所以它很可能从此成为一件"别人不易接近甚至不可能接近的手稿"。这部神秘书稿的作者据说叫作雅各·德安科纳(Jacob d'Ancona),是 13 世纪意大利城邦安科纳的犹太商人。比马可·波罗略早三四年,雅各经由南海,抵达正处在与蒙古最后对峙阶段中的南宋国土。根据在泉州的将近半年的阅历,雅各在他的旅行记里既展现了当日南部中国的繁荣,又描述出在蒙古军队南逼大江的严重形势下泉州城内颓废堕落的"世纪末"风情,还用大量篇幅记录下他本人对泉州官绅大谈道德、伦理与责任问题的演说辞。英译本所传达的雅各形象,真不啻是一个现身于南宋末叶多事之秋的华南版马可·波罗。

汉文读书圈内对这本书的了解与研究,是在该书的汉文转译本于 1999 年 11 月出版发行以后开始的。中国学者很快对它的真实性产生了不少怀疑,由此引发出一系列的争辩与讨论。有意思的是,在此两年之前,即本书在英国刊行前

后,了解内情的英国学术界也有过一场关于本书真伪问题的
不大不小的讨论,参与评论的学者们几乎没有人不怀疑这本
书的可靠性。本文就是吴芳思专为中国读者撰写的对当年
发生在英国的那场讨论的综合介绍。

涉及中外交通史的文献材料所讲述的,往往是"中外合
璧"的故事。由于工作条件和专业训练的限制,中国学者对
这类文献的考察研究,常常是详于有关中国的叙述而略于外
国部分的内容;西方学者的着眼点则正好相反。无论关于马
可·波罗或是对《光明之城》的解读,都反映出这样的特征。
因此,读一读本文,或许会使我们又一次充分地认识到,及时
关注和吸收外国同行们的研究成果,确实是何等的必要与
重要。

(原载《文汇读书周报》2001 年 3 月 24 日第 5 版)

重新讲述"长城内外"

——评《游牧者的抉择：面对汉帝国的 北亚游牧部族》①

　　蒙古草原的历史,在一般中国人的印象里,往往由历代游牧民与汉地农耕社会之间围绕着"长城内外"这根轴线而展开的一系列故事所组成。如果想把这样的一般印象推进到一个更为深入的认知层面,则至少可以由两种不尽相同的观照主题分别切入讨论。一是自东向西拉长我们考察的地域背景。这时候便不难发现,蒙古草原其实位于横贯内陆欧亚(the Inner Eurasia)、绵延七千多公里的一条草原带的东端。它西接阿尔泰山南坡和天山北坡草原,由此向西是吉尔吉斯草原(或者更准确地说,应当是哈萨克斯坦草原),再往西又连接着南俄草原。把蒙古草原游牧人群的历史与文化置于这样一条广阔的草原带与其南部所有各类定居人群相互关系的宏大框架之中来予以分析和理解,那就会与将眼光仅仅局限于沿长城一线南北人群间的互动产生大不一样的认识效果。另外一种可能,则是透过带有原创性格的细化研究,在以"长城内外"为轴线来讲述的古老故事中去发掘尚未被人们充分辨析出来的新意。近二十年

① 王明珂《游牧者的抉择:面对汉帝国的北亚游牧部族》,桂林:广西师范大学出版社,2008年。

来,先后出现了三部很鲜明地从后一种观照主题出发着手其学术追问的著作。这就是 T. 巴费尔德的《危险的边疆:游牧诸帝国与中国》(1989)、N. 迪·考斯莫的《古代中国及其外敌们:游牧政权在东亚史上的兴起》(2002),以及不久前在海峡两岸同时发行的王明珂这部新著。

与在它之前出版的那两本书相比,王著的学术取径更接近于《危险的边疆》。这可能与两书的作者同样具有人类学训练的背景密切相关。实际上也很容易看得出巴费尔德对本书的影响。王著第一章介绍西方人类学有关游牧社会研究的基本话题以及游牧经济和游牧社会的一般性特质。当说到对应于不同生态环境的各种不同游牧类型时,它

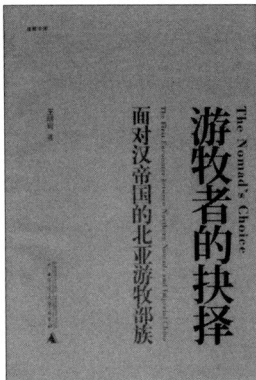

王明珂《游牧者的抉择》
书影

很像就是在对巴氏另一本书《游牧部落的选择》(*The Nomadic Alternative*, 1993)进行概括、补充和发挥。巴费尔德在这本书里,分别以牛、骆驼、山羊、牦牛、马作为标志性牲畜,按照游牧人群对东非热带草原、阿拉伯沙漠、伊朗-阿富汗山地、青藏内陆高地和北亚草原等不同资源环境的专门化适应方式,把游牧社会划分为五个类型。尔后,在用一章的篇幅概述"中国北方游牧社会的形成"之后,王著的主体部分,也就是第三章至第五章的讨论,更可以看作是对《危险的边疆》一书中基本见解的继承、修正和批判性回应。

巴费尔德认为,蒙古高原的游牧者缺乏对农业人群的最起码经验与知识,多不愿意深入汉地社会,在那里建立自己

的直接统治。所以他们往往以战争和战争威胁作为"自外控制"汉地社会的手段,从而保障以游牧为主业的人群维持其内聚力所必需的辅助性经济供给。这个看法最先是拉铁摩尔提出来的,它成为巴费尔德赖以树立其分析框架的重要础石。巴氏另一项十分要紧的主张是,游牧经济及其社会组织的分散性,使游牧人内部从不需要、也无从产生集权式的政治权威。但是面对长城以南强大的中央集权式中原王朝,为实施"自外控制"策略,蒙古游牧民在对外交涉时亟须以一个庞大的政治与文化共同体的形象现身。他称这样的游牧政体为"帝国式的部落联盟体"(imperial confederacy)。自从斯基泰人之后,最强有力的游牧帝国,为什么总是反复出现在欧亚草原带东部的蒙古高原上?巴氏这一敏锐见解,或许可以十分有效地回答上述问题。

从上述基本论点出发,巴费尔德将沿长城与南部农业社会相对峙的北方人群划分为两大类。其一是蒙古高原上比较纯粹的游牧民,通过实行"自外控制"策略,他们经常在边疆政治中扮演关键角色,却避免直接征服汉地社会。其二是分布在满洲以及"满洲边缘地界"(the borderlands of Manchuria)的各人群。后者主要是指"平地松林",即辽西森林草原上的人们而言。这里是在文化上全同于蒙古高原的游牧人口的家园;但由于相对平等自主的政治结构及其与满洲地域内部各处定居地区的密切接触,他们和从事渔猎、畜牧与粗放农耕的通古斯-满语人群一样,不惮于侵入汉地并在那里建立起君临汉语人群的王朝式政权。

巴费尔德的"权力周期"说有一个太显眼的"例外",那就是13世纪从朔漠深处大踏步走向汉地社会的元朝蒙古人。不仅如此,把辽西游牧民和东北的渔猎畜牧人群之所以多次立国汉地的原因,仅仅归结于两者都比较熟悉定居文化,并由此把他们归并在相异于蒙古游牧民的同一个分类范畴里,这样做无论如何有过于勉强粗疏之嫌。

王明珂在本书中扬弃了巴氏按"蒙古""满洲"两个地域标志来生硬地划分人群范畴做法。他将两汉魏晋时期的乌桓、东部鲜卑等部族从松嫩流域从事渔猎、畜牧与农业混合经济的人群中分离出来,单独作为以森林草原为资源环境的特定类型的游牧人来处理。在他们之西,"正北的蒙古草原"成为匈奴人的根据地;他们代表了汉地社会向来比较熟悉的最典型的那种草原游牧类型。再往西南行,青藏高原东缘的河湟之地是汉代"西羌"的密集分布区。在那里,我们遇到的是以高原河谷为资源环境的另一种独特游牧类型。把生态-经济方式完全不同的通古斯-满语人群排除出当前考察范围后,王著将注意力有效地聚焦于各种游牧人群体与汉地农业社会之间的关系问题上。而"长城内外"的互动,一旦被安放在对三种不同游牧类型的比较框架中加以叙述,某种出乎读者意料的新意,也就从那段"众所周知"的故事里顺理成章地突显出来。

非常关键的是,前述三种游牧类型与汉地社会的相互关系之所以不尽相同,主要并不决定于游牧经济活动本身,而是在相当程度上取决于它们各不相同的辅助性经济。对蒙古草原上的游牧人群而言,"较稳定且能预期"的辅助性生存资源,来自针对蒙古草原之外"他者"群体的贸易、贡赋征收以及战略性和生计性的掠夺。面对汉王朝这个庞大的帝国,或者乌桓、鲜卑那样的大部落联盟,超部落的国家成为匈奴人及其以后蒙古草原游牧者"争取及维护资源的常态性政治组合"。

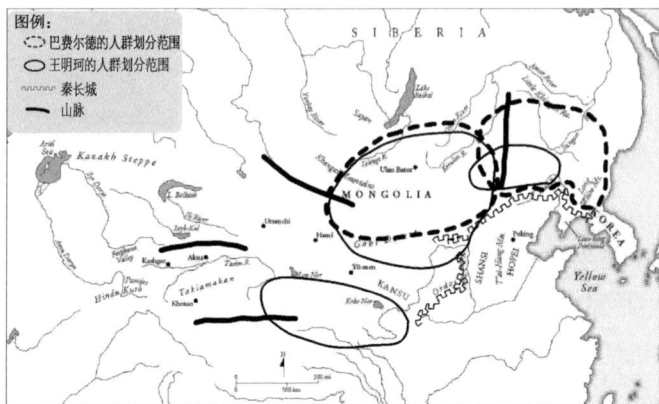

巴费尔德与王明珂对长城外人群划分比较图

　　位于河湟高原谷地的汉代"西羌",在维持往返于谷底到高坡的"垂直游牧方式"(巴费尔德语)的同时,亦可能部分兼营农作、狩猎等辅助性经济活动。对这类"生存所需大致无缺"的美好山谷的保护和争夺,遂成为邻近的羌人部落之间互相争斗的主要诱因。无休止的部落冲突就这样抑制了羌人聚合为一个复杂社群的整体并一致对外的驱动力。

　　与以上这两种地域环境都不相同,平地松林既宜于游牧,又有适合农耕或狩猎的自然条件,但不论哪种生产方式又都无法在这里获得足够规模的扩大。多元的人类经济生态及其规模有限性,不但促使着此地的游牧部落经常根据相对自主的生计抉择,朝着不同方向各自向外迁移,寻求更大的生存空间和贸易与掠夺的更多机会,并且也易于推动他们的经济活动形态顺应着外在资源环境的变化而实现各种形式的转型。

　　阅读这本书,就如同观看一场思想与逻辑演绎的操练。通过这场严整的操练,它向读者揭示出,北亚"游牧者的抉择",其实并不全然出自他们的主观意志;它们背后还存在某种更为深沉、恒久的历史动力,始终在很大程度上支配着游牧者们看似自由自在的"抉择"行为。那么究竟是一些什么样的因素,一直在更深层地影响甚至规定着个别历史事件的演进路径呢?作者回答说,它们指的主要是某个人群所处的特定资源环境,及其在与该人群的互动中生成发育起来的各种社会政治结构。作者指出,尽管历史事件,或者所谓"史实"并非不重要,但他在本书中的"反思性研究",却无意针对"历史事件的重建与其因果关系的安排"本身,而是要将一系列相关历史事件之由以展开的根源,追溯到中原王朝的资源边界与游牧各人群的不同人类经济生态,以及二者之间的相互关系诸方面。正由于这样高远的立意,本书才会写得新见迭出,引人入胜。

本书力图透过"历史表相"(historical representation,"表相"一词过去曾被同一作者译为"呈现",意思似乎更明确)去追问"历史本相"(historical reality,亦即"历史实在"或"历史的真实性")。这自然是完全合理的。可是当作者把历史事件完全等同于"表相",并声称"由汉代史家到今之研究者"所争论的,都只停留在表相层面时,他的说法就未免有些过甚其词了。

历史学家们之所以关注文字、图像、口头传说、遗物与遗址、各式科学检测数据(如卫星遥感、气候、孢粉、基因、金相分析等)以及诸如此类的"历史呈现",无非想藉此一步一步地逼近通过它们体现出来的"历史本相"。当然,历史事件经常漂浮在人类活动最显而易见的表层;如果把眼光和讨论仅仅局限在那些最令人瞩目的情节本身,而不顾及它们所由以发生的社会与政治背景及资源生态背景,我们便不能更深刻地去理解它们的历史本相。但这绝不意味着,处于表层的历史事件只具有表相的性格;至于它的真实性,则只有从它所处的政治社会结构和生态环境中才可能获得反映。另一方面,隐藏在政治社会结构和资源环境中的历史本相,其实也同样需要透过它们形形色色的历史呈现才可以把握。套用禅宗术语来说,我们根本做不到"直指本相"。事实上不存在像作者所主张的那样机械的二分法:事件或史实即表相;结构与地理生态环境即本相。

从这种过分忽略"事件史"的态度,我们或许可以看出费弗尔和布洛赫那一代学者之后的年鉴学派对本书作者的影响。布洛代尔在原则上好像也不否认事件史(短时段历史)与局势运动(中时段历史)以及结构史(主要取决于人的生物学特征、自然地理及气候等条件的长时段历史)之间互动的可能性。他曾经写道,在从事历史解释时,应当反复地从事件观照到结构,又从结构观照到事件,就像人们需要不断地颠倒计时用的沙漏那样。但无论在他的理论或实际研究中,他都没有照顾到这一平衡。布洛代尔对事件以及事件影响之下历史景观的"决定性疏离"甚至"反感",尤其生动地表现在他对于"事件"的各种贬义的说法里:它们是"表面的干扰",是"被历史潮流的坚实背脊所掀发的泡沫浪尖";它们像烟雾一样短暂、像花朵一样朝开夕败、像布满过去时代坚固物件上的尘灰;由事件构成的世界,具有狭隘、表面、稍瞬即逝、暂时、变幻莫测的性格(参见 C. 克拉克《年鉴派历史学家》,载于 Q. 斯金内主编《宏大理论在人文科学中的回归》,剑桥大学出版社,1985 年)。

然而,所谓"不争论表相式的历史事实"的研究策略,实际上已经在有些地方损害了本书讨论的精确性。例如西汉匈奴史上著名的"二十四长",乃是单于对受统治的诸多游牧部落在他的直系家族成员中实施分封的结果。但这一分封只是在"二十四长"中分配对当日草原上既有游牧各部的最高领属权力而已;它不是在大规模离散原有部落并重新分配牧地,而恰恰是在承继原有部落组成、包括承认各级原有部落首领传统权力和各部旧有牧场的基础上形成的。"各有分地"云云,主要是指二十四长各依其所统诸部历来的牧区,有相对固定的负责地域;二十四长之下的"千长、百长、十长"等,只是在各部落中从事战争动员、骑兵编组时的一种十进制军事辅助组织的长官。《隋书·突厥传》描写突厥汗国统治下的漠北草原社会说:"部落之后,尽异纯民。"拿它来形容匈奴社会也是同样贴切的。但是王著却笼统地把二十四长以至千长、百长全纳入到同一个"阶序化地方体系"之中,把他们看作是代表着国家"常设的政治机构及威权"的"国家设置的各级部落长"。王著还将"各有分地"解读为"每一部落又由国家分配牧地"。由于作者明确地将二十四长的势力范围看作是"地域部落联盟组织",因而引文里的"每一部落",按本书上下文的意思便也应包括二十四长之下、由千长乃至百长所统领的游牧单位在内。匈奴国家"中央化领导"的性格,就这样被本书相当严重地夸大了。

作者质疑大多数研究者关于"二十四长以下之政治体制又颇能配合地方游牧经济"这一共识的又一论据是,为了维持一支"在任何季节随时对汉帝国发动攻击"的"常备军队",匈奴被迫采用违反游牧经济分散原则的大集团游牧方式以弥补人力的不足。据本书举证,从西汉前期到东汉初的二百四十多年间,有记录可查的匈奴大规模攻塞行动共有二十八次,其中只有七次发生在草枯马肥、游牧人最便于出战的秋季;作者认为,这可以表明匈奴已经组建了四季皆可投入战争的常备军。检阅本书制作的"史籍所见匈奴入寇汉帝国的发生季节表",匈奴在一年之内连续入寇汉边塞的次数最多不过两次,这样的年份总共亦仅四例而已。据此断言匈奴人已经有了常备军,显然是没有说服力的。而用汉军多次俘获大批人马牛羊的资料来证明匈奴中大集团游牧方式的存在,也十分勉强。因为它反映的更可能是匈奴人在军事对抗情况下的动作方式。我们知道,蒙古高原的游牧骑兵在征战时,他们的家庭成员往往组成"老小营"随行,在与军队间隔一定距离的后方边走边放牧。前方军队败北后,他们的"老小营"随即遭到胜利一方的乘势掳掠,因此就会有很大的损失。怎么能由此证明常态下的匈奴社会采用了大集团游牧的方式?

王著"前言"说,作者所要做的,乃是"延续拉铁摩尔的相关研究讨论"。熟悉拉铁摩尔的读者,确实可以从这部书的字里行间隐约窥见这位伟大的业余人类学家的身影。由于天生地同情弱者的心肠,他曾被冷战中的双方同时指控为敌对阵营的特务。但他思想的生命力却突破了冷战的桎梏。拉铁摩尔在似乎不经意间说出的不少真知灼见,至今仍闪耀着智慧的光芒。

不过,拉铁摩尔的见解,也有被本书不太恰当地加以沿用的地方。

例如拉铁摩尔正确地指出,游牧经济应当起源在农牧混合的生态经济地带。在那里,一部分更倾向于畜牧或流动畜牧生产方式的人群,由于气候干冷过程所导致的农作分布纬度南移以及其他农业人群的压力,逐渐深入草原地区,并最终放弃他们曾兼营的农业生产活动。王著不但按照上述思路来解释中国北方游牧人群的历史起源,而且还将它的适用范围上溯到考察先秦戎、狄等人群的畜牧或流动畜牧经济是如何发生的问题上去。于是,"农牧兼营、定居程度低并有武装倾向的人群",也就是所谓戎狄,多被看作是发源于"黄土高原北方边缘"的农牧混合经济地带;而后,为了"南下争夺农牧资源",他们纷纷"入侵"渭河流域及黄河中、下游的诸夏社会。在这样一幅图景中,先秦的华夏集团被先验地想象为从一开始就占据着华北全部核心地区,并由于对抗来自"西方与北方戎狄部族的威胁"的共同命运,而萌芽出华夏认同的集体身份意识。

　　然而更可能的实际情况应当是,即使在华北核心地区,诸夏与戎狄蛮夷等各色人群从最初起就是交叉分布、重叠分布的。"内夏外夷"从诸夏所采取的文化态度演变为一种地域空间分布的状况,那倒是后来才形成的局面。由《左传》记载的孔子在公元前 500 年说过的"裔不谋夏,夷不乱华"一语看来,戎狄蛮夷在地理空间上的边缘化过程,恐怕要晚至春秋、战国之交方才大致完成。

　　那么问题究竟在哪里呢?在流动畜牧的经济方式产生形成的时候,从事农业的诸夏先人们,还远未曾如同后来那样整个地"铺满"华北核心区域。换句话说,在相当长的一个历史时期内,那里几乎全都属于农牧混合经济地区。但到游牧方式在中国北方产生的时候,农牧混合经济区已经随着华夏农业活动的扩张而压缩,演变成为处于它南面连成一片的农业区和以北草原之间的一条带状的边缘地域。拉铁摩尔主张游牧经济方式起源于这一条边缘地带,本来是完全正确的。因为只有在这里，人们才有可能由外在压力及自由选择的双重推动，一步一步地走向游牧生存方式所必需的茫茫草原。可是对更早先的畜牧、流动畜牧经济的形成来说，事情就完全不一样了。无论是否兼营农业或兼营多大规模的农业，这一经济方式可以在当日华北的几乎任何地方存在，而无需一定要先在北部边缘地带产生，再移入华北核心地区。

结果，表面看来十分"拉铁摩尔"的思考，在这里却引出了性质上很不"拉铁摩尔"的见地。在拉铁摩尔看来，长城的修建，标志着农业社会竭力要把它在北部农牧混合经济边缘地带的生存空间扩展到可从事农业活动的全部地域。这是一种真正意义上的抢占与争夺，并非是它在"保卫"本来就属于它的地盘。而在王著看来，"夷夏之争"从一开始就不是大体处于同一个地域之内的不同人群对生存资源的竞争，而是华夏集团"驱逐"自外"入侵"的戎狄、从而"恢复故土"的一场正义之战。

在中国大陆，由于民族史研究和人类学、民族学之间的相互贯通尚未十分顺畅，王明珂过去出版的《华夏边缘》等几种著作，在大陆民族史学界引起过极具震撼力的积极影响。

关于历史研究，我们有一个习惯的说法，叫作"两重证据法"，即强调地上的文献与地下出土文物与文献之间的互证。实际上，在中国民族史研究的实践活动中，"两重证据法"的理念早就在向"三重证据法"过渡了，这就是地上文献、地下文物及文献，以及民族学田野调查之间的互释与互证。此种"三结合"，起始于抗日战争年代里"内迁"的中国学术界对西南各民族历史渊源与历史状况的考察，在 20 世纪中叶实施的"民族识别与民族划分"中获得进一步的发展，逐渐形成一种利用当代民族学资料来释读古代记载的"古史新研"风气。

但是，正如同两重证据法传统中"证经补史"的固定取向在某种程度上限制了考古学理论与方法在解释史前及上古中国史方面的巨大潜在能力一样，主导着中国民族史研究的"溯源论"取向（王明珂语），也抑制了人类学、民族学理论与方法所可能赋予民族史研究的革命性影响。所以，尽管大陆人类学、民族学的前沿学者们在阅读王明珂的那几本书时，未必会觉得太吃惊、太匪夷所思，但大陆民族史领域内的绝大多数人，还是对它们产生出一股非常陌生的感觉。也许可以毫不夸张地说，王明珂的书，在推动大陆民族史领域的学者们走近人类学和民族学视野方面，具有决定性的作用和贡献。

正因为如此，今天再读王明珂的这部新著，人们大概已不会觉得它有什么太惊世骇俗之处了。本书极其突出的优点与偶尔也会出现的些许小疵咎，都同样雄辩地向我们证明：人类学视角的提问能给予民族史研究以何等重要的刺激与想象力；与此同时，人类学的提问一旦进入无法进行"田野作业"的历史研究领域，传统的考据史学方法，对提问者来说又会变得何等地不可或缺！

（原载《东方早报》2009 年 6 月 14 日"上海书评"第 4 版至第 5 版）

一段与"唐宋变革"相并行的故事

——读《疾驰的草原征服者：辽西夏金元》①

一

　　研究辽、夏、金、元史的一个巨大障碍，乃是有关它们史料的散漫性。本书作者言及契丹史资料的严重不足时哀叹道：能允许被展开来从事"研究的界限已经到了令人伤心的程度。与其说缺失的链条多，不如说了解的情况少"（页79）；至若"尝试研究西夏，本身就已经要成为一种壮举了"（页91）。而关于金、元历史资料，则除了在数量及其报道所覆盖的内容范围方面仍难如人意外，女真、蒙古统治者的立场、情感和行动更是在占压倒多数的汉语文献有意或无意的遮蔽曲解下变得难以识辨。因此可以想见，要想在一部经汉译后不过十六七万字正文的书稿里，以简明连贯的叙事把这段历史讲述得连非专业的阅读者也能感觉饶有兴趣，这是对写作者具有何等挑战性的事。

　　我对本书作者深感钦佩，他真的做到了这一点。就我记忆所及，他前后写过近十种性质类似、话题或聚焦点略有不同的历史读物，每本都显示出一定程度的独特视角与新鲜见

① ［日］杉山正明《疾驰的草原征服者：辽西夏金元》，乌兰、乌日娜译，桂林：广西师范大学出版社，2014年。

解。相比之下,这本书对汉文读者的冲击力可能会最大。因为它没有像中国人通常所惯于接受的那样,依照"唐——五代——两宋——元"的历史变迁主线来呈现公元10到14世纪的中国史;相反,被很多人想当然地看作是阻断、破坏了本应由两宋来实现的国家统一大业的夏、辽与金,不再仅仅是出现在音乐正剧里的几段不和谐的变奏或插曲,而都在本书中担当起积极和正面的主演角色,由它们来贯穿从唐到元这一时段的中国史进程。也正因为如此,这条另辟蹊径的讲述路线,沿着与我们比较熟悉的"唐宋变革"相并行的故事脉络,为我们刻画出一段很不一样的中国历史,使人感觉似乎有点陌生,但仔细想想却又合情合理。

　　直到两宋为止,唐是中国历史上版图最大的王朝。检阅过中国最流行的那幅现代绘制的总章二年(669)唐代疆域图的人都会不由自主地感受到,尽管尚未将今云南西部以及包括今四川和青海一部分在内的整个藏地囊括在内,唐代拓地之广,它在西部和北部远远超出今日中国疆界的幅员,确实令人印象深刻。但是正如有人指出过的那样,这张地图也很容易对它的阅读者产生某些误导。在唐的边界之内采用完全相同的主题底色,在很醒目地突显出唐代政治势力所及的地域范围同时,也不无遗憾地抹杀了唐政权在针对不同区域和人群的治理目标与国家权能实现方面一向存在着的性质截然不同的多样性差别。与对郡县制度体系之内各州县的全方位治理相反,唐对处于光谱另一端的东、西、北三方最边远地区那些羁縻府州所能实施的主权,在不少场合虚弱到近乎只剩下一个空名的程度。可见带着现代国家的领土概念去理解唐代版图,只会使人产生某种不很健康、而且一厢情愿的妄想。

还不止如此。普通的读图人还常常会忽略历史地图上
注明的标准年代,即据以制作该图的基本资料的时间节点。
总章二年那幅地图反映的,是从 630 年代到 660 年代唐代疆
域的基本状况。简直就像是故意为了提醒我们注意到这一
点,仅仅将它的标准年代再推迟一年,唐代的版图就不再是
本图所呈现的那个样子了。几乎从 670 年代一开始,由于吐
蕃和西突厥结盟反唐,今新疆维吾尔族自治区的南疆以及北
疆的相当一部分地区便长期陷入双方拉锯和争夺的混乱之
中。差不多与此同时,一度南下投唐的东突厥逃归漠北,复
建第二突厥汗国,唐因此失去间接号令整个蒙古高原的地
位。前后相加,唐维持对西域的间接统治,总共大约一百数
十年;而它拥有蒙古高原,则只有四十年而已。从这一事实
出发,本书作者把唐朝界定为"瞬间大帝国"的说法虽稍嫌夸
张,但它对中国人普遍持有的"大唐三百年天下"这种模糊而
僵化的传统观念,仍有振聋发聩的作用。作者指出,安史之
乱后,由于"在内陆亚洲世界互争霸权的两大势力即回鹘和
吐蕃"的存在,唐首都长安"因不断来自西方的威胁而变成了
毫无安全感的城市"。但另一方面,"也正是因为背后有了回
鹘的军事力量,衰弱的唐朝才能继续存在"。他据此尖锐地
提问说:"唐代后半期那个年代,真的还是'唐代'吗?"

二

那么,一部叙述辽、夏、金、元历史的书,为什么要从颠覆
"唐朝三百年之幻想"这样一种"朴素而又老套的,因此又是
可笑的"看法讲起,甚至为此而不惜把这个开篇写得令读者
感觉有点过于冗长呢? 我以为,作者的用心主要有两点。

首先,吐蕃和回鹘的崛起,以结束唐王朝全盛时代的安史之乱为转捩点,将东亚历史逐渐带入一个分权化和多极化的新局面。正是吐蕃的衰落,一方面导致"原来囊括在吐蕃内的藏系各部落也开始寻求自己的道路",并最终催生出由党项人建立的西夏王国,另一方面又成为"沙陀发迹的诱因"。而回鹘汗国的解体则成为契丹部落独立发展的契机。在契丹部英主阿保机不得不用"为长九年"(907—916),即通过苦心谋求两次连任三年一推举的"可汗"来蓄积个人势力的蛰伏期间,面对后唐沙陀政权坐大灭梁、进而吞并正在进行建国准备之契丹的危险,阿保机被迫依违于后唐与后梁之间,在夹缝里求生存。只是到他的继任者手里,契丹才利用沙陀内讧,通过施展助后晋灭后唐、又将后晋属国化的策略,成为兼跨农牧混合带两侧的强大的内亚边疆帝国。按照上述线索,本书"直接涉及"的故事,就应当从党项、契丹和沙陀等部的发展获得空前历史机遇的 9 世纪后半期,也就是自回鹘与吐蕃统一政权瓦解之后讲起。但为了理解 9 世纪下半叶的整体形势,还必须"将此前一百多年也收入视野"。安史之乱就这样成为本书讨论的真正起点。

其次,也许更加重要的是,唐的中衰,或者说唐从它鼎盛的巅峰不可挽回地一路滑向最低谷的那个有点漫长的时期,实际上还具有比一首令人黯然神伤的超长挽歌更多得多的历史意义。它非常典型地反映在边城范阳之地位的不断抬升之中,即"范阳作为横跨'华夷'的政治中心真正开始显赫,竟而成为契丹-辽帝国的副都、女真金帝国的首都、蒙古世界帝国的京城大都"。换一句话说,它意味着这不平凡的六百年孕育并实现了"中华"从"小中国"——这个"小中国"在盛唐时期曾膨胀到它的极限——变型为"大中国"的"一次漂亮的转身"。此种"变身"初见端倪于契丹建立的辽王朝,而一个完全不一样的"中华的框架是在十三到十四世纪的蒙古时代一下子扩大起来的";正是这样一个崭新的建国框架,才真正把中华引上了"通向'多民族之巨大中国'的道路"。

从"五胡十六国"开始,源出于草原或汉地社会边缘地区的非汉人群,早就在中原建立过许多属于他们自己的政权。在把中原当作核心统治地区这一点上,它们——包括本书述及的后唐与后晋在内——与以公元 10 世纪的辽王朝为开端的各"异族"王朝颇有相似之处。然而,前一类政权的建立者多在以雇佣军等方式向中原汉地渗透的漫长过程里,逐步演变为陷入内地、失去后方的无根基的政治-军事集团;同时,当日汉地社会所流行或依然具有强大影响力的门阀世族传统,也很便于为接纳诸多非汉人出身的军事贵族集团提供一种非常自然、易行的制度框架。因此这些"渗透"型的王朝往往缺少制度创新的必要动机与资源,未能为突破中原传统体制提供自己的独特贡献。与它们相比较,辽、金、元、清都在短时期内通过大规模的军事征服,迅速地在汉地建立统治,与此同时仍精心维持着作为本族群人力与文化后方的辽阔根据地。"扩并型"王朝的这种特别的版图结构,推动它们去创制一种不同于纯中原式的国家建构模式。它不仅能在作为帝国经济基础的汉地社会和统治者的"祖宗根本之地"之间保持着平衡,而且为进一步将其他各种非汉人群的活动地域括入有效治理,提供了比中原汉制更有弹性、更能容纳多样化可能性、因而也更能持久的一种制度框架。

我以为,本书作者所说"小中国"与"大中国"的区别,并不完全是就"中国"版图的面积大小而言。更重要的区别,其实是在以"车同轨、书同文、行同伦",亦即用汉文化去覆盖全部国家疆域为理想治理目标的"小中国",以及一个能为不同人群的不同文化提供多样性发展空间的"多民族之巨大中国"之间。更明确地说,这是两种不同的国家建构模式之间的区别:一种是外儒内法的专制君主官僚制模式,另一种则是从汉地社会边缘的中国腹地亚洲边疆发展起来的北亚边疆帝国模式。后者萌芽于辽,发育于金,定型于元,而成熟、发达于清。只要简单回顾一下公元一千年以后的中国历史,恐怕没有任何人还能否定,如果没有这样一种国家建构模式的参与,今日中国就不可能有这般广袤的版图!

三

明白了作者力求贯穿在本书中的写作意图,就比较容易理解,他的谋篇布局为什么会采用那样一种很不相同于寻常的方式。

这部本身就不算太厚的书,花去五分之一的篇幅用来讲述故事的"起始发生在何时"的问题,包括安史之乱、吐蕃与回鹘的强大与衰落。接着它又用另一个将近五分之一容量的叙事来刻画契丹"奔向帝国的助跑"。在总共超过全书三分之一的上述两章内,还有不少篇幅被用来追溯与契丹"在同一时期崛起的"沙陀族后唐政权的兴亡。第三章依然围绕从契丹与后唐"南北并立"到它迫使后晋沙陀政权"属国化"的线索展开,只是在最后割出分别以"澶渊之盟"和"南北共存的一百年"为题的很短小的两节文字,把辽-宋关系以及几乎全部的"契丹帝国的稳定期"都一带而过。第四章"访问已消失的契丹帝国:穿越千年的时空",简直就是一篇散文式的优美抒情的访古随笔。当作者面对辽祖陵的奉陵邑祖州城址那"高层建筑般规模的……塔状岩石",发出"传说,在那里真实地存在着"的感慨之时,他同时也把撞击着他自己心灵的那种由衷的感动深深地传达给他的阅读者。

就这样,当终于翻过有关辽代历史的最后一页时,我们发现已经读完了全书的三分之二。剩下的三分之一篇幅主要用于讲述蒙元史,所以只能用第五章十分简短地说完西夏和金。接着作者又以相当详细的笔墨,生动展现出蒙古人怎样"走向史上最大的陆上帝国"、如何组织起一个"庞大的多种族复合国家",并且把大半个欧亚旧大陆整合为一体的非凡历程。

叙事上高度跳跃的选择性和结构上调度自如的倚轻倚重,使本书充满了一种由非均衡的张力所营造的美学效果。至今还有很多人糊涂地主张,讲述历史只需要"还原真实的过去",所以"实证"方法就意味着必须尽量辟除讲述者自身观念的影响。但是我们真的可能还原"真实的过去"吗?真的存在着一种被所有经历了那个"过去"的人们都一致同意的"真实"吗?看来与其陈义过高、空论还原真实,倒不如尽最大努力地去还原经历过那个时代的人们对那个时代的各种切身感知,最大可能地借助于各种细节去还原一幅有关过去的越来越精准、清晰的宏观图景。历史细节永远"还原"不完。这里不存在应不应该有所选择的问题;问题只在于如何选择、选择得好不好。

从体裁上说,本书可以被归入"大众史学"一类。我并不以为,当下的出版界之所以希望引入外国人写的、以中国历史文化为题材的、能引人入胜的大众史学作品,只是因为中国学者都放不下"专家"身段去从事那种创作的缘故。这里面更多的,其实还是写得出、写不出,或者说得更尖锐一些,是即使写出来了,能不能让人看得下去的问题。尽管不必采用绵密引征和系统论证的阐述形式,大众史学在需要把历史叙事还原到亲历者们的切身感知、还原到总体历史图景、还原到根本价值关怀方面,以及在它需要能反映最前沿的已有研究成果方面,一点也不比对于更"专业化"学术写作的要求为低。在此一意义上,一个写不出高水平的大众史学作品的知识生产群体,竟然能一批接一批地产出被纷纷自诩为高水平的专业化学术著述,这种现象本身就是极应该加以怀疑的。

<h1 style="text-align:center">四</h1>

正因为这部大众史学读本兼具濒临现有知识边界的学术前沿性,所以甚至对于从事专业历史研究的阅读者来说,也可以从中获得不少深度启发,并由此而萌发把那些被碰击出思想火花的话题推入更充分思考的念头。以下选几个比较有趣的例子,说一点看法。

921年末,处于权力争夺之中的河北军阀里有人以镇州美女、金帛引诱契丹入寇。据《资治通鉴》,那个引狼入室者对阿保机说:"镇州美女如云、金帛如山。天皇王速往,则皆己物也;不然为晋王所有矣。"阿保机准备发兵,"述律后谏曰:'吾有西楼羊马之富,其乐不可胜穷也。何必劳师远出,以乘危邀利乎!吾闻晋王用兵,天下莫敌。脱有危败,悔之何及。'契丹主不听",结果大败而归。本书作者强调,司马光这段文字把阿保机表现为一个"无聊卑贱之人、一个不知好歹的蠢家伙。……——对不起,实在忍不住想这样说"。作者断定:以上这段记载不见于《旧五代史》,故知它必是出于欧阳修的"创作";司马光不但从欧阳修的《新五代史》里抄了这个故事,而且把它抄得比《新五代史》还要"卑贱、粗俗"得多。

此处没有足够篇幅把欧阳修的原话再抄录一遍。但至少从我的感觉来说,实在看不出司马光的描写在哪里表现出比欧阳修"卑贱、粗俗"的地方。更重要的是,司马光抄的根本就不是欧阳修,而是他写作《资治通鉴》时大量利用过的五代"实录"。意思完全相同、而文字稍见繁富的这一条记载,亦可见于《册府元龟》"外臣部"。当然那也同样是从"实录"里抄来的。后者并交待该信息来源说:"时获贼中人(也就是契丹方面的人)言。"流言未必尽实,史家无由考定,"述故事"传之后人而已。拿这件事来讥刺"司马光的浅见",似过于严厉。

像这样的不太适当的批评不止发生在一处。《通鉴》曾述及,阿保机猝死后,月里朵太后执意选择次子尧骨而不是长子突欲继承皇位,为此残酷杀戮了一批旧臣。本书在提到此事时,又一次谴责司马光"虚构"了一则"充分反映他精神世界"的"故事"。作者以突欲被分封在东丹国来证明阿保机对他的超级信任,并由此断言,尽管"没有留下明确的遗诏就意外地去世了",按"阿保机的本意",实在"无需担心突欲当不上继承人"。只因为掌握国家大权的月里朵"内心已向尧骨倾斜",所以才有后来的结果。

中国一位著名历史学家早就指出,阿保机在立突欲为太子五年后,又封尧骨为"天下兵马大元帅"。这并非任命最高军事统帅,而是在早已确立过太子的形势下另行更定皇位继承人的特别安排。是则突欲在阿保机死前不久晋封人皇王、东丹国王,地位虽仅处于作为天皇王、地皇王的帝、后之下,但由此也表明他不再是天皇王的继承人。以天下兵马大元帅身份继承皇位的做法,后来也曾几度被沿用。这表明月里朵的所作所为,实际上都是为了压制朝内不同主张,强行实现死去丈夫的遗愿。本书作者像司马光一样,认为尧骨继位出于月里朵个人的偏好及设计,则其"精神世界"岂非与司马光无大异? 至于"虚构"之说,就更未免不实之嫌。

不是说对司马光的立场就不能批评。将心比心,如果有能力揭出比如藤原道长(966—1027)的《御堂关白记》或者《历代天皇御记》等著名日本历史文献里某些值得讨论的地方,我一定也因此会感到高兴和满足的。但同时我也一定会怀着敬畏和唯恐有所未周的不安,尽量做到更谨慎谦恭地表达这些意见。

看来,汉语文献包涵的天然偏见所引起的,已不仅是本书作者理应有的警惕,而且变成了一种反感甚至厌恶。所以他才会说,汉文记载所创造的"虚构",远甚于古希腊、罗马文字圈,因而"能够轻而易举地变丑陋为美丽"。在这样的表述里,一点也看不出日文所特有的那种委婉、客套的语气。因手头无原书,我阅读的只是本书的汉译文本。不过我与汉译者乌兰教授非常熟悉,所以完全可以相信她的译文是忠实严谨的。作者提到《辽史》关于925年"日本国来贡"的记载时写道:"距今大约三十年前刚刚邂逅《辽史》时,这条记载对视觉造成的冲击至今难忘。"这段话不由自主地让我想起民族主义研究者们经常谈论的知识精英的"愤懑"情绪与民族主义思潮的关系问题。

五

对"夷夏之辨"意识流支配下大汉族主义历史观的质疑,

无疑是本书很突出的一个最让人耳目一新的亮点。这里再举一则例证以明之。作者认为金宋间的"绍兴和议"致使"'澶渊体系'再次出现",并称它为"依照国际条约达成的和平共处方式,是亚洲的东方创造出的历史智慧"。中国读者——确切地说,是习惯于在"中国的"与"汉族的"之间画等号的读者——对这样的看法很可能会极不愉悦。它当然是由霸权强加给参与国的一种不平等的外交关系。但传统时代既然尚未出现平等国际关系的理念,在一种经过双方讨价还价后形成的有等差的外交关系框架内实行"和平共处",比起兵连祸结的长期恶斗,难道不是双方都更愿意接受的结果吗?其实这个方式也不是金的创造。它只沿用了汉室王朝早就发明的"朝贡"体系,不过又把它倒转过来,让一向习惯于接受别人前来朝贡的一方变成了向别人朝贡的一方而已!我们不是从来就怀着心安理得乃至有些盲目自傲的情绪来看待以汉室王朝为中心的朝贡关系吗?汉室成了朝贡一方,就以缺乏平等怪罪"澶渊之盟"或者"绍兴和议",这样的见解,与视其为"东方创造出的历史智慧"相比,显然少了一点历史主义的应有意识。

不过就像所有原创性理论的作者都倾向于夸张一样(以赛亚·伯林语),我们也从本书中读到些许因夸张而导致原貌可能有点走形的地方。建立唐王朝的李渊家氏,被本书视为"出身于拓跋鲜卑的地地道道的'夷'"。作者据此认为,"唐朝在系谱上本来是接续拓跋北魏的";把它与从代国到北周、隋的一系列政权共同"统称为'拓跋国家'的看法与史实相当符合"。可是本书提到的三条相关理由,恐怕难以支撑起这种见解。它们是:唐室"祖源拓跋氏"之说;唐"依山而建皇帝陵"与契丹陵制相同,而于汉人王朝则"明显是个例外";

中亚以西各地多用 Tobgach 称呼唐,是即"拓跋"之音转。

李氏原为"北代胡人"、"唐源流出于夷狄",自唐宋以来代有其说,但至今难得落实。陈寅恪所谓"疑出边荒杂类、必非华夏世家",强调的未必是华夷之辨,实为其门第身份之有无;否则就与他另文所说"若非赵郡李氏之破落户,即是赵郡李氏之假冒牌"的断制互相抵触了。关于唐陵,除非伴以坚实的辨证驳论,而不只是凭藉突乎其来的奇想,杨宽的见解仍然是我们必须重视的。据此,唐昭陵墓室以穿凿半山腰的方式修建,沿用的主要是源于曹魏"因山为体"建造皇帝陵墓的办法,由魏晋南朝代代相传至唐,经昭陵而成为唐代大部分皇帝陵墓的制式。拓跋魏的陵墓制度确实含有北族文化的成分,但它与依山建陵关系不大,而主要体现在诸如起造于永固陵和寿陵之前的"永固石室"之类的建筑物中。一般相信,"拓跋"之称以 Tobgach 的变形西传,在北魏及其继承王朝灭亡后,仍长期在中亚被用来转指曾处于拓跋人统治之下的北部中国。我们不清楚它是否出于"契丹语式的发音",但从唐政权被西方人称为 Tobgach 就推证唐皇室出于拓跋,那就如根据格萨尔之名源于凯撒而断言青藏地区这位传说中的藏王是罗马人后裔一样,无论如何是过于鲁莽了。

陈寅恪早已论证过,隋唐制度有三个渊源。其中梁陈之制当然是汉式的;西魏北周之制是胡汉杂糅的混合制度,但它对隋唐制度影响最微;北魏北齐之制才是它最重要的来源,而其主要成分,则是通过士族之家学传承接续而来的残存中原之汉魏文化、东晋南齐之礼制以及保存于河西的汉魏西晋文化。唐代制度体系,是融合了不少胡文化元素于其中的外儒内法的专制君主官僚制。就认定它的这一性格而言,李唐氏族的出身究竟为何,甚至已变得不再重要。不仅如此，正像本书很精辟地指出来的那样，一个"跨时代跨地域的国家和社会"，即一个变身为"大中国"的中华，乃是以"阿保机所开辟的新道路"为起始点的。故"阿保机的创业，又是时代的创业"。既然唐朝无论怎样也不能被看成与辽、金、元等王朝处于同一个国家建构模式的谱系内，那么唐朝是否"拓跋国家"，这个问题本身究竟还有多少意义呢？

人们很容易就一本书是否好书做出他们最直接和最感性的回答。那就是你愿不愿意手不释卷地把它从头读下去，一直读到结尾。至于你是否完全同意那本书的看法，倒是一个与此不甚相关的问题。本书绝对称得上是一部好书。相信其他读者只要伏案展卷，定然也会生出与我同样的感受。

（本文为《疾驰的草原征服者：辽西夏金元》一书推荐序）

关于"吐蕃"一名的读音与起源

汉语古文献称藏人或藏地为"吐蕃"。按目下的流行读法,它与"土播"的今音同,尽管较仔细地思考过这个问题的不少专家对之颇持异议。把此处"蕃"字之音读若"播",其最直观的理由应当是:与藏人或藏地相邻的诸多东西方人群对它的称呼,如中古波斯语里的 *twpyt*、阿拉伯语中的 *tubbat* 或 *tabbut*、格鲁吉亚语里的 *t'obit'*、西欧诸语文里的 *tibet*、突厥及蒙古语里的 *töböd* 或 *tübüd* 等等,确实都出于 *tu-bod* 这样一个名称的变形。其中的 -*bod*,应来自藏人对本人群的自称。但那前一个音节 *tu-* 究竟从何来,曾长期令人们困惑不解。如果暂时撇开这一点,而视"吐蕃"为 *tu-bod* 一名的汉字记音,那么把这里的"蕃"字读若"播",似乎比"蕃"字的本音更贴近它所要记录的 -*bod* 这一音节的发音。

但是依据上述理由读"蕃"为"播",仍然存在两个难以说通的地方。

一是从"蕃"的读音经过"阴阳对转"变换而来的"播"字之音,是一个以元音 -*o* 收声的"阳声字"。按唐代用汉字来音写非汉语词汇的通行体例,人们本应当选择一个带有尾辅音 -*t* 的入声字如"拔"(*bĭwet*)、"勃"(*buət*)之类,而不会采用缺少尾辅音 -*t* 的"播"字来记录 *bod* 的语音。

第二个困难可以说更严重。直到清末为止,古人从来都不把"吐蕃"读为"土播"。有人已引用过唐代贾岛的五言古

诗《寄沧州李尚书》。诗里有"萧关陷吐蕃"一句,而与"蕃"字
相押韵的有"源"、"温"、"言"等字;是证"蕃"字应读若本音。
类似的证据还可见于元人耶律楚材二十韵五言诗《德新先生
惠然见寄佳制二十韵,和而谢之》,明欧大任《送胡宪使伯贤
赴滇中六首》之四,清沈德符《令公来》、彭而述《爨碑曲》、金
甡《祭素山一百四十韵》等诗作之中。

　　不仅如此,关于"吐蕃"之"蕃"的读音,宋人史炤在《资治
通鉴释文》卷二十一、卷二十二里再明白不过地注为"方烦
切",故知它当时的读音已颇近于 fán,与著录于《中原音韵》
里的"蕃"字本音 fān 相比,音同而声调稍异。胡三省把自己
对《资治通鉴》的注释文本题名为"音注资治通鉴",可见他对
古字读音的重视。但有关"吐蕃"一词的读音,他却只注"吐"
字而不言及"蕃"字。这是他以为"蕃"当读其本音的明证。

　　由此看来,"吐蕃"一称显然不是来源于对 tu-bod 的音
写。那它到底是从哪里来的呢? 其实,早在很多年以前,当
著名的和阗文专家 H. W. 贝利为解释"吐火罗"一名里的
"吐"字而提到 tu-bod 一词中 tu- 的来源时,他已经把"吐蕃"
之名的起源问题也连带解决了。可惜这一点至今未受到学
者们足够的注意。

　　正像唐朝政权自称"大唐"一样,古代藏人也用藏语自称
bod chen-po;此语见于藏文"唐蕃会盟碑",其中 chen-po 即
the great(译言"大")的意思。当年活跃于东西草原以及沙
漠绿洲贸易道上的粟特胡人,将 bod chen-po 翻译为粟特语,
于是就有 tuput 这样的读音。此处的 -put 是对 bod 的音译;
而 tu- 在粟特语里即 the great 之谓,正是对藏语 chen-po 的
意译。出现在回鹘汗国所建"哈拉巴喇哈逊碑"粟特文碑铭
(此外该碑上还刻有古突厥文及汉文碑铭)里的 twp'wt,就

是 *bod chen-po*,亦即 the great *bod* 的粟特文对译词,它的读音即为 *tuput*。该词向西传入东部穆斯林世界和西欧诸语,向东则经由突厥语传入后来的蒙古语,遂在不同的语言里形成 *tu-bod* 的各种变形的正字法形式。就这样,贝利十分圆满地解决了 *tu-bod* 里的 *tu-* 到底从何而来的问题。贝利的见解,与此后由哈密尔顿和巴赞提出的把 *tu-bod* 的起源追溯到一个他们臆想中的吐谷浑词汇 *töpe*(意思是"顶部"、"高处")的主张相比,实在要平实而允当得多。

然而"吐蕃"一名与 *tu-bod* 的各种变形并无直接关联。追寻"吐蕃"名称之来源的关键在于,古藏文中的 *bod* 也常常可以被写作 *bon*。敦煌藏文文献对藏王赞普的称呼,既写作 *bod-gi btsan-po*("*bod* 之赞普"),又作 *bon-gi btsan-po*("*bon* 之赞普")。*bod*、*bon* 相通的现象直到近代仍未绝迹。虽然在今天留存下来的藏文文献里只见 *bod chen-po* 的尊号,但我们完全有理由设想,古代藏语还可能存在另一个对藏人或藏土的自我尊称,即 *bon chen-po(the great *bon*)。所以现在的问题就变成:既然粟特人采用 *tuput* 作为 *bod chen-po* 的对译词,他们又会怎样来译介 *bon chen-po 呢?那当然就应该是 *tupun,而"吐蕃"正是对 *tupun 的汉语音译! 由于在当时的汉语声母系统里没有辅音 *f-*,"蕃"字在唐代的读音是 *piwen* 或 *biwen*(类似的读音仍保留在对今日地名"番禺"中"番"字的读法里);用它来音译 *tupun 一词中的音节 -*pun*,甚合当日译写义例。这就是说,藏人的邻居们对藏人或藏地的称呼,分别来自于藏语中两个同源且近似的自我称谓,即 *bod* 与 *bon*。它们分别被古代粟特人转译为 *tuput* 与 *tupun。前者在诸多语言中被读成 *tu-bod* 的各色变体;而汉语中的"吐蕃",则是从后者派生出来的。

由此可知,在唐宋两代,汉地社会所使用的对藏人和藏地的称呼,实源于由粟特人传入的 * *tupun* 一名,故汉文资料采用"吐蕃"两字来音译该名称。直到蒙元时代,汉人经由蒙古人的嘴里再度听说吐蕃又名 *töböd*。于是方有王恽所谓"[古]吐蕃、[今]土波"之说。但是"吐蕃"一名,依旧读其原音,未曾因此而被改读为"土波";正如唐人尽管也应该从与他们同时的突厥人那里听说过 *töböd* 这个称呼,却仍然使用音译自粟特语 * *tupun* 的"吐蕃"当作对藏人及藏地的称谓一样。

国学传统体现出一种强烈的"循名责实"的质朴精神。事物名称不只具有纯然命名上的意义。从我们所耳熟能详的某些名物的历史称谓背后,往往可以追溯出很多新鲜知识,包括这些称谓在当年如何传播演变的令人意想不到的过程在内。对"吐蕃"一名起源的考察,也许可以看作是这方面一个有趣的例证。

在吕叔湘、丁声树主编的《现代汉语词典》1996 年版内,"吐蕃"的读音已经被标注为 túfān。看来这部权威词典的编写者业已意识到,将这个名称音读为"土播",其依据是很不充分的,所以还不如读若本字更妥当。我们不清楚的是,为什么《现代汉语词典》要像现在这样标注这两个字的声调?对我来说,无论是将"吐蕃"一词读作 tǔfān 或者 tǔfán,似乎都要比把它读作 túfān 更来得恰当。

（本文原载《文汇报》2013 年 3 月 31 日）

拉铁摩尔与"失语"的中国边疆

几年前,《南方周末》曾要我为"我的秘密书架"专栏写一篇短文。乍见稿约,立即有一本书从脑海里蹦出来。它就是拉铁摩尔的《中国的亚洲内陆边疆》。从初读历史专业就接触此书,直到新出的汉译本仍被我常置手中的今天,想不出还有哪一种著作比它更耐看、更能激发出使阅读者常翻常新的感受,对一个从事边疆史地和中国民族关系史的研习者来说。约定的短文终于没能写出来,写成的是一篇三万多字的书评,不适合在报章上发表。

在那篇评论里,我写道:"拉铁摩尔是一个被涂上太多样的强烈色彩的奇人。他是从未获得过高等教育学位的美国和英国大学的常任教授。他平生最感自豪的,是能在不带翻译的情况下广泛地游历中国北方三大边区,即满洲、内蒙古和新疆,'每到之处,都需要用不止一种语言从事交流'。他曾被冷战中的双方分别指控为共产主义间谍、导致美国'丢失'中国的罪魁祸首,或者'反动学者和美帝国主义的特务'。他又是最早受聘为蒙古国科学院外籍院士、最早接受蒙古国政府颁授给外国人的最高勋章'北极勋章'的西方人。作为1950年代麦卡锡主义的罹害者,他至今被人批评为'至少在道德上、智识上和政治上是错误的'。但也有人以为,拉铁摩尔事实上'比他本人所知更多地受操控于国民党人蒋介石,以及共产党人冀朝鼎和陈翰笙'。还有人断言,如果可以说他终生有过两个被他所深爱的对象,那么二者中最有可能首先是内亚,然后是他的妻子埃莉诺。拉铁摩尔确实具有某些与针对他的所有这些臧否相关联的性格特征,那应当就是他对于边缘人群的天生同情心,和过于简单、因而也使他特别容易受蒙骗的理想主义眼光。"

正是出于这样一种基本立场,当年在包括日本在内的列强与遭遇其侵辱的中国之间,他站在中国一边。在清朝、民国政府与饱受不平等待遇的中国各少数民族之间,他站在少数民族一边。在蒙古僧俗上层和被他们欺压的蒙古大众之间,他站在普通平民一边。其实他更有理由被看成是中国人的朋友,而不是国家敌人。可见冷战如何像永久性创伤般地麻痹与毒害了我们感知外部世界的神经功能。"斗争哲学"留下的惨痛后果尚未变成"恍若隔世"的旧事,我们怎么可以就把这么沉重的教训忘记得一干二净?

呈现在读者面前的这部论文集,反映出人们在当代历史状况下对拉铁摩尔的再发现和再思考。蒙两位主编见重,要我为本书写一篇序,我因此得遂先睹全书之快。现在把我在拜读本书清样时产生的一点感想写在下面。泛泛然无甚新见可以贡献,聊以塞责乃耳。

"边疆"一词最基本的含义,应该是指边境线、国界,或贴近国界线内侧的沿边地带,与英文里的 border 或 borderland 意思最相类。英文里还有一个词 frontier,意思是两国之间的边界,或"紧靠尚未开发地区的发达地区边沿"。后一个意思实际上只存在于美国西部开发时代的历史语境之中。当拉铁摩尔把几乎是从三面环绕着汉族分布地的中国"内陆亚洲"诸广袤区域称为中国的 frontiers 时,这个语词已经与它在特纳边疆理论中的含义大不一样了。换句话说,拉铁摩尔似乎在 frontier 一词中注入了某种新的含义。它与英国的"凯尔特边区"(the Celtic Fringe)一语中 fringe 的意思更近。相对于英格兰核心地区,这里的"边区"主要是就其"外围"属性而言,所强调的并非仅仅是它靠近国界,或其纵深幅度十分有限等特征。

在这样界定"边疆"的时候,中国作为一个多民族统一国家发育发展的历史进程所赋予它的一项与这个世界上大多数国家都不相同、因而不容忽视的特殊性,也就被突现出来了。拉铁摩尔把中国的这片特殊意义上的边疆,叫做"长城边疆"。这条宽幅极大的连续的边疆地带,位于最近一千年来传统汉语地区的外围,从它的东北经由北方和西北,向南一直伸延到云南涉藏地区。中国国土由此被划分成汉地和长城边疆两个有机组成部分。这样的划分,与差不多同时由中国学者胡焕庸提出的将中国版图大致一分为二的"瑷珲(今黑河)-腾越(今腾冲)线",颇多暗合之处。如果说以上两说的着眼点也有所不同,那么其间的差别就尤其发人深省。

"胡焕庸线"所强调的,是以生态环境的差异为基础而形成的两大地域内人口密度及其经济文化形态之间的强烈反差;而中国主流见解从中看到的,更多地是"中华文明的影响是如何从中原地带,一点点拓展到西部与北部的踪迹"(见"百度"相关词条)。确实,有关中国历史的标准叙事,基本上是把两千多年以来这个国家形成与发育的历史,描述为仅只是由秦汉确立的外儒内法的专制君主官僚制这样一种国家建构模式在被不断复制与向外延伸的过程中逐渐调整、充实和进一步发展的过程。反观中国的各边疆地区,似乎永远处于被动地等待被中心地区"收复"、"统一"或"重新统一"的地

位。即使是像元、清这样起源于帝国的腹地亚洲边疆的边疆
帝国,它们的成功,也主要是因为它们的统治者能主动学习
仿效"先进"的汉文化,包括袭用外儒内法的专制君主官僚制
去统驭它们的全部国土。而它们的失败,又恰恰在于它们还
不够汉化。但是拉铁摩尔对长城边疆的定位,却几乎与之完
全相反。本书中不止有一篇文章指出,他的学术理路最宜于
用"从边疆发现中国"这句话来加以概括。也就是说,长城边
疆在拉铁摩尔的眼睛里,拥有主动参与中国历史的能力,而
且事实上它就是中国历史演变的一个重要的动力源。

凭着对中国"长城边疆"诸地域的敏锐观察,拉铁摩尔指
出,在它们之间存在某种可以被我们称为"腹地亚洲性格"的
共同属性,尽管他实际上并没有使用这个词语来表达他的意
思。对于至今把"中国性"(Chineseness)视为仅仅呈现了"汉
族特性"的流行见解,这实在是一帖再适宜不过的清醒剂。
这种腹地亚洲特性,是历史上的北方和西北各少数民族通过
主导或参与历史上中国国家的构建活动,铸就在中国的实体
之中的。没有汉族之外的其他少数民族参与到历史中国的
建构当中来,就不会有今天这样版图辽阔的现代中国。

这种强调中国的腹地亚洲特性、强调从长城边疆"发现
中国"的观察和分析视野,又被有些学者称为"内亚观"。根
据这样的看法,拉铁摩尔的"内亚观"经历了一个从"中国中
心论"转向"以蒙古(这里是指今蒙古国)为中心"的变化。该
陈述并且还带着如下暗示,即拉铁摩尔在晚年已经校正了他
本人过去所持有的颇欠准确的"内亚观"。但这极可能只是
对拉铁摩尔的误读。且不论他在执教英国之后是否形成过
所谓"以蒙古为中心"的"内亚观",将他早年孜孜不倦于从腹

地亚洲视角去解读中国历史的立场与主张说成是"中国中心论",已显然是不妥当的。因为无论一个人选择中国或者蒙古国作为他自己的学术研究所聚焦的对象范围,都并不必定意味着他在研究中国或蒙古国时就会采取"中国(或蒙古)中心论"的基本立场。事实上,在《中国的亚洲内陆边疆》一书里,拉铁摩尔就明确指出,在长城边疆的各地区之中,蒙古草原的历史是"所有边疆历史中最典型的篇章"。可见用不着什么转向,在以中国历史为视角观察腹地亚洲时,他本来就把全部长城边疆看成是"以蒙古为中心的内亚文化辐射区"。不过即使如此,把他的这一见解等同于"蒙古中心论"的内亚观,仍然是不对的。还是唐晓峰教授说得好:拉铁摩尔"对地域的分割不以国家论,他的注意力亦不是重在'文明'不在荒远,而能放大视野,超越政治与民族,将两边合观为一个'亚洲大陆'"。

　　还有些人们担心,揭示出中国性之中存在或包含着腹地亚洲特性,那就有可能离析中国性本身的内聚力。所以他们会很善意地提醒说,要防止所谓腹地亚洲性格被过分"夸大"。但是在我看来,实际情况是:首先,拉铁摩尔解读中国史的内亚视角,是对在他之前仅以汉族和汉文化作为中心视角去考察和论述中国历史变迁的旧有传统的一种重要修正和补充,但这样做并不意味着他是要以此取代和颠覆从汉族和汉文化出发的分析视角。再者,经拉铁摩尔阐发而得以显现的刻印在中国历史中的腹地亚洲特性,如今才刚刚开始受到国人的关注,开始重新对它进行认识和解读。本书价值也正在这里。中国性中的腹地亚洲特性,究竟是长期以来一直遭受中国人自己的忽视,如今这一局面只是刚刚才开始有所改变,抑或它已经变成了一个被过分夸大的有害观念?我们究竟有什么理由如此精神脆弱,只要听见"一分为二"就觉得是对国家安全的一种威胁? 事实上,任何一个大型实体,内部都不可能铁板一块。一体化无法通过否认或人为消灭内部差异的途径来达成。正相反,实事求是地承认内部差异和多样性元素的存在,才能超越由这些差异以及由容纳多元化所可能导致的内在张力,从而在更高程度上实现对多民族统一国家的整合。

中国性的多元特征,甚至还要超出拉铁摩尔论述的范围。他对南部中国所知不多,因此他的讨论几乎不涉及那里。詹姆斯·斯科特在六年前出版的《逃避被治理的艺术》一书,以分布在东南亚陆块上由海拔三百米以上的山地丛林所构成的大面积区域内形形色色的高地山民部落为研究对象。他指出,生活该地域内的诸多部落或人群长期处于无国家状态之中。但与其说它是从自古以来的原生态的"原始社会"中自然而然地持续下来的,不如说是原来处于文明边缘的各人群为逃避被国家纳入治理范围的命运而作出的自主选择的结果。他们既不愿变成从外面逐渐逼近他们的那些国家的编户齐民,也力图防止从他们内部产生出国家来。斯科特所研究的这片占地广达二百五十万平方公里的多国之间的跨境地区,展延在越南、老挝、缅甸、泰国和中国之间。现在这里总共约有一亿人。云南、贵州和广西西北部的山岭地带就处于其中。长城边疆,再加上前述那片山地丛林中属于中国境内的地区,拉铁摩尔意义上的中国边疆的范围,大约才可以算是比较完整了。

我们所面对的"中国边疆",就是这样一片占据了中国一半以上版图面积的辽阔地域。仅从这一点看,边疆问题对中国来说就已经不是一个"边缘"问题,而是事关我们生存基盘的全局性问题。中国边疆的绝大部分,由各少数民族的世居历史家园构成。因此中国的边疆问题从另一个方面去看,实际就是民族关系的问题。从这样两条理由出发,重新认识拉铁摩尔,对我们来说真的是十分的必要。

一般地说起来,中国各边疆地区多由民族地区构成。具体地说,在几乎每一个幅员巨大的民族区域之内,都生活着远远不止一种世居其间的少数民族人群。他们不但在一个平面上互相交叉分布,而且还在不同海拔高度上呈现立体分布的态势。由某个世居民族单一分布的中国边疆地区,如果不是不存在,至少也不是普遍的情形。因此,中国边疆地区的历史不应该被理解为是诸多世居民族各自历史的集合,而需要把它当作带有浓厚地域史属性的叙事来书写。它反映的主要是多个民族共享一个地域、在民族交流中求得共同发展的历史经验。我非常赞同本书所力主的这个基本见解。

书里有一篇文章引述凌纯声阐释 ethnography(民族志研究)和 ethnology(民族学)这两个专名之间的异同,很值得我们深思。ethnography 一词,由 ethno-和-graphy 两部分构成。前一部分源于希腊语辞 *ethnos*。亚历山大帝国时代以后,在作为西欧各人群族际共同语的希腊语里,它被用来专指作为他者的、乃至野蛮的人群。所以在诸如晚期拉丁语、早期近代英语等后来的各种欧洲语言中,它或者有异教人群,或则有他族的意思。-graphy 则源于希腊语-*graphia*,译言"书写"(writing)。因此 ethnography 就是对某个作为"他者"的特定人群(而且最初往往是指无文字人群)及其独特文化从事描述性呈现的学科。而 ethnology 则带有在各不同人群的文化之间进行比较研究的性质。从 ethnography 到 ethnology,再到分别在西欧和美国发展起来的社会人类学和文化人类学,处在它们学术核心部位的,始终还是属于

ethnography 的那套看家本领,即通过"参与式"的田野工作,力图以被研究对象自身的概念、方法和世界观去理解和讲述被研究对象、他们的文化及其与被研究对象生存环境之间的互动关系。人类学或者民族社会学所坚持的上述基本主张,对我们认识中国民族关系问题不仅具有工具理性,而且也有价值理性的意义。如何在有关中国民族史和民族关系的讨论中更多地引入少数民族自己的各种叙事和声音,更充分地吸纳和反映少数民族和少数民族出生的研究者们在事关他们切身利益与前途问题上的情感、意愿与主张,对这个问题的强调无论达到怎样的程度,在我看来恐怕都是不会过分的。

　　(本文是为即将出版的《拉铁摩尔与边疆中国》论文集所写的序言)

读《心灵史》

　　这部追述中国伊斯兰教哲合忍耶派（Jahriyya）历史的书最初由一家文艺出版社推出。但它显然不属于文学创作，也不是一部传统的穆斯林圣徒传或通常的宗教史著作。作者以撼人心魄的笔触展现出，扎根中国西北底层回民的这个苏菲教团，面对晚清"官家"几十年惨绝人寰的镇压，是如何以从容赴死和在长期的苦难熬煎中百折不回的"举意"精神去实现自己信仰的。

　　社会-阶级冲突的观点一般倾向于淡化以哲合忍耶派为中坚的西北"回乱"的宗教色彩。西方学者如弗莱彻（J. Fletcher）将中国哲合忍耶创建者马明心传授的教义追溯到当日也门的牙沙维派和流行中亚的纳黑希班底教派，从而主张把18至19世纪中国哲合忍耶的活动置于同时期整个穆斯林东方苏菲派运动的背景下加以考察。伊色雷利（R. Is-raeli）则相对强调哲合忍耶与中亚穆斯林各教派关于暴力斗争的观念之间的渊源关系。而从张承志的独特视角看来，中国哲合忍耶信仰历尽劫难而光华无损，正因为它以存在于最卑贱、最底层民众中的追求道德完善的高贵精神作为源头活水。如果说作者从社会底层去发掘崇高的内在理路最初彰显于他的第一篇小说《骑手为什么歌唱母亲》，而自《回民的黄土地》，此种关注又始而转移到他自身所属的回族民众，那么在本书中，作者是力图以强烈的归依感和心灵体验去提升哲合忍耶追求崇高的"举意"。

　　也许是因为写于市场经济狂澜突袭的时代,本书对哲合忍耶的人文主义观照显示出极浓烈的社会批判色彩。但在另一方面,《心灵史》的魅力与巨大社会反响,也向它的读者乃至作家本人提出了一系列严峻的问题:作为苏菲派神秘主义的一个"道乘"(Tariqa),中国哲合忍耶教派的当代复兴,应当怎样面对穆斯林世界诸政教合一国家所掀发的伊斯兰复兴主义甚至原教旨主义运动,而保持独立的思考和立场?中国哲合忍耶在近代的宗教体验,几乎全部与殉难、屈辱和血泪掺和为一体。对这种曾拥有无穷感召力的"冷漠、流血",并"时刻准备着反抗和殉命"的强悍传统,应当如何在高扬宽容与多样化的当代社会里进行创造性的转换?当然我们不能责怪《心灵史》没有涉及这些问题。但是现代中国的人们却无法漠视它们的存在。

　　本书反映出作者娴熟的历史学技能。对实证史学的强烈不满,使作者对继续类似的"科学研究","觉得有一种嚼英雄粪便的感觉"。因此他宁肯选择"心灵的模糊体验而不是史学的广引博证"。他这样描写与他所崇拜的百多年前一位哲合忍耶掌门的"神交":"我只熟悉中文,他只熟悉经文。我们无法对话。但我们能够默默地交流。"由于转向文学已多历年所,作者对于社会科学各学科的理论架构和概念方法向历史学的全面渗透无多关注。但他以全身心投入的对哲合忍耶心灵史的解读,仍应当是中国社会史和民族史研究领域内一份不容忽略的文献。

　　　　　　　　　(本文原载《文汇读书周报》1997 年 2 月 22 日)

20 世纪中国的元史研究

在近现代中国,蒙元史研究的学术传统可以说是直接承继乾嘉时代的治学风气而来。钱大昕(1728—1804)曾在大范围地搜检汉语文献及金石资料的基础上草就《元史稿》一百卷(原书今只存"艺文"、"氏族"两志),其他著名乾嘉史家如赵翼(1727—1814)、汪辉祖(1730—1807)等人,在研习元史方面也多有贡献。

19 世纪的下半叶,中国面临的边疆危机刺激出"西北舆地之学"的勃兴,治元史更成为当日学术界的一大热门;而列强用武力胁迫中国进入近代世界体系,也给中国学者带来了近距离接触欧洲东方学的机会。正是在这般情势中,洪钧(1839—1893)成为替中国的蒙元史研究开出 20 世纪新局面的关键性人物。1887 年至 1890 年,他在俄、德、奥、荷担任中国公使期间,从欧洲蒙古学及汉学著作中获得很多有关元史的域外史料信息。洪钧原先即精于西北史地,这时便结合驻欧所得域外讯息,动手撰写《元史译文证补》,并在归国后仍修订不辍,迄于病故。该书的已定稿部分在 1897 年,即他病卒四年之后,由他所托付的友人刊行,遂使中国有兴趣于元史研究的人们眼界大开。洪钧本人或许未习外语,因此阅读西文书籍需藉译员相助。但中国的元史研究得以在广泛采用域外史料,并且与欧美东方学互通声气、相得益彰的学术格局中逐渐展开,洪钧实在是一个开风气之先的大功臣。

洪钧带来的冲击,最直接地反映在 20 世纪前期的两部元史研究著作,即柯劭忞(1848—1933)的《新元史》和屠寄(1856—1921)的《蒙兀儿史记》之中。它们一方面继续着明代以来以重修元史为职志的学术取向,另一方面则对于参照域外的史料及研究成果来解读元史的必要性表现出充分的意识。但是两书作者仍然都需要借助他人译述来了解西学,这就在很大程度上限制了他们的眼界及其见解的准确性。突破洪钧在世纪之交所确立的学术规模的使命,于是便落到出生于 19 世纪晚期的王国维(1877—1927)、陈垣(1880—1971)、陈寅恪(1890—1969)等更年轻一辈学者的肩膀上。三人中王国维最年长(但他真正开始专攻国学,乃在三十五六岁之后),去世又比后两人早四十多年,因此他的学术表达程式,更多地带有"清学"遗风。三人的有关研究,在校注稀见文献、考订名物制度及其他基本史实、辨明古代氏族及疆域地理、探究中西交通背景下的宗教传播大势等专题方面,成绩尤为卓著。在这个时期,元史研究在多语种文献的比勘释读、比较历史语言学方法的采用、中西学术的融会贯通方面,都比过去有了长足的进步。"国学"在这一辈学者的手里,已经不再是一门完全意义上的中国传统学问,而变成了中国学术传统与欧洲(稍后还应加上美国、日本)汉学传统相结合的、以中国传统的历史文化为研究对象的专业领域。由国学的上述特征所决定,为中国学术界提供欧洲第一流汉学著述的精确译介,虽然颇有"徒为他人作嫁妆"的辛苦,却成为亟需有人着手去做的工作;由于欧洲汉学高度专门化的性质,也由于在译名甄别、史文对勘等方面的极大难度,这种专业化的译介过程本身自然也就不能不变成一项很高水准的学术研究。自 1920 年代至 1940年代,冯承钧(1887—1946)翻译的欧洲汉学名著名篇多达上百种,为我国元史及中西交通史的研究作出了极其独特而重要的贡献。他本人也从翻译入手,终而成为当日中国第一流的元史及中西交通史专家。属于这一代的著名学者还有张星烺(1888—1951)。他编译的六册本《中西交通史料汇编》,以及由他翻译的《马哥孛罗游记》,是当年的后学研习元史或中西交通史时最通行的入门教本;直到今天,它们仍然是相关领域内的基本参考书。

如果说 20 世纪前二十年是中国人对自己的历史文化传统展开全方位反思和总批判的时代,那么他们在学术领域内全面收获此种反思或总批判的成果,则是在 1930 年代。这时候,一批集中主要精力以治蒙元史为专擅之业的断代史学者如姚从吾(1894—1970)、韩儒林(1903—1983)、翁独健(1906—1986)、邵循正(1909—1972)等,先后从欧美学成回国。中国的元史研究因此也在它的深度和广度方面获得了令人瞩目的进步。1930 年代崛起的这批学者所遵循的学术范式,与王国维及"二陈"似无大异。他们的主要贡献,是将其前辈因身故或关注领域的转移而中止的蒙元史讨论重新引发起来,并把它推进到更广泛的话题范围和更翔实细密的考察中去。陈寅恪曾从事过的将汉文与蒙、藏等语文史料多方对照、互相发明的工作,这时获得推广;韩儒林、邵循正开始了不完全依赖西人转译、而直接参用波斯文、蒙文等语种的蒙古史料来探讨蒙元史的可贵尝试;姚从吾与他的学生札奇斯钦合作,在中国学者里最早把以汉字音写的《元朝秘史》蒙文文本译为汉文;翁独健的研究,则特别关注蒙元政治与社会制度的跨文化性格。这一代学者对于欧美及日本蒙古史、元史研究成果的批评反馈,也已经基本到位。比他们稍晚,杨志玖(1915—2002)又因从《永乐大典》中发掘出与马可·波罗循海路归国相关的珍贵史料而知名于学界。由于不多几年后出现的抗日战争困难局面和紧接着的第三次国内革命战争,这一轮研讨的小热潮未能维持太久。

中国蒙元史研究进程中的下一个阶段,大体上从1950年代开始。此后大陆的文科,在一个很长的时期里被相当教条化地约束在由《联共(布)党史》所规定的历史唯物主义的框架之内。由于对历史变迁过程中阶级斗争作用和人类社会共同发展规律的强调,元史研究领域内集中讨论的,有早期蒙古社会的基本性质、元末红巾军起义等课题。在展开这些讨论的过程中,年轻的一辈人在擅长"国学"的导师们的指点下,力图把"详细地占有材料"这一马克思主义的史学原则同"文章不教一字空"、"上穷碧落下黄泉,动手动脚找东西(按指各种性质的史料证据)"的"实证史学"主张融合在一起。他们从考查元代社会关系的视角检阅了大量历史资料,蓄积起丰富的研究素材。1962年以纪念成吉思汗诞辰八百周年为契机而发表的几篇高质量的论文,涉及成吉思汗的出生年代、成吉思汗与蒙古民族共同体的形成等主题。至今读来,仍虎虎有生气。它们与其他一些探讨元代社会制度、元末农民起义的优秀论著一起,显示出蒙元史研究超越意识形态限制而获致的不寻常成就。

在1950和1960年代做出优秀成绩的学者,有的是从1930年代以来一直在教书写作的老学者(如撰写《元朝中央政府是怎样管理西藏地方的》等著名论文的韩儒林),有的是刚好在学业完成前后进入新时期的稍略年轻一点的学者(如与罗常培合编《元代白话碑集录》《八思巴字与元代汉语》等珍贵资料集的蔡美彪),更多的是在本期间方才学成后跻身史坛的新人。当日的这批年轻人经过1960年代中期以后十多年的磨炼、积累和深层思考,在1970年代末叶新的历史机会来临时,便以其更成熟的思想力活跃于蒙元史领域之中。20 世纪最后的四分之一时期,就这样成为中国蒙元史研究的一个"黄金时代"。从支撑着这个"黄金时代"的骨干学者群体里,先后产生过《中国史稿》、十册本《中国通史》的后续主编,以及《中国大百科全书·中国古代史》"通贯条目"主编等综合性的重要集体项目的主持者。它似乎从一个侧面反映出,蒙元史研究的多层面训练对一代学者成长的重大意义。

20 世纪最后二十多年中的蒙元史研究具有如下一些特点。

一、从点校本《元史》(在二十四史点校项目中属于质量最高的一类)的出版开始,已有诸多有关元代历史的重要的中外史料,以较新的刊印本、点校或校注本,以及汉译本的形式出版发行。在有关蒙元王朝的断代史方面,先后有十册本《中国通史》的元代部分(第七册)、《元朝史》、《元代史》(最近改名为《元史》出版)、多卷本《中国通史》"中古时代·元时期"(第 13、14 册),以及几种较好的"史话"型元代史读物面世。由中国蒙元史学者们通力合作编写的《中国历史大辞典》"元史"卷、《中国大百科全书》"元史"分册,由中国历史地理学专家编制的《中国历史地图集》"元时期"(与"明时期"合编为第七册)部分,也都已出版。《中国历史地图集》所包含的蒙古地区历代图幅,则是对蒙古高原历史地理状况从事难度极高的全面和通贯研究的重大成果;它为我们了解蒙古及蒙古以前北方民族的历史变迁提供了翔实准确的空间背景信息。上述这些出版物,为今日蒙元史研习者在寻求基本的原始资料方面准备了与过去相比已远为优越的工作条件。

二、一经脱去意识形态的铅华,本时期的蒙元史研究更突显出回归实证方法的倾向。研究课题扩展到蒙元史的各个层面。许多重要的论文，发表在《元史论丛》、《元史及北方民族史研究集刊》(后改为《元史及民族史研究集刊》)及其他文史期刊上。对一些较重大的话题，已有诸多专著问世。对元代文献所言及的各种基本现象、基本事实的考究描述，似乎已经做到了应有尽有的地步。

三、自乾嘉汉学以来，中国长期未能培养出掌握了较深入的中期蒙古语知识的蒙元历史学家(台湾的札奇斯钦稍属例外)。这一缺憾，自1960年代起逐渐得到弥补。《蒙古秘史》的畏兀儿字蒙文复原本的出版，以及对今存元代八思巴字蒙文碑铭的系统解读与研究，就是这方面最具有代表性的学术成果。如今，在1970年代以后成长起来的中国学者中，已经有了较好地掌握蒙古语文和波斯、阿拉伯、突厥语文的蒙元历史专家。

上世纪末蒙元史研究已取得的丰硕成果，既是属于当今的一笔宝贵学术财富，又对今日的我们形成一种严峻的挑战：我们应当怎样做，才能在未来的学术工作中实现对现有研究水准的新突破？

这里至少有四个方面的问题值得引起注意。首先，我们应当承认，学术在它的不同分支领域中，会有各自不同的生长节律。蒙元史研究在前一阶段较为充分的发育，很可能会给今天带来一段相对沉潜的时期，需要我们耐心对已有成果进行反复咀嚼，在反复思考中探寻新的思路和新的学术突破口。在这样的时候，听凭浮躁习气和急于求成的心情滋长，不但无济于事，而且还会把事情弄得更坏。其次，必须坚持"打破沙锅问到底"的态度，从重读最原始的史料着手，去质疑那些早经前人断定、但其实尚未被认真考量过的结论或"共识"，从而发现并且回答新的重大问题。再次，在1950年代中国学术随政治形势的变化而走向封闭以后,欧美对中国历史文化的研究经历了一个从西方汉学演变为标榜以社会科学的理论方法来处理历史问题的"中国研究"潮流,又从"社会科学"支配论回归具有人文倾向的"社会哲学"立场和文化批评理论的过程。由上述学风变化所带来的很多新见解,例如人类学、民族学观念方法和文化分析向历史研究领域的渗透,应当是在蒙元史研究中可以为我所用的。最后,历史研究需要充分的想象力,但是这种想象力必须有考据功夫的支撑,才不至于虚化为妄人的臆想。而自乾嘉以来的中国治学传统中,恰恰沉淀着非常精致的文本分析和细部考据的技巧与功夫。因此它是渊源于乾嘉汉学传统的中国蒙元史学者所不应丢失的看家本领。

　　(本文原载姜义华、武克全主编《二十世纪中国社会科学·历史学卷》,上海:上海人民出版社,2005 年)

西方中国研究的"边疆范式"
——一篇书目式述评

对中国边疆史地的研究,曾经是西方"汉学"(Sinology)的一个传统分支领域。它具有一般"东方学"的典型特征,即长于在历史比较语言学的基础上对多语种文献从事极为细密的考据、比勘和解读,并在其中充分融入了清末民初"西北舆地之学"的精湛技术与丰硕成果。1960年代,欧美的中国学研究发生了一次从"汉学"到"中国研究"(Chinese Studies)的重大"范式"转换。在此种整体性学术氛围的影响下,边疆史地的研究取向也呈现出某些相应的变化。一直到那时候,拉铁摩尔(O. Lattimore)早在二三十年之前写就的一系列著作,方才真正受到学术界的广泛关注。它们将汉地社会与中国边疆之间的相互关系及其历史变迁置于极广阔的时空背景下去加以论述。而巴费尔德(T. Barfield)的《危险的边疆:游牧各帝国与中国》(1989),则可看作是在本领域内由"重新发现"拉铁摩尔到"边疆范式"的形成这个"过渡时期"的代表性作品。

然而,恰与巴费尔德撰写《危险的边疆》差不多同时,相对于西方中国学整体风格的变迁,它在边疆史地研究方面稍见落后的范式转换,实际上也渐臻于完成。根据美国学者勃拉姆(Susan Blum)写于2002年的一篇综合书评的统计,从杜垒(D. C. Gladney)发表《说汉话的穆斯林:人民共和国的

族裔民族主义》(1991)直到 2000 年代初,先后出版的相关西
文著述中关于傣族的研究有四种、壮族的一种、苗族的三种、
纳西族的四种、彝族的四种、白族的三种、满族的四种,等等。
她说,西方学术界对中国边疆民族研究的大片空白"正在被
填满";而目前仍剩下的最显著的空白,倒是在当代学术背景
下对汉族形成问题的"充分成熟"的分析和讨论(这篇综合书
评见 JAS 64:4[2002])。

　　我们都知道,在 1960 年代欧美中国学研究范式的转变
中,人类学处于开风气之先的地位。社会人类学家施坚雅
(G. W. Skinner)指出,"中国"不应该被简单地理解为是一个
均质化的、"铁板一块"的单一实体;它是经由政治、经济和文
化诸方面发展并不均衡的一系列地方区域之间互动与整合
而形成的一个系统。在他看来,西方"汉学"的传统已经根本
不堪胜任从这样的角度去考察中国历史文化的长时段变迁
及其动力。因此,他向新一代的学者呼吁:"'汉学'死了。
'中国研究'万岁!"我们不应该将欧美"中国研究"的新取向
简约为"社会科学化";因为它同时还深受到诸如韦伯、福柯、
伽达默尔、阿尔都塞、哈贝马斯、后现代理论、后殖民理论等
各色各样人文性质的"宏大理论"的浸染。但是我们依然不
能不钦佩施坚雅对于"汉学"范式的没落所怀有的高度敏感
和前沿性思维。

　　如果说施坚雅所力图"解构"的那个均质化的、铁板一块
的"中国",主要还被限制于汉地社会所分布的地理-文化范
围,那么西方中国学在边疆史地领域内研究范式的转换,在
一定程度上其实就是要移用施坚雅的思路来揭示汉地社会
和非汉族的中国各边疆地区之间互动与整合的复杂历史过
程。因此,或非纯出于偶然,将中国边疆史地研究的上述范

式转换付诸实现的西方学者,包括巴费尔德在内,大都是人类学家出身,少数则是具有强烈人类学取向的历史学家。

　　"边疆范式"的西方中国研究所关注的主题大体分布在以下三个方面。一是古代华夏与其边缘族群相互关系的历史演变。迪·考斯莫(N. Di Kosmo)在《古代"中国"和它的敌人》(2002)里,分别从四种意义层面上的"边疆",即考古学意义上多文化共生形态的共享边疆、以夷夏相区分的文化边疆、秦汉-匈奴之间以长城划分的政治边界、华夏人群想象中的边疆等角度,去观察公元前一千年至秦汉时代的"中国"与其北方诸部落的关系史。由他主编的论文集《中国历史上的政治边疆、族裔边界与人文地理》(2003),更把从同一视角出发的讨论延伸至秦汉以后的漫长时段。此书指出,古代中国所存在的各种"内部边界"及其历史影响雄辩地表明,我们不能将两千多年以来的中国历史,看作仅仅是从某个中心越来越远地向外辐射其政治-文化支配力的单向"熔化"或"融合"的过程。其二是针对现当代中国各少数民族的历史人类学研究。1980年代以来中国逐渐放宽外国学者在大陆从事人类学考察的限制,使得新一代欧美、日本学者因而能够将他们的田野工作从中国的台湾、香港乃至海外华人聚居区等"替代地"真正移入其探察对象的原生地区。世纪之交以来一大批有关中国各民族的人类学著作,正是以此为历史契机才得以涌现。中国民族最多、其分布状况也最复杂的云南省,成为被集中关注的地区。其三,聚焦于满族史的研究,从清史研究的领域内突现出来,显得尤其活跃。罗友枝(E. Rowsky)《最后的帝王们:清朝皇室制度的社会史研究》(1998)、柯娇燕(P. K. Crossley)《半透明的镜子:清代帝制意识形态的历史及其认同》(1999)、路康乐(E. Rhoads)《满人与汉人:清末民初的族裔关系和政治权力》(2000)以及欧立德(M. C. Elliott)的《满洲之道:八旗制和晚期帝制中国的族裔认同》(2001),被有的学术评论赞许为当代西方满族研究的"四书"。除了以上列举的《镜子》一书,柯娇燕还写了另外两本满族史著作。柯氏研究中的若干细节曾遭到意大利学者斯塔利(G. Stary)的委婉批评。后者与塔基亚娜(Tatiana A. Pang)合著过《满洲历史编撰学与文献学新探:新发现的三种古老的满文资料》(1998)。她的批评证明,旧式的东方学训练对今日学者而言依旧是不可或缺的。

西方学者对中国民族与边疆史地的见解,有些未必全然站得住脚。例如不少具有人类学背景的学者就把清代各民族或族群看作完全是 18 世纪以来中国人的"想象"或"发明",从而割断了他们与其更早先形式之间可能存在的历史联系。另一些见解则可能反映着他们所身处其中的社会或历史文化的特定背景。例如西方社会并不存在由官方界定、并经官方确认的某种固定不变的个人民族身份制度,这就很容易使他们将中国的有关制度看作是"不自然的"或"任意的"。中国读者对于西方学术界诸如此类的观点,可能持有很不相同甚至是相反的立场。尽管如此,上述"边疆范式"对中国学术界仍然具有十分深刻的启发意义。

首先,从一个庞大的多民族统一国家角度,我们究竟应当如何理解"中国性"?如果中国并非一个只能与其外部世界分割而内部不可划分的整体,如果它不是以线性方式发育起来的单一实体,那么我们就不能低估"地域视角"尤其是"边缘视角"对理解"中国性"的重要性。杜赞提出,不要以某个文化的任何核心性格,而应该在被认为是"纯真性"的各种边缘或边界区域,即在"权力、阶级和社会差异的各衔接关节"，去为那种文化进行定位(《解析中国》，2004)。他的主张或有过当之处，但其中确也包含着很值得深思的东西。

其次，族群认同作为边缘人群对现代国家民族主义动员的主流言说的一种回应，它本身又是参与族群构建的一种最重要动力。郝瑞(S. Harrell)主编的论文集《中国民族边疆的文化碰撞》(1995)，柯娇燕、萧凤霞(H. F. Siu)、苏栋堂(D. S. Sutton)主编的《在边缘的帝国：早期近代中国的文化、族裔性和边疆》(2006)以及前文提及的其他著述，用中国近现代民族史上许多生动例证来说明了这一点。在阐述民族或族群的历史根源性时，我们过去采用的溯源式叙事范式，恰恰忽略了对于所研究对象的主观归属意识之状况及其历史变迁从事必要的考察；因此便可能很轻率地将某种经过极漫长的历史变化过程才最终形成的结果，非历史地倒追到该过程的开端之时。另外，中国自己的边疆史地学，多侧重于讨论历朝中央政府的治边策略与治边实践，而对边陲社会的回应还缺乏足够的注意。欧美学者在这方面的研究，因此也就更值得一读。

濮德培《中国向西行进》书影

复次，清朝作为非汉族王朝，它的失败经常被与它未能完全"汉化"联系在一起。但是，正如一篇综合评论所说："只要我们仍然把清朝历史的支配性特征看作是传统中国文明的回光返照或者急剧衰落，那么它就可以用来回答中国文明何以会在那时衰落下去的问题。最末一个伟大王朝的统治者居然不是汉人，这种小小的别扭很容易使人们想到,为了长久地统治中国,满洲人必须'变成为'汉人。然而,如果把清王朝定位为早期近代世界中疆域最大、持续最长久的一个多民族帝国,上述传统见解就不大有说服力了。这是因为,假使我们认为清王朝远不止是一个汉式王朝,甚或认为其所以获得成功,恰恰就由于它能够矫正传统汉式体制的种种缺陷,那么满洲人之有意使自己区别于汉人,就必然与他们所赋予其目标的种种特殊性格及其历史过程息息相关了。"(见古易[R. K. Guy]《何谓满洲人?》,JAS 61:1[2002])濮德培(P. C. Perdue)的《中国向西行进:清朝对中部欧亚的征服》(2005),便着重于刻画清王朝的"多民族帝国"特征,并且力求厘清它与同时代西方帝国之间的差异所在。本书出版后不久即受到学界重视,好评如潮。清人在试图为负责管辖非汉族地区的"理藩院"追寻其官制渊源时发现,除了元朝的"宣政院",在汉式的职官体系中找不到能真正与它相匹配的制度形式。这一点绝不是偶然的。它有力地表明,现代中国版图在清代的奠定,是与清王朝作为一个非汉式的多民族帝国这一事实联系在一起的。

先师韩儒林教授曾说过:"中国的历史和文化,绝不只是汉族的历史和文化;中国的历史和文化,是在它与周边国家及地区的交流中发展起来的;研究中国历史文化的,也不只是我们中国人自己。"在学术问题上,"旁若无人"的态度殊不足取。因此,西方中国研究的边疆范式很值得我们认真借鉴。

(原载《文汇报》2007 年 5 月 7 日"学林"版)

"族裔认同"与中国民族史研究[①]

近二十多年来,中国民族史领域里正在形成一种十分值得重视的新研究取向。也许可以把它称为"边缘视角"。

在中国,汉族占据了全部人口中的将近十分之九;汉文化在中国文明史中长期处于核心成分的地位。就此种意义而言,民族史的研究对象原本就带有"边缘"人群的性格。不过,以"边缘"人群作为研究对象,并不意味着这一研究就必定会从"边缘视角"出发。情况似乎恰恰相反。中国民族史以及边疆史地的学术传统所一向采取的,其实主要还是某种"中心视角"。正因为如此,前述新取向,可能会推动着民族史研究的风格发生若干重大的转变,例如从着重关注中央王朝的治边策略与治边实践转向更多地关注边陲地域社会自身状况的变迁,从聚焦于汉-少数民族关系

孙静《"满洲"民族共同体形成历程》书影

---

① 孙静《"满洲"民族共同体形成历程》,沈阳:辽宁民族出版社,2008年。

史转向互动背景下以相关族群为主体的叙事,从着重关注政治-军事层面转向对族群社会内部经济、文化及人-地关系的研究,从主要依靠汉语历史文献转向更多地关注田野调查、民族语文资料和口头传说,并且把对于民族语文资料的文献学解读和民族史的宏观叙事更密切、更有机地结合在一起。

由于"边缘视角"的采纳,一个曾在过去的民族史研究中被长时期忽略的层面,于是便在研究者的视域内突显出来。这就是某个特定的人群如何在与"他者"接触和互动的经历中逐渐塑造或重新塑造有关自身的历史记忆,而这一主观"建构"过程又怎样从形式到内容各方面影响了该人群集体身份意识的历史变迁?人类学对所谓"族裔认同"(ethnic identity)的讨论,就这样被引入民族史考察的范围。如果站在这一认识基点上反观关于民族的"斯大林模式"的定义,我们就更容易发现,相当多被视为民族的人们群体,其实未必同时在语言、经济生活、地域、文化等方面都具有共同性。另一方面,也有很多拥有共同语言,或者共同地域、共同经济生活、共同文化的人群,却又并不属于同一民族或族裔群体。因此,无论民族还是族裔群体,都不可能作为"宛若存在于自然界之中的"纯粹客体,脱离该族体大众的主观归属意识而独立存在。换句话说,上述主观归属意识远不只是人们的思想意识对某个纯粹客观的外在客体的被动反映,它本身实际上还在积极地参与对那个经常被我们误以为是"自然实体"的民族或族群的构建。

在民族与民族史研究中强调族体主观认同的重要性,从更宏大的思想背景来说,可能反映了我们对传统的知识论或者所谓"再现哲学"的反思。据此,人类认识外部世界的过程,从一开始就不完全是由他去发现绝对外在于他自身的某个纯粹客体的过程;他在"发现"它的同时也"创造"了它。唯其如此,民族或族群才会在本族体大众的主观建构下真正发育起来,成为"想象的共同体"。

其实,在过去的民族工作实践中,对民族或族群具有被人为地从主观上加以构建的属性这一认识,业已含糊地反映在"照顾民族意愿"的实践之中。到1980年代,民族社会学界似曾有意将这种主观归属意识归入斯大林模式的民族定义所指述的"表现于共同文化上的共同心理素质"。俄语文献里的"共同心理素质"一词,原文为(на базе) общности … и психического склада проявляющегося в общности культуры,直译当作"(基于)……及表现于文化共同性之中的心理气质的共同性"。其中的 склад 一词,除"气质"外,还有"体格"、"方式"、"结构"、"风格"等意思;它在此处与英语中的 mentality、quality、constitution 等语词意义相近;因此这个词被西方学者英译为 the common psychological make-up(共同心理构成)、the common psychological constitution(共同心理特征)或者 the common psychological construction(共同心理结构)。有的中国学者把它解释为"共同心理状态",认为"一个民族的物质生活、精神文化、风俗习惯、历史传统、文学艺术、宗教信仰以及民族风格等特点,都是这个民族的共同心理状态的具体表现"。也有人认为,共同心理素质可以被看作"民族特性的同义语",但同一作者在另一处提到族群认同时,又说它"或者说[即]心理素质"。实际情况是,我们对"共同心理素质"一词至今无法达成某种明确而一致的界定。但是民族或族裔认同作为族体大众所共同拥有的一种集体归属意识的特定表达形式,却是能够清楚地予以辨认和确定的。

将有关族裔认同问题的讨论引进民族史研究,当然没有颠覆该学科经长期积淀所形成的诸多根本观点和基本知识。因为它丝毫不否定共同语言、共同地域、共同经济生活、共享历史记忆之类"原基联系"(primordial ties),乃至由上述种种原基联系产生出来的"原基情感"(primordial attachments)在民族或族群的形成、发育过程中所起到的重要作用。族裔认同不可能基于完全虚无的凭空"想象"而得以确立;它必须以这样那样的带有草根性质的原基联系和原基情感作为自己的基础。对族裔认同的分析想要强调的只是,不应该简单地将它当作原基联系和原基情感的等同物来处理,因而忽略了对以下过程的解析,即特定人群中的精英或准精英们,是如何通过对既存原基联系和原基情感的有意识过滤、选择、放弃、放大、重组和重新解释,去改塑它们的现实形态,并从中提升出族裔认同这种主观归属意识的。新的分析也无从摒弃自清末"边疆舆地之学"兴起以来逐渐形成的从事民族史研究的精致方法。尽管我们断不能把族名一类符号的历史延续性看作就是某个世代传承的特定人群在历史上不断延续的证据,但符号的延续性依然经常是想象中的族体延续性得以成立的一种基本依据。因此它仍然指示着人们利用历史资源来构建"想象共同体"的逻辑轨迹或心路历程。"循名责实"的传统考据方法在这里仍旧保持着一展其身手的充分空间。

满族的起源与发展,在清代中国本不是一个可以随便讨论的问题。那得照"钦定"的条则,由皇帝说了算。而当日的西方汉学家们,倒不受这种禁忌的约束。从克拉普罗特的著述算起,中外学术界关心这个课题,大约已有二百年之久。这个很老的话题,自从族裔认同的观念被提出来以后,重新显得格外引人注目。自然,满人在清代绝对算不得是一个

"边缘"人群。不过,正因为他们掌控着国家的权力中心,这个从昔日的帝国边疆发展起来的边疆帝国,方才能动员它掌握的政治和文化资源,通过独特的"政治化"方式,促使直到那时候尚仍具有文化-军事共同体性格的"满洲"人群,最终演变为一个前现代的民族。此一过程当然留下了不少很值得加以阐发分析的新论题。

孙静在读博士的时候,即选择这个题目来撰写学位论文。毕业之后,又经过她好几年的推敲锤炼,这部在博士学位论文的基础上又经过反复修改的文稿,终于可以作为专著正式出版了。我为此感到十分高兴。她坚持要我为本书写一篇序言。回想两年之前,我曾与她合作写过一篇很长的论文,追溯清中叶前"满洲"认同的历史变迁过程及其结果。现在实在想不出还剩下什么有点新意的话可以讲。所以只好就族裔认同与民族或族裔群体的形成发育之间的关系问题,写几句老生常谈,聊以敷衍塞责。

(本文原载《文汇报》2008 年 11 月 9 日"学林"版)

极高远而底于平实

——读《张广达文集》①

在隋唐史和中西交通史领域里,张广达先生发表的研究成果往往是学者们不能忽视的。近日,广西师范大学出版社将他的著述汇为三册,结集出版。借此机会,比较完整地重温他近三十年来的作品,使我们对于他念兹在兹的那种极高远而底于平实的

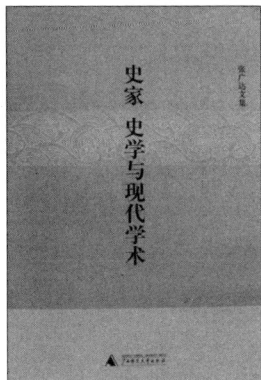

张广达《史家、史学与现代学术》书影

学术追求,产生出更深一层的理解。

对中国学术史稍有了解的读者都很容易体察出,张广达的治学风格中蕴含着极厚重的"国学"传统的影响。所谓"国学",大体是从乾嘉汉学尤其是西北舆地之学演化而来的中国治学传统与西方"汉学"之间相互交融结合的产物。作为欧美"东方学"的一支,西方汉学浸润着从欧洲殖民者的"族裔中心主义"立场出发而形成的对中国历史文化的偏见。但由于它

---

① 张广达《史家、史学与现代学术》,桂林:广西师范大学出版社,2008 年;《文书、典籍与西域史地》,桂林:广西师范大学出版社,2008 年。

在从事汉文资料与中亚和东南亚各种非汉语民族语文资料的对勘分析过程中,发展出一套历史比较语言学方法,又由于它对中古及上古汉语所进行的近代语言学分析,西方汉学恰恰又极大地弥补了中国本土学问的下述局限性,即它仅只致力于不断地对汉文史料的固有处理方法加以精确化和细致化的修正。特别是在讨论有关边疆史地或中外关系史的课题时,国学的上述跨越国界的学术品格,要求优秀的研究者不仅兼通英、俄、德、法、日等主要西方国家的语文,而且还应当具有独立解读某些东方语文文献的能力。我的老师韩儒林教授曾多次强调,多学一门外语,就是多开一扇朝外瞭望的窗。这只能靠苦工夫甚至笨工夫磨炼出来。读张广达的文章,时常使人有如临八面来风的感觉。这与他在语言训练方面的长期和艰辛的积累有不可分割的联系。韩师生前最推崇的后辈学者,其中就有一起为向达校注的《西游录》添加补注的陈得芝和张广达。当他偶尔采用极而言之的口气时,韩师就会以后者为例评论说:"人要有学问,就要先被划成右派,像广达那样。叫你万念俱灭,只好埋头读书。"

　　花费了足够的工夫之后,在学术上取得真正有价值的新发现,有时还要靠一点运气。张广达和耿世民合撰的《唆里迷考》,在1980年代初叶发表时曾令学术界为之一振。唆里迷是中亚的一个古地名,出现在中世纪的汉语、阿拉伯语、回鹘语、粟特语、和阗语等诸语种的文献里。关于唆里迷地理位置的勘定,可以说是由当日关于"吐火罗语"命名问题的争论引发的。由于缪勒、西格林等梵学家在焉耆文本《弥勒会见记》的回鹘文题跋中读出的"贵霜"、"那竭"等地名都位于喀布尔河流域,他们因而主张回鹘文题跋中的 Toxri,可与《大唐西域记》提到的"覩货逻"(即"吐火罗"的异译)一名相勘同。出现在题跋里"Sulmi-da",则被猜想为"且末"的对音。但是随着研究和发现的进一步深入,后来的学者们确认,被缪勒读为"贵霜"的那个地名,其实应当是"龟兹"(今音库车)。作为西域高僧圣月出生地的"那竭",其实是对"阿耆尼"(今音焉耆)一名的误读! 而 Sulmi-da 被更准确地考订为元代汉文史料里的"唆里迷"。那么它到底位于何处呢? 著名的古代伊朗语学者亨宁倾向于认为唆里迷就是焉耆。可是因为缺乏证据,他仅仅把这个见解表述为一种猜测。1959 年,在哈密发现了一件大约书写于 10 世纪的《弥勒会见记》回鹘文抄本。《唆里迷考》的作者们在 1970 年代末首先从它的回鹘文序里发现,高僧圣月的故乡,在其中恰被写作"唆里迷"。此人与缪勒解读过的回鹘文题跋所提到的出身阿耆尼的圣月,当然是同一个人。所以,使许多第一流学者迷惑多年的唆里迷的地望问题,终于获得了澄清:正如亨宁所猜想过的,它就是焉耆。

当你阅读文集中的这一类考据文章时,你可能会感觉到,作者就好像是一个在极漫长的战线上耐心而细心地布设其军事防御阵地的雄心勃勃的统帅。他的铁军都被布置在阵地的最前沿,时时处处严阵以待。一旦战线的某一点上发生什么新的有利情况,枕戈待旦的军队便立即从那里向外突击,迅速将前沿推进到一片新的地域。

学术上的"严阵以待",意味着充分地把握所涉课题的学术研究史。原始史料是历史知识的源泉,这当然毫无疑问。不过,历史研究并不是只靠掌握这样的源泉就可以顺利进行的,这里还有一个"流"的问题。陈寅恪说:"一时代之学,必有其新材料、新问题。取用此材料,以研求问题,则谓此时代之新潮流。治学之士得预此潮流者,谓之'预流'。"说者中或有人忽略了起首句里的"新问题"一语,遂以为整段话的意思是在强调隋唐史研究之亟须"取用"敦煌文献之新材料。可是看陈寅恪自己的隋唐史著述,并不见得篇篇都与敦煌学互为发明。他所主张的"预流",实乃兼指新材料和新问题之结合而言。所谓新问题,不可能从天上掉下来,也不是哪个聪明脑袋突发奇想的结果。它只能来自贯穿于以往研究之中的心路历程。

在当下学位论文中最常见的情况是,研究史作为学位论文中必不可少的组成部分,往往被写成相关专题的研究目录清单,或者至多再逐篇加上一段对其内容提要的毫无新意的复述。读一读张广达笔下的学术史回顾,你就好像在目验一个个侦探故事的展开。《唐代禅宗的传入吐蕃及有关的敦煌文书》一文,叙述了禅宗入藏这段"本来已如过眼烟云"的史事,怎样由于几代学者群体持续解读汉文、藏文敦煌写卷的不懈努力,终而得以重新呈现。作者谦虚地说,他所能做的,不过是仅就"管见所及,略作介绍"而已。实际上,这篇针对三四十年内先后发表的、涉及六七种语文的大量原始及第二手研究文献所进行的详尽评述,依然生动地显示出作者充满个性的抉择力,以及他博大深厚的学术视野和治学功力。张广达的个人见解,总是从他对相关课题研究史的理解之中有机地、自然地生发出来的。只是在最后一名"前任侦探"的止步之处,作者才胸有成竹地开始属于自己的前沿性探索,并且最终将问题引向一种更合理的解决途径。新问题必须有一个根。妄想跳过以往研究的脉络,一厢情愿地从零开始切入原始资料,这种"不入流"的做派,并没有随陈寅恪的告诫而消歇,反而因为追求"大部头"、"多卷本"或"系列著作"之类的学术"可显示度"而在近几年来大行其道。张广达文集的出版,为对治此种顽症提供了又一帖警醒剂。

现在让我们回过头来再谈谈"国学"。国学对于中国历史学的最大贡献,在于它赋予历史学一套从五花八门的历史资料中尽可能多地榨取各种信息的有效方法。但是,在我们需要什么样的信息,以及如何对这些信息进行系统分析等方面,国学所能提供的知识与方法相当有限。因此,历史学为深入考察和剖析某个特定的人类活动领域的过去,就不可避免地需要借助于研究该活动领域的相关专业学科,如经济学、社会学、法律学等等的知识、概念和分析框架。

然而,出于对多年推行空头理论的厌恶,很多学者干脆以"实证史学"为标榜,走到否定理论对于历史研究的必要性和重要性的相反立场上。他们甚至懒得翻一翻柯林武德的《历史的观念》一书。其实柯氏早在六十多年前就说过:被实证史学付诸实践的,只是"实证主义纲领"的前一部分,即收集和确定事实;最早试图将实证主义纲领完整贯彻到对于人类社会的科学研究之中去的,并不是历史学家,而是近代社会学的创始人孔德;因而实证主义留给近代历史编撰学的遗产,是"空前地掌握小问题和空前地无力处理大型问题这两者的一种结合"。对于"事实证据"的任何一种概括,都会不可避免地含有这种或那种理论预设。声称不需要理论的"实证论"史学家,很可能在不自觉地沿用某种最陈腐的理论。

如前所述,张广达的治史风格显示出他在国学方面的良好训练。他向来主张,对《唐六典》一类的基本典籍,必须做到"倒背如流"。但他并不是一个"实证史学"的片面拥护者。文集第三辑取名"史家、史学与现代学术",深意在焉。他在"总序"里写道,历史学不仅应注重对个别史料、史实、史事进行批判性分析,而且必须对整体的史学思想传承和史学发展脉络作出"自反性的或反身性的批判思考"。他又说,为了赋予自己研究的课题以历史学的意义,必须力求从具体研究之中去提炼某种属于知识考古学层面的认识。从他讨论王国维、讨论内藤湖南的"唐宋变革说",我们也可以看到他在极珍视实证史学的精致考据方法同时,又要超越实证史学,"时时检视并修正过去身在国内形成的单向思路"的不倦进取的精神。

作为一名后学,我曾有过一两次面聆张广达先生教诲的机会。记得有一次我和陈得芝老师一起到张老师家中作礼节性拜访。那时他住在按当日标准来说是相当豪华的中央民族学院一幢教授楼里,著名的学者如王钟瀚,以及吴文藻、冰心夫妇等都是他的邻居。告别时,他将我们送出家门口,又抬腿跟着我们下楼。走到两层楼房中间的楼梯拐角处,我坚请他留步,不要再往楼下送。不料他看了我一眼,轻声说:"我不是送你,是送陈老师。"他说话时那副不紧不慢的神情,我至今记忆犹新。大概很少有人像他那样,向一个恳请他留步的后辈声言,自己要送的其实不是他。我钦佩他矜持与率真的为人。这种矜持与率真交融为一体而不可分割的个性,后来也给他带来一些原本或许能避免的麻烦。不过,显然也同样是由于此种性情,才驱使他葆有一种近乎坚贞的精神来对待他所钟爱的学术,在艰苦曲折中志存高远而愈臻平实。他的三册文集,尤可看作是这一精神境界的写照。

(本文原载《东方早报》2008 年 8 月 10 日"上海书评"版)

润物细无声

——读吕著《中国民族史》①

70年代末做研究生时,吕思勉先生的《中国民族史》曾是我们入门时必读的教科书之一。最近重读这部著作,一种十分亲切的感受油然而生。像他所写的许多其他著作一样,吕先生极善于把他很多精辟的看法,不着痕迹地融汇在经他悉心疏理和归纳过的史料之中。正因为如此,受益于他的

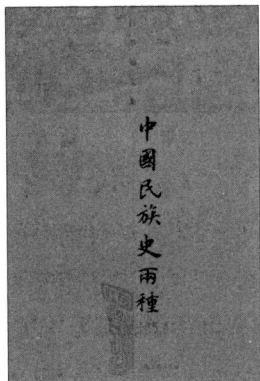

吕思勉《中国民族史两种》书影

书,乃至将他的书置于案头当作工具书随时翻检的人们,或许会远远多于在自己的论著中直接引用吕先生的作品的人。古诗说"润物细无声",借用它来形容吕先生这些广泛惠及后人的著述,真是再恰当不过了!

在30年代本书出版前后,中国民族史研究领域里,大致有三种研究风格同时流行。一是中国经史之学的固有传统,二是上述传统与西方汉学互相结合而形成的所谓"国学"研究的风格,其三则是受过现代社会科学(尤其是民族学和社

①　吕思勉《中国民族史两种》,上海:上海古籍出版社,2008年。

会学)训练的学者结合中国经史之学传统而形成的风格。当时按国学风格研究中国民族史者,将关注点集中在匈奴和匈奴以后的民族史,以及先秦时期华夏的形成史方面。由民族学、社会学出身而研究中国民族史的学者,其所重点关注的时代也比较靠后。从这样的学术背景去衡量,吕著《中国民族史》大概可以说代表了第一种风格。在"贯串全史,观其会通"的基础上,本书对先秦时期华夏周边各族的资料疏理和系统论述,不仅在当时显示出很独特的长处,就是在今天仍具有珍贵的参考价值。

当然,从六十多年以后的认识水准来看,吕先生在《中国民族史》中的看法,也有不少是已经过时了。这丝毫没有什么可以奇怪的。相反,让我们感到吃惊的倒是,甚至就在他由于种种原因而对某些问题作出不太真确的具体断制的时候,吕先生仍旧表现出他得益于中国经史之学的扎实功底因而目光如炬的特点。例如关于室韦部落的语言,《魏书》很准确地说它"与奚、契丹同",即同属原蒙古语族。后来的几部正史都抄袭前代史文而稍变其语,以至于使这一史实在无形中逐渐走样,最终在《新唐书》里变作"其语言靺鞨也"。吕先生虽然误从《新唐书》而把室韦语言混同于通古斯语族的靺鞨部语言,但他在书里却明白指出,关于这个问题,《魏书》与《新唐书》的记载"则又相乖异"。实际上,这对我们通过文本比较去追寻史文在辗转传抄过程中逐步失实的轨迹,是一个十分宝贵的提示。又如长沙武陵蛮关于本族起源于名为"槃瓠"的五色狗的祖先传说,吕先生写道:"此说一望而知为汉人所附会。"但他同时又博引诸书,认定"槃瓠确为苗族之祖"。有关苗瑶语各族的民族学资料表明,吕先生"一望而知"的断制或许未尽其然。但他出于对古汉语文献的深切体认而肯定槃瓠与苗瑶语族诸部起源传说之间的密切关系,实际上又超越了他本人所持的前一种看法。类似的例子在吕著《中国民族史》里还可以找出很多条。

关于中国经史之学的固有传统与"国学"之间的区别,也许还应当再解释几句。经史之学的固有传统本身当然也不是一成不变的。王国维曾用一个"新"字来概括道光、咸丰朝以降清学的特点,并把受西方列强东侵和随之引起的边疆危机的刺激而兴起的西北舆地之学标举为证据之一。不过我认为"国学"并不是经史之学固有传统的自然延伸,而是在它与西方汉学相互影响的过程中形成的。例如音韵学虽然在中国传统学问中有一千年以上的发展史,现代的汉语音韵学却是在西方汉学的影响下才基本成形的。吕先生在本书里采纳章太炎的看法,猜测鲜卑的名称与西伯利亚一名有词源学联系,并由此推断"后魏出自西伯利亚"。惟据西伯利亚一名的构词法,它的词源当作 sabir 或 sibir,元代汉语文献将它音写为"失比儿"。如果要用中古汉语来转写这个非汉语词汇,那么当时人必定会选用一个带辅音-t 收声的入声字来转写原词中的第二个音节-bir。鲜卑的"卑"和室韦的"韦"(这两个词汇是对同一民族名称的不同转写形式)都是元音收声的阴声字。所以无论是鲜卑还是室韦都不可能是 sibir 一名的转写。也就是说,鲜卑和西伯利亚之间不存在词源学上的联系。可见在处理某些细部研究方面,"国学"的方法比经史之学的固有传统更丰富、细致一些。

吕先生这部书发表的时候,"国学"正在成为中国文、史、哲学术领域内的主流。当时它与欧美东方学中的汉学可谓声息相通。20 世纪 60 年代以后,在西方对中国历史文化的研究领域中,汉学的主流地位逐渐被以全方位引进社会科学各种概念、方法和解释框架为显著特点的多学科综合的"中国研究"所取代。处在与世界上很大部分其余地区互相隔绝状况下的中国史学,对西方的中国研究新思潮置若罔闻长达二三十年。而今,弥补这项差距的任务偏落在先天不足的一代人身上。不过在这个过程中,中国经史之学的固有传统非但没有过时,而且恰恰是当代中国学术的重要资源之一。舍此则没有"国学",舍此中国学者就可能失去与西方中国研究的同行进行对话的凭藉和自身优势。所以我们需要在这样的时刻缅怀吕思勉先生的史学成就,缅怀他筚路蓝缕的业绩和崇高的敬业精神,为自己树立超越吕先生、超越经史之学的固有传统、超越"国学"的学术目标。也只有像这样取法乎上,我们或能得乎其中,才可以不辜负吕先生在以自己的辛勤劳动"润物细无声"时对他的后辈所抱的期待与厚望。

(本文原载《历史教学问题》1998 年第 2 期)

重现古代中国汉字书写的历史

——读《书于竹帛》①

汉字是当代人类仍在使用的唯一的一种表意文字,是人类社会中实际使用的历史最悠久、使用人数最众多的文字;现代之前,用它来书写的书籍文献的品种,也一直远超过任何一种其他文字。在传统文化的影响下,对汉字的字音、字义、字体结构及其历史变迁的文字学研究,以及对书法艺术的追求与讨论,一向为中国人所重视。在这些方面,适应不同读者需要的读本为数还不算太少。而相当长的一个时期中,除了甲骨学这个特殊领域外,人们尤其感到缺乏的,乃是系统地关涉到书写工具、书写材料、书写样式、书写和复制方法等各技术层面的汉字书写的历史著述。因此,钱存训的英文专著《书于竹帛:中国书籍与铭刻的起始》于1962年在美国出版后,几乎立即受到学术界以及非专业读者的普遍关注。自那以后,本书英文版的三次重印或再版记

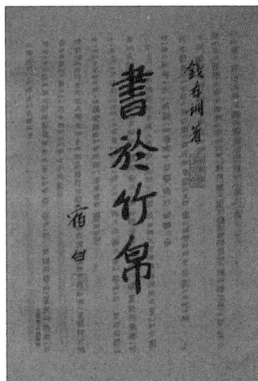

钱存训《书于竹帛》书影

---

① [美]钱存训《书于竹帛:中国古代的文字记录》(增订本),上海:上海书店出版社,2002年。

录,以及日、韩文版和多达四种汉文版的先后面世,最有力地表明了这部著作所具有的学术分量及其历四十余年而不稍衰减的生命力。最新近出版的汉文本,以《书于竹帛:中国古代的文字记录》为书名,是本书的第四次增订本,由作者本人对全书内容重加增改,文字上也经过进一步修饰。这应当是几个汉文版中最好的文本。

处理任何专题的历史研究总是必须从清理有关史实开始。就研究汉字书写技术的历史而言,在清理史实方面的一个最基本、最紧要的关节,乃是文本证据与考古发现之间的对照和互证。而在这一点上用力之勤、用功之细密,正是钱著最突出的特点之一。诸如用属于 4 至 7 世纪出土古纸的长度来印证文献中有关"二尺之纸"的记载(见《书于竹帛》,页 128),以东汉前后残纸的构造成分的不同(早期残纸由麻类纤维制成,东汉以后的纸张始采用树皮为原料)来说明蔡伦对造纸术的改良与贡献(页 112—114),便都是很生动的例证。关于先秦的"鸟书",本书不取桥本万太郎以为是"巴蜀文字"的见解,而将之归入汉字系统(页 39)。关于贞卜之"卜"的读音,作者同意它本于龟甲因加热而破裂时的声响:"其读音如 bu、p'u、puk 或 pou"(页 26)。由是他合理地回避了该字在上古音韵系统中到底应归入阴声类抑或入声类的困难问题。可见作者在有关问题的立论方面,眼光是很精审的。作者总是抓住本书新版本推出的机会,及时地将新近发表的有关考古成果补入书中。这也是钱著在距离它最初出版四十多年后依然保持着鲜活力的一个重要原因。也许可以毫不过分地说,迄于上世纪之末为止所能获悉的关于隋唐以前汉字书写的主要的基本事实,都能在最新的这个汉文本中找到准确而简明扼要的说明与分析。

钱著对有关历史事实的大范围清理,远不止是"根据前人的各种专题研究成果加以系统的综合阐释"(尽管这本身也是一件极其必要和于人有益的学术工作),而且也蕴含着作者自己的诸多发明与创获之处。例如他提出,除刻于甲骨的特例之外,中国最早的记录文书应当以竹简为载体(页72)。若将这个断制与几年前出版的夏含夷所著《孔子之前:中国古代经典的创制》(纽约州立大学出版社,1997 年)一书的"导论"互相参看,定会使人更觉有趣。在那篇导论中,夏含夷引用前 825 年的"颂簋"铭文证明,被很多学者视作研究先秦史最权威资料来源的两周金文,其实有很多是"第二手甚至第三手的文献",而更原始的文本恰恰是写在竹简上的。钱著关于汉字之所以会形成直书左行的书写样式实与汉字书写最早以竹简为载体有密切关联的看法,也极具历史眼光:因为简策狭窄,所以只能自上而下单行书写;因为用左手执简、右手书写,所以空简总是放置在左侧,而写好的简策则按照从右向左的顺序被排列放置。其结果便是汉字直书左行样式的定型;即便后来书写材料变成木牍、缣帛、纸张,情况亦然如此(页 158—159)。汉字的这种书写样式,不但影响了西夏、契丹和女真族创制的文字(都是直书左行),也在一定程度上影响到蒙文和满文的书写款式(直书右行)。

有必要强调的是,《书于竹帛》这本书,绝不仅仅是印刷术发明之前有关汉字书写的各种基本事实的汇编或资料集而已。作者在充分考察基本事实的基础上构造出一个叙事框架,由此得以简明地重现古代中国汉字书写的生动历史。本书第一次出版之时,正值西方学术界对中国历史文化研究的风格由"汉学"向"中国研究"转变的时期。试看谢弗在1963 年出版的专著《撒马尔罕的金桃:唐代的外来物品研究》(汉译本改名为《唐代的外来文明》),其风格尚与劳费尔的汉学名著《中国伊朗编》相当接近;而同一个谢弗在1967年发表的《朱雀:唐人对华南地区的诸种想象》一书,就带有明显地强烈得多的问题意识。由此可见这个时期学术风气的转移。钱著初版比《撒马尔罕的金桃》还早一年,但本书的风格却似乎与谢弗的后面那本书更相像。这反映出作者是带着相当敏锐的学术感悟力来创作本书的。

在保持极高的学术水准的同时,这本书又写得相当通俗易懂,很多地方甚至颇为引人入胜,所以它也拥有很广泛的非专业读者群。这是本书又一个突出的优点。经常听到国内许多专门家痛心疾首地抱怨各种走俏的传媒作品严重缺乏学术上的准确性和严肃性;但是专家学者们却往往又把自己的研究成果表述得过分艰涩干瘪而少趣味,使少数同行之外再不会有什么别的人愿意皱着眉头去读完它们。学术探索的过程本来应该是充满奇光异彩的。趣味从我们的学术著作中脱逸的现象,很可能表明一部分徒有其表的"学术著作"本身其实并不真正地具备"学术"一词所必须含有的基本品格。但确实也存在另一种情形,即作者缺乏下述这种充分意识:他应当尽可能地让读者与他共享的,乃是科学探索中的乐趣与喜悦,而不只是其中的艰辛与酸楚。论文且不去说它,至少对公开出版的学术著作而言,趣味性与可读性理应成为衡量其质量的基本标准之一。在这方面,钱著的成功也为我们树立了一个意味深长的榜样。

据新汉文版正文前的"写作缘起",该书的英文增订版加上夏含夷新写的长序,也会在2002年出版。现在的汉文版没有预先将夏含夷的序文一并收入,似乎是一种遗憾。另外,以精益求精的要求来衡量,本书的汉文译文在有些地方

仍欠通顺,或者还有语义不够明确之处,如页 25(3 行)、页 97
(倒 12 行)、页 113(倒 6 行)等。

（本文原载《文景》2002 年 11 月号）

谁更体现了"普遍性"?

——读《大分流:欧洲、中国及现代世界经济的发展》①

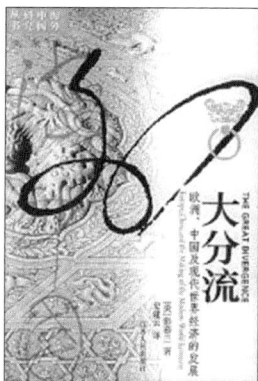

彭慕兰《大分流》书影

"五十年风水轮流转"。这句老话,今天好像是在对于中西方社会经济近代化进程的比较研究领域里应验了。

始于近半个世纪之前,"资本主义萌芽"问题先是中国历史学界一个热门的、后来至少也是挥之不去的话题。在这个话题背后,往往隐藏着一个似乎是天经地义般无可怀疑的理论预设,即不同民族或国家,都会遵循着人类发展的某种普遍规律,各自经历由低到高的社会发展诸阶段而走进资本主义,并且再从资本主义进入社会主义的时代。在中国,只是由于西方列强的侵略,资本主义萌芽发育成长的这样一个独立过程才没有能够正常实现。而在 1960 年代以往的西方学术界,在全球视野下对"长时段"历史变迁进行跨文明考察的兴趣,也从经济史领域蔓延

---

① [美]彭慕兰《大分流:欧洲、中国及现代世界经济的发展》,史建云译,南京:江苏人民出版社,2003 年。

开来并再度逐渐升温。不过与大部分中国学者的上述思路不同,在很长的一个时期里,他们更倾向于把资本主义在西欧(特别是在英国)的发生、发育看作是通向现代性的独特路径;在他们看来,马克思(也包括韦伯从另一个观察角度)对欧洲近代变迁的这一特殊个案所作的理论概括,实际上是被后来的学者们不恰当地普遍化了。中西方在比较框架下的差异的那一面于是被充分地凸现出来。埃里克·琼斯在《欧洲的奇迹》一书里,把西欧历史变迁的独特性一直追溯到它的中石器时代;即使就导致西欧近代经济体系产生的"最具有分量"的那些影响因素而言,最重要的也是早至1400年到1800年间西欧"在更为有利的自然环境之中作出种种政治决策"的那个时期。而晚期中华帝国的历史则在西方解释中呈现出一种完全不同的趋势。黄宗智对明清江南经济"无发展增长"亦即所谓"内卷化"道路的著名研究就是我们最熟悉的例证之一。在对明清江南社会历史变迁的实际过程所进行的经验描述基础上,黄宗智推想,中国的高人口密度与农业经济"内卷化"的历史宿命,似乎是由随着秦王朝的胜利而确立的中央集权制与高密度小农经济的结合过程所注定的。

但是,西方学术界在近几年中却出现了一种受到广泛关注的完全不同的见解。在1997年出版的《转变的中国》一书里,王国斌高度强调"斯密型动力"推动之下的"原始工业"经济(在这种经济中可能存在相当发达的"农村工业")与真正的机器工业之间的"断裂"或者非连续性现象(亦即从前者到后者之间并不存在一种必然的或因果关系形式的生长连续性)。在很小心地声明过"我并不认为农村工业的特征在欧亚大陆到处都一致"之后,王国斌断言:"在主要方面,18世纪的欧洲与同时期中国之间的共同之处,要超过18世纪的欧洲与 19、20 世纪的欧洲之间的共同之处。"坦率地说,中国学者们总的说来还来不及对王国斌这部重要著作作出充分的回应,彭慕兰的《大分流》又在 2000 年问世了。如果说王著事实上并没有对上述命题进行真正系统和详尽的论证,那么彭慕兰的书就完全是围绕着这样一个基本观点来展开的。

《大分流》以"完善的"市场、财富的量化估价、被布洛代尔视为"对欧洲独特性进行经济解释之轴心"的大商行组织、私有财产权及其法律保障、资本与资本持有者之间的分离等等明确而相当易于被人们领会的考察指标,对分别作为西欧与中国经济核心区域的英国和长江三角洲的历史情况作出比较。作者从上述比较中所获得的结论是:直到接近 1800 年的时候为止,与中国江南相比,英国的情形从总体上说并没有什么具有决定意义的优势,它在有些方面甚至还不如江南。因此,完全没有理由将包括中国在内的 16 至 18 世纪欧洲之外的诸发达文明看作是"未成功的欧洲";相反,人们反而更有理由把这个时期的欧洲经济看作"未必有什么大不寻常之处"。但是在 1800 年以后,二者之间终于发生了历史性的"大分流"。欧洲的经济变迁从这个年代之后似乎逸出了它原先的轨迹:它终于实现了同时期的江南所不可能达成的从"原始工业经济"向机器工业经济的突破。

彭慕兰认为,有两个重大原因使得上述突破终于得以在英国完成,其一是在当日英国经济最发达的地区正好分布着丰富的煤矿这样一个"地理偶然性",另一个推动力则是海外殖民地的发现。也就是说,若不是这两种新因素在 1800 年后对西欧经济的作用,那么西欧与中国的社会经济很可能就会遵循着同样的路径,在"斯密-马尔萨斯型动力"的驱策之下,在"原始工业的死胡同",或曰"共同制约"着中西方社会的"基本困境"中，像醉汉一般地继续着各自步履蹒跚的徘徊。于是，从把资本主义的发生当作一种历史特例来加以处理的立场出发，人们甚至发现，中国以及欧洲体系之外的其他发达文明在受西方殖民主义冲击之前的历史状况，反而体现着一种更带有普遍性的演变轨迹。对比当初隐含在"资本主义萌芽"问题讨论背后的预设，《转变的中国》与《大分流》两书所持的见解，不正是在朝着"三十年河西"那分上靠拢吗？

为证成自己的见解，彭著必须在一个跨度极大的空间和时间范围内对社会与经济制度诸多层面上的基本事实进行大面积的清理、考察和分析研究。如琼斯在做类似题材的研究时深有体会地说过的那样，此种主题的叙事任务要求研究者从事"无止尽的阅读，而这一分析的困难性也使人对之望而生畏"。因此不难理解，学者们对该书的许多主张或论断必定会产生种种不同的看法。

彭氏对明清江南无法突破"原始工业死胡同"的命运本来有足够的意识。事实上，他也只是在这样的前提之下才去肯定当日江南的经济成就及社会关系制度框架的有效性。但是，为了尽可能地将19世纪之前江南经济与社会的总体发展提升到与同时代西欧相仿佛的水平，彭慕兰却不得不竭力去批评在这个问题上与他持有大体相同看法的黄宗智。《大分流》在拒绝江南经济"内卷化"命题的同时，又对它的前途作出一个"死胡同"或者"基本困境"的判决。对此，人们禁不住会感到纳闷：这个新的说法，与被彭氏所批判的"内卷化"概念到底有多大的不同？

对江南有关资料的估价虽然存在着有意无意的拔高情况，但是相比较而言，该书对西欧在"早期近代"所发生的历史变迁的定位,问题似乎还要大。

　　毫无疑问,正如《大分流》所指出的,18世纪末以后英国煤田的大规模开发和美洲殖民地及与之相联系的奴隶劳动,对"经典的工业革命"确实起到了极其巨大的推动作用。事实上这早已成为学术界的共识。欧洲经济史的研究者一致同意,正是煤的广泛使用,使走在西欧前列的19世纪英国得以逃脱一场"眼看着就要发生的灾难";而美洲被纳入旧大陆世界体系,则被布洛代尔看作是"欧洲之所以出人头地的真正解释"。导致不同认识的关节点在于:仅仅这二者,是否真的就可以被看作是资本主义在西欧(其中尤其是英国)发生、发育的全部动因? 在这一点上,彭慕兰(还有王国斌)的见解同欧洲社会经济史领域中绝大部分专家的看法显然还存在着非常大的差异。

　　因此,在评判《大分流》力图从根本上改变对近代欧洲社会经济史的宏观描述的努力时,我们至少必须在以下三个方面格外小心。首先,发生在1800年之前、并导致西欧之所以能在后来成为工业世界诞生地的一些重要条件,例如黄宗智在刊载于2002年5月出版的《亚洲研究杂志》第61卷第2分册上的该书书评(汉译文本已见于2002年第4期《历史研究》)中提到的农业革命,R.伯兰讷尔和C.伊塞特在同杂志的书评里讨论过的社会-财产关系的制度框架转变,乃至科学革命等等,在彭著所展开的历史变迁画卷中或者根本未予述及,或者没有能对它们予以更真实确切的反映。其次,当《大分流》将东西方社会中的市场、私有产权、商行、资本的非人格性质等等分析因素一一从它们各自的社会与制度环境整体中抽取出来,以便分别对它们作孤立对比的时候,作者实际上是把一个分析特定制度成分与其他相关制度或环境因素之间有机联系和综合效果的任务,转换为一个判断有无的问题。这就难免会在对一个有机系统进行评判时发生将问题过分简单化的危险。最后但不是最不重要的,是政治制度及其与社会经济变迁之间的互动问题。西欧在 1800 年之后的社会经济发展,恐怕不能说与它在早期近代的政治制度变革没有密切的关系。《大分流》虽然也笼统提到中国政治制度"比较地不利于一种特别的资本者努力的发展",但我们没有读到作者在这方面的专门讨论。就本书意在对东西方近代历史进行比较而言,这可以说是一个重大的缺陷。因为东西方政治制度对各自社会经济变化的不同影响,很可能就是造成历史"大分流"的关键原因之一。

总之,彭慕兰的分析或许可以让我们相信,在 19 世纪的矿冶业大发展和美洲"鬼地"开发为支撑西欧经济的能源、原材料供给和制造品市场的扩大提供了前所未有的发展空间之前,西欧在社会经济、政治制度和科学知识等领域里的结构性变化,可能确实还没有在"综合国力"的层面体现为明显地超过明清中国的实际优势。但是这些结构性变化后来所迸发出来的具有决定意义的力量表明,它们与英国煤矿分布的"地理偶然性"和"鬼地"开辟同样,是工业革命赖以发生的必要条件。彭氏对那一系列结构性变化的意义,似乎有点估计偏低。这就使他将"大分流"发生的时间大大推后了。这样看来,琼斯几十年之前已经说过的下面这段话至今仍然有效:"东西方之间的沟壑可能由于工业化而扩大了,但它本身并不是工业化引起的。前工业时代的诸社会之间早已有了不同,它不仅是文化上的,而且也表现在经济史学者和发展经济学家所最为关注的那些特征方面,诸如投资结构,人均收入的水准以及决定前者的种种机制等等。"

　　从社会经济结构或发展经济学的角度考察,西欧率先突破由"斯密-马尔萨斯型"动力所支配的发展模式,确实形成了它与其他发达文明之间的历史"大分流"。这一分流大概始于 14 至 15 世纪之交。倘若人类社会的历史变迁果然存在某种"普遍性",那么在上述这幅呈现"大分流"的地图上,与其说是明清中国偏离了由西欧所指示的"普遍"道路,倒不如说是西欧逸出了其他发达文明所遵循的一般路线。在这一点上,《大分流》一书所提供的思考框架,显然对我们具有深刻的启发意义。

　　(本文原载《社会科学报》2003 年 1 月 2 日第 4 版。收入本书时,已将发表时被删节的部分重新补入)

写出一种感觉

——读葛著谭其骧传《悠悠长水》①

从某种意义来说,任何一位作者都会在他的著作里"写出一种感觉"。就以传记为例,不是已经有很多当代名人,在他们的自传中至少是极充分地写出了他们对自我的感觉吗?但是,要写出一种感觉能够深深打动读者、获得读者的衷心认可,却绝对不是一件容易做到的事情。由葛剑雄撰写的著名历史地理学家谭其骧的传记《悠悠长水》,终

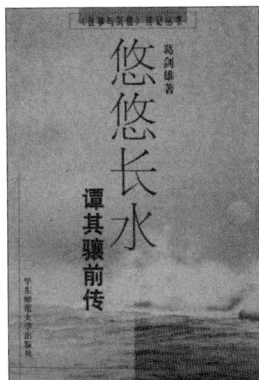

葛剑雄《悠悠长水》书影

于分"前传""后传"两册出齐了。尤其是对许多熟悉、认识或者间接从师长同事的口耳笔札间多少了解谭其骧的读者而言,这本书所塑造的传主形象确实显得很亲切、立体,也很可信。为什么会有这样的效果?我想,一个最重要的原因,正在于本书的全部叙述所凭依、所含蕴着的那样一种感觉具有巨大的沁透力;正是它,调动起读者的情感,成为作者、传主和读者(包括与谭其骧素不相识的绝大多数读者)之间精神

---

① 葛剑雄《悠悠长水:谭其骧前传》,上海:华东师范大学出版社,1997年;《悠悠长水:谭其骧后传》,上海:华东师范大学出版社,2000年。

沟通的酵素。

　　正如本书作者在"引言"里说明的，这部传记之得以写成，极其重要的一个客观条件，是他有幸能自由使用"先生的日记、书信、文稿、照片和有关资料"（《悠悠长水：谭其骧前传》"引言"，页3）。书中很有些部分，实际上是径直抄录谭其骧日记，不过未加引号，并在必要的地方略微变动了一下人称而已。我们甚至感到，在不少场合，作者好像是有意要用谭先生自己的嘴来传达其他人不便言说的某些看法或内容。这样做的好处，是使读者透过作者的笔端仍然能多少感受到有关资料的原始性。不利的一面，则是使不熟悉有关背景的读者难以真正读懂那些缺少必要诠释的段落。

　　但是，以上一段话的意思绝不是说，本书不过是一部经过粗加编排的传主日记辑录或者个人资料编年集。恰恰相反，全书在在反映出作者个人的思考、见解，有时甚至是凝重而无法抑制的激情。在叙述"文化大革命"中初次被斗的那个晚上，谭其骧如何"拖着沉重的脚步离开研究室"时，作者情不自禁地将自己"同情的理解"置入传主的内心深处："被撕破的已不仅是他的皮肤，而是他的心。这个六年前由他创办的研究室如今成了斗争他的前沿……他想快一点离开学校，但他走不快，不仅是因为极度疲惫，还由于他实在不愿意远离他心中的研究室——这里有即将完成的'杨图'，有他十几年的心血和三十多年的追求，有他视为生命的事业和荣誉——尽管转眼间都已成了落花流水。"（《悠悠长水：谭其骧后传》，上海：华东师范大学出版社，2000年，页9）当然，人们恐怕不会去追问这段心理描写的资料依据到底是什么，正像没有人追问陈寿怎么会如此详尽地得悉诸葛亮在"隆中对"时向刘备面陈的那一番议论一样。

像这样沾满情感色彩的笔触在书中不过偶尔见之。作者更有意识地追求的,似乎是"史汉以记事为宗"(《史通》卷四"序例")的叙述史学传统,即尽可能将写史者个人对于叙述对象的理解、爱憎或价值评判融入叙事的格式之中。本书没有绝对地、机械地按年月先后来展开传主的生平。"后传"共五章。第一章("史无前例的遭遇")的前三节从1966年写到1976年;第四节折回来讲1972年至1975年间的事;最后一节再度前推至1974年讲起。第二章("编绘《中国历史地图集·下》")的头三节从1969年叙述到1976年;后面六节又从1969年起头,一直说到1988年止。两条几乎平行的线索,分别叙述了传主在"文化大革命"中政治命运的颠簸,以及他忍辱负重,完成八册本《中国历史地图集》的艰苦而有点辛酸的工作过程。把这样一个在时间顺序上大幅度来回摆动的叙事结构处理得让人读来竟觉得顺理成章、通畅易懂,那是需要很高明的驾驭史实、剪裁史料的功底和很深厚的写作技巧的。本书第三章("从沿革地理到历史地理学")更是按传主作为历史地理学科一代宗师的特殊身份而专门设计的。它概括地总结了传主后半生在本学科领域内的开创性成就和巨大学术贡献。对一般读者来说,这本来可能会是一个有点枯燥的话题;但它对人们真正了解谭其骧又是不可或缺的。幸亏作者擅长于用返朴还真的"大白话"来从事很高深、很专门的学术讨论,现在的这一章好像还不至于让普通读者陡生畏难、厌倦之心。

"以记事为宗"的叙述史学有一个了不起的长处,即它能帮助遵循纪实传统的作者,于毫不经意之间就在自己的作品中留下诸多可以供阅读者们探寻的待发之覆。且让我们从本书里找一个例子。1969年,在对谭其骧实行"一批二用",

要他恢复《中国历史地图集》的绘制工作之前,谭其骧与复旦大学"军训团"负责人之间发生了一场耐人寻味的对话。"那人还问:'你还能不能教书?'谭其骧回答得很干脆:'不能。''画图没有你行吗?''行。'"(《后传》,页26)一个将学术研究视为生命的人,为什么会这样断然地拒绝他曾经全身心地投入过的"画图"事业?传记作者对此未加任何评说,也许他真的根本没有在意这个问题。但是有心人如果读到后文载录的"军训团"政委的讲话说:"有问题要交代,犯了罪要认罪,不能认为离开了我不行,臭豆腐干你还得吃"(《后传》,页29),如果他读到"革命群众"对谭其骧的责问:"难道没有你,图就画不成吗"(《后传》,页82),如果他读到谭其骧怀着欲割难舍的心情试探《文汇报》记者说:"今后如果让我继续画历史地图的话,最好有人帮助出主意、定方针,让我在下面干些具体工作"(《后传》,页78),那么,他就不难明白,是一种什么样的政治和心理压力,迫使谭其骧违心地拒斥着自己对"画图"以及对将来的一片钟情。叙述型史学作品留给读者的广阔思考空间,与它的生动具体的情节描述同样,使它葆有某种独特的魅力。章学诚说过:"告人以衣食之道,当指脍炙而令其自尝,可得旨甘;指狐貉而令其自被,可得轻暖。……必吐己之所尝而哺人以授之甘,搂人之身而置之怀以授之暖,则无是理也。"(《文史通义》"内篇二·文理")叙述史学的特有魅力,是否就在于它比其他史学体裁都更大幅度地允许读者在记事的篇章里自尝旨甘、自被狐貉呢?

任何个人的一生都不可能完全由亮点所组成。这部传记没有回避谭其骧生活历程中不够完满的那些方面,包括使他"失望的婚姻",他在"文化革命"前历次"有惊无险"的政治运动里逐渐习惯于"只会跟形势"的苦恼体验,他在"文化革命"初期写大字报"声讨"其他学术权威的经过,乃至在学术研究中发生的被他自责为"严重错误"的过失等等。作者固然没有被"为尊者讳"的旧训条束缚手脚。然而,更值得加以强调的是,本书的一个显著特点,恰恰是它在讲述种种遗憾时所始终持守的充满历史真诚感的理解精神和同情态度。近二十年来,人们对许多问题的看法发生着深刻的改变。很多当代思想史的讨论者因此变得非常苛求,他们对被讨论对象从前的言行执严厉的批评乃至批判的立场,而且这种批判往往最终指向被讨论对象的个人品质或道德意志。我们当然不应该去歌颂丑陋,但如果我们不能够突破对历史表象冷嘲热讽的肤浅和"疾恶如仇"的偏激,不能揭示出被有意无意地掩藏在人们心灵深层的正直、良知和对真善美的追求,以及它们又是如何顽强地在曲折的历史条件下获得表达的,我们就将由于丢失自己几乎仅有的那点精神遗产而陷入赤贫。《悠悠长水》之所以打动读者的地方,就在流淌于全书中的这种历史真诚感。正因为作者写出了这种可贵的历史真诚感,人们才会感同身受般地在阅读《悠悠长水》的过程中越发走近谭其骧。

（本文原载《中华读书报》,具体日期未克查核）

以拒绝"一贯正确"的名义

——读约翰·密尔《论自由》[①]

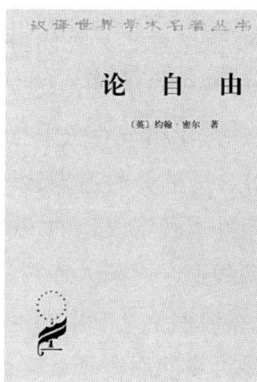

与人类知识越来越快的增长相比,它的智慧却总好像是一个常数。在约翰·密尔这本讨论自由主义基本原则的小册子发表近一个半世纪之后重读该书,你一定会再次从心底油然生发出这样的感慨。难怪有些西方学者至今称赞它是"英语文献中为个人自由所作的最动人心弦、最强有力的辩护"(见卡尔·科恩编《共产主义、法西斯主义与民主》,纽约:兰敦姆书坊,1962年,页547)。也有人说,除了罗素提出的用来衡量在表达自由和行动自由之中何者更为重要的普遍尺度外,一百多年以来,就对自由的一般论述而言,还没有哪种著述堪与本书相比拟(克里斯迪安·贝易《自由的结构》,斯坦福大学出版社,1970年,页127)。

约翰·密尔《论自由》书影

按照密尔的见解,自由本质上是属于人类的每个个体的权利。它由以下三个领域所构成,即:意识的领域,包括良心的、思想的、意见的、情操的自由,以及表达这些思想、意见、

① 约翰·密尔《论自由》,许宝骙译,北京:商务印书馆,1959年。

情感的绝对自由;在不涉及他人的范围内独行其是的自由;从以上两者引申出来的出于自愿的"个人之间相互联合的自由"(见《论自由》,1996 年,页 12—13。下文凡引用该书,仅括注页码)。在总共五章中,第二章"论思想自由和讨论自由"占据了全书三分之一的篇幅。密尔反复论证的个人意识和表达自由的一个重要根据,就在于任何一个人或人类团体,从最伟大的政治家、宗教领袖,到某一个集团、阶级、党派、社群直至国家、社会,都不可能一贯正确;因此,人类永远不应当抑制任何不同的意见与表达。

"一贯正确"一词,在《论自由》的英文原文中作 infallibility。它被密尔从各个角度反复证伪。商务印书馆的汉译本——这个翻译本的质量确实非常高——将该词译为"不可能错误性";改为本文中的译法,不过是想使汉语读者觉得更文从字顺一点而已。

无论被权威所试图压默的那个意见的实际性质如何,压制一方当然否认它的真确性。然而这种对于自身判断的自信正是以自我一贯正确的假定为基础的。就像是一个雄辩家,密尔枚举"全部历史中最富悲剧性的"那些典型事例来证明:无论是整个时代,或是具有宗教的、道德的、爱国的情感的人民,还是居于人类先前一切成就巅峰、具有开创而无约束的智力以及最无垢的公正的统治者,都曾经犯过"引起后代惊诧和恐怖的可怕错误"(页 25);而那种以为真理永远能战胜迫害的看法,"其实是一个乐观的讹误"(页 29)。

密尔嘲笑了那种反对将拒绝一贯正确的论据"推至极端"的庸俗看法。后者虽然一般地承认对一切"可能有疑的题目"都应予以自由讨论,但是同时又认为,"有些特定原则或信条,因其如此确定——实在是他们确信其为确定——,

故应禁止加以质难"(页22)。他又指出,更大多数的人们,实际上未必真相信被奉为金科玉律的某些原则或信条是一贯正确的。但他们会认为它对于当日社会和社会福祉是那样有用,所以政府应当不遗余力地支持它们。密尔尖锐地写道,将束缚讨论的正当性问题说成问题不在信条的真确性,而在其有用性,不过是把对于一贯正确的假定由一点转移到另一点而已:"一个意见的有用性自身也是意见问题;和那意见本身同样可以争辩,同样应予讨论,并且要求同样多的讨论。"(页23)

如果受压制的意见被证明是真确的,压制一方的不正当性当然就变得至为明显。不过,被权威力图扼杀的不同意见也可能是不真确的。在此种场合下,对它加以压制的行为是否就因此而具有了正当性呢? 密尔的答复仍然是否定的。压制的结果对压制一方的损害至少与被压制一方同样深刻。排斥了针对不容质疑的、占支配地位的信条教义所展开的充分的、无所畏惧的讨论,必然会有两个严重的消极后果接踵而来。一是那信条教义本身,哪怕它原先是真确的,哪怕曾有过大批英勇无畏的殉道者为之慷慨献身,也难免退化为僵化的教条。人们至多对它持一种肤浅的"习惯性的敬意",而割断了它与他们内心生活的真实联系。借用中国古代哲人的话,这叫"一犬吠影,百犬吠声"。更严重的是,在镇压不同意见的过程中渐趋僵化的信条教义,还会斫丧人民的智力,阻遏"投给人性更高一部分的其他一切影响"。因而那第二个后果便是,"在精神奴役的一般气氛之中,曾经有过而且也还会再有伟大的个人思想家。可是在那种气氛之中,从来没有而且也永不会有一种智力活跃的人民"(页43、35)。互相冲突的两种见解还存在第三种也许是更为常见的情形,即它们并不是一个真确、另一个错谬,而是共同分有介于二者之间的真理。因此它们显然也需要在争辩和讨论中互相补充。

密尔以拒绝"一贯正确"的名义为思想和讨论自由所进行的辩护,是他捍卫个人自由的全部权利的中心和重心。因为在他看来,有关它的"所有这些原则都可以适用于人们行动的方式,并不亚于可以适用于人们的意见"(页60)。比他后来的研究自由主义理论的学者则从这样的见解中揭示出更为深刻的意义。Guido De Ruggiero 说:"思想自由和宗教自由乃是所有人类自由得以在其中产生和发展的不可侵犯的堡垒。"(《欧洲自由主义的历史》,R. G. 科林武德英译本,波士顿:灯塔出版社,1959年,页23)贝易则主张,自由是人类其他价值赖以充分生长的土壤;自由意味着个体性的表达或曰自我表达,而政治言论的自由又是捍卫和促进全部表达自由的一种最至关重要的自由(《自由的结构》,页19—20)。这应当是朝着密尔论证的方向进一步推衍可以得到的必然结论。

如果说良心、思想、感情属于"意识的内向境地",那么对于良心、思想和感情的表达就不再是纯粹地针对自我,而属于"个人涉及他人的那部分行为"。按照个人行为只有在不涉及他人时才拥有绝对自由的原则,个人的表达自由就不能不受到严重的限制。但是另一方面,离开了表达,思想本身便无法完成或实现;限制表达实质上也就限制了思想。从以言治罪到惩治"思想罪"至多也只有半步之遥。密尔显然感觉到这种两难的局面。但是他并没有在此种两难前游移不定,而是明确宣布,鉴于表达自由"和思想自由本身几乎同样重要,所依据的理由又大部分相同,所以在实践上是与思想自由分不开的"(页13)。在个人自由和社会凌驾于个人的权威的接界处,密尔总是坚定地站在维护个人的自由权利的那一边战壕里。

这种像猎狗一样警惕地守卫个人自由的意识,还突出地表现为密尔对民主可能带来的"大多数人的暴政"所持的高度警觉。

个人的自由权利,来源于中世纪西方贵族政治。在这个意义上,对西方而言,正如著名的德·斯塔尔夫人所说,自由比专制更为古老。但是将自由从个人的特权转变成为至少是在形式上人人享有的普遍权利,则是近代民主制度的结果。然而民主制度并不能自动地保障个人自由的完全实现。本书最早的汉译者严复简明地概括密尔的这一见解说:"贵族之治,则民对贵族而争自由。专制之治,则民对君上而争自由。而立宪民主,其所对而争者……乃在社会,乃在国群,乃在流俗。"(见严译《群己权界论》卷首"译凡例")

也就是说,尽管民主政治下制度程序的价值,主要是以它在多大程度上促进了全体公民的个人自由来估量的,但是民主制度仍蕴含着两种危险,即政治上的"大多数人的暴政",以及虽然不那么显著、但是也因而更具威胁性的社会自身的暴政,亦即传统、习俗和公共舆论对人的窒息性支配。在密尔以前的自由主义者例如他的父亲詹姆斯·密尔看来,"民主暴政"是一个不可理喻的概念,因为构成它的那两个词汇的涵义是完全对立的。比他的前辈们又向前跨出一步的地方,是小密尔看出了,那种认为在民主制度下治人者与治于人者将会合二而一,因此个人也不再需要保护自己来防止以国家名义对他进行侵犯的"理想形态",实际只能是一种天真的幻想。他明确指出,"运用权力的'人民'与权力所加的人民并不永是同一的";尤其需要防止用所谓"人民的意志"
(the will of the people)或者所谓"公众的意志"(the will of
the public)来抹煞个人的意志和个人自由的权利(页 4、79)。

在这里,我们可以很清楚地看出密尔的自由主义立场中
所含蕴的贵族化的精英意识。密尔是英国自由主义"民主
化"的代表人物之一。但他同时又无可奈何地认为,民主政
治与社会进步的其他因素的合力,正在日甚一日地扩展着将
人类同化的趋向,"把低的提高而把高的降低";民主政治所
表达的公众意见有一个特点,"特别地适于使它对个性的任
何显著表现不能宽容"。于是民主总是把全体国民降低到智
力和意向都堪称平庸的大众水准,用无名的集体暴政去贬抑
杰出人物形形色色的个性,磨平他们的思想棱角。这种无形
摧残的后果,是可能将人类生活"变成一池死水"(页 79、74、
69)。由此可知,密尔对民主制度的赞同,也含有充分动员代
议制和议会体制内的各种保障手段,来与民主制度可能酿成
的"一大群与个性为敌的势力"相抗衡的意图。他力主通过
给予纳税多的人和受过教育的人多于一张的选票的途径来
扩大他们的选举权,应当就出于这样的用心。

另一方面,恰恰是以他高度肯定个性多元化为起点,密
尔在自由观方面实际超越了他的前辈。从边沁到以老密尔
为代表的曼彻斯特学派,都将"最大可能的幸福"作为他们追
求的最基本的价值。自由对他们来说是附属于这个根本价
值的。在为思想和表达自由作辩护的《论自由》的第二章里,
小密尔也基本上把自由作为推进"人类精神福祉(而人类其
他一切福祉均有赖于它)"的一种带有工具性质的价值来阐
扬。因此他说,是"真理的利益需要有意见的分歧"(页 56、
54)。可是在他集中讨论个性的第三章里,他几乎突破了功

利主义的"最大幸福"观,而"接近于宣称自由和个人的自发性乃是与幸福本身同等重要的根本价值"(《自由的结构》,页45)。由此我们就更容易理解,为什么是他而不是别人,会为自由进行前所未有的最令人肠回气荡的辩护。

密尔对"公众的意志"侵犯个人自由领域所保持的高度警惕乃至于敌视的态度,与"法国革命的意识形态之父"卢梭主张通过对"公众意志(这个法语词汇的英文对译词为 general will)"的无保留服从来恢复人类自由的立场存在着重要差别。

自由问题无疑是卢梭政治哲学的中心问题,或者至少是中心问题之一。卢梭认为,人们只有在完全平等的起点上,才能重新获致他在离开自然状态后久已失去的自由。但是人并不能通过回到自然状态中,而只能通过集体承诺把每一个人的全部权利都毫无保留地让渡给社会的办法,来实现此种平等。由处于这种一无所有的平等状态中的个人所组成的契约集体产生出来的"公众意志",就这样代替了并代表了每个人的个人意志和他的最高利益。服从它,就是服从自己,人因而也就获得了自由;如果有人对它持有疑义,则应强迫他服从之,也就是强迫他"自由"(参见朱坚章《卢梭政治思想中自由观念的分析》,台北《政治大学学报》第 26 期,1972 年 12 月)。

卢梭强调,"公众意志"绝不等同于每个个人的意志的总和。甚至对他本人而言,"公众意志"都是一个有点含糊不清、不那么协调的观念。与"公众意志"到底如何产生的问题联系在一起的是:公众意志应当由谁来表达和解释,又由谁受命而予以执行? 所有这些不确定性,就好像是"给了那些声称了解和代表民众真正的、最终的意志的人们一张空白支票,使他们能够以人民的名义行动而完全不顾及人民的真正意志"(见 J. L. 塔尔门《集权主义式民主的兴起》,波士顿:灯塔出版社,1952 年,页 49)。实践卢梭理想的法国革命,"热衷于平等,而使自由的希望消灭"(见朱坚章前揭论文引述)。欧洲自由主义历史上耐人寻味的这一篇章,近二十年以来刚刚开始被我们读懂,当然是带着对于自身历史体验的切肤之痛。

应当指出,密尔的"公众的意志",远远没有卢梭"公众意志"所具有的那种抽象的逻辑演绎的性质。"公众的意志",在密尔看来,就是"多数或者那些能使自己被承认为多数的人们的意志"(页 4)。他既然拒绝"公众的意志"对个人自由的权利范围的干预,当然就更不会去赞同卢梭对"公众意志"的盲目崇拜。在卢梭和百科全书派的争论中,密尔毫不犹豫地断定,是后者"更近于真理,含有更多的正面真理,而错误还少得多"(页 50)。

写于 1959 年的《论自由》汉文本重印序言,称本书是密尔的"急进自由主义思想"的代表作。作为一个并不是专治西方政治思想史的"业余"读者,我不敢说这个判断是否有误差。但是与密尔在本书中表达的思想相比,以卢梭为代表的欧陆自由主义显然要更加激进得多。不仅如此,对于他的前辈边沁、老密尔,当然更不用说威廉·葛德文思想中的激进倾向,小密尔似乎也基本上没有继承。贝易因而将英国式的以及卢梭代表的欧陆式自由主义这两种传统分别称为"经验主义-功利主义的传统"和"理想主义传统";而在边沁、老密尔和小密尔这三个最重要的功利自由主义思想家中,他又称前二者为"正统功利主义者",以此把他们与约翰·密尔再予区分(《自由的结构》,页 36)。它暗示着,英国自由主义激进派的历史命运,到约翰·密尔的时代似乎已经结束了。

　　自然,功利自由主义的经验论倾向,在密尔那里一点也没有削弱。他自己说,虽然他是从"一般性的说法"的角度讨论自由的性质和限度,但他不想从抽象权利的概念和逻辑演绎去展开他的讨论。与大多数经验主义哲学家一样,密尔坚持了常识公理化的风格。为了说明个人应有选择自身生活方式的充分自由,他这样写道:"一个人只要保有一些说得过去的数量的常识和经验,他自己规划其存在的方式总是最好的,不是因为这方式本身算最好,而是因为这是他自己的方式。人不像羊一样;就是羊,也不是只只一样而无从辨别的。一个人不能得到一件合身的外衣或一双可脚的靴子,除非量了他的尺寸来定做,或者除非有满满一堆栈的货色来供他挑选:难道说要给他一个合适的生活比要给他一件合适的外衣还容易些,或者说人们彼此之间在整个物质的和精神的构造上的相同比在脚形上的相同会多些吗?"(页72)从人人都有的常识中引申出来的论据一经他点破,似乎是那样的平实易懂。可事实上在他将这一点如此清晰地展示出来以前,人们是不容易把它看得那般透彻的。这正是密尔此书魅力之所在。严复在他的汉文本"译凡例"中说:"原书文理颇深,意繁句重。"不知道他为什么会这样说。

　　不过《论自由》的价值并不仅仅在这一点上。只要人类还存在不自由的状态,只要自由还在遭遇以"一贯正确"自命的形形色色权威的压制,这部好像不止是为某个特定时代而写作的伟大文献,就会继续不断地被满怀着激动心情的人们所传诵,并且远不止是在政治哲学史的意义上。

（原载《百年》第五期,1999 年 9 月）

挑战"火器-病菌制胜"论

——读《十六至十八世纪的技术、疾疫与殖民征服》[①]

流行病和人类的关系，在 SARS 爆发以后日益成为历史研究中备受关注的话题之一。不过这个问题进入非专业读者的视野，其实早在三十年前就已开始了。1977年出版的《瘟疫与人》，以简练生动的文笔，将以下两个观点传播到相当广泛的读者群中。一是西欧中世纪末的黑死病来源于西征蒙古军带去的鼠疫杆菌。这个以该书作者命名的著名的"麦克尼尔猜想"，不久

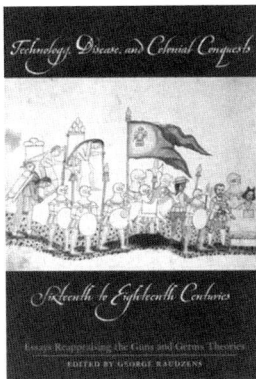

《十六至十八世纪的技术、疾疫与殖民征服》书影

以前才开始受到学术界的认真怀疑。二是西班牙人征服美洲的两个最关键的制胜因素，是火器与病菌。后者指的是由殖民者无意间带到那里的天花病毒；由于印第安土著对这种陌生的流行病缺乏任何遗传免疫力，为此在人力和精神上都

---

① George Raudzens edit., *Technology, Disease and Colonial Conquests*, *Sixteenth to Eighteenth Centuries*: *Essays Reappraising the Guns and Germs Theories*, Leiden: Brill, 2001.

遭受到无法挽回的损失。在后来的二十年间,上述命题在一些带普及性的历史著作中被不断地重复。已出版了两种汉译本的《火器、病菌与钢铁:人类各社会的命运》,就是对它比较新近的又一次综述。

出现于1970年前后的"火器-病菌制胜"论,本来是对差不多流行到1960年代的另一种普遍见解的修正。后者把从哥伦布到工业化时代欧洲殖民扩张的成功,归因于欧洲人在文化甚至种族上的优越性。相比较之下,麦克尼尔一代的学者,把火器和病菌看作是"盗取土地和进行种族屠杀的帝国主义侵略者"手中"不公平的优势",这种观点无论如何意味着认识上的巨大进步。问题在于,像这样极其简单化的概括,果真透视出那两三百年间一系列历史故事的因果模式吗?我们面前这本出版于2001年的论文集,便很集中地反映了专家们对这个问题的最新反思。当他们把原先以长镜头展现的鸟瞰式叙事转换成诸多聚焦于细部的严谨考察时,读者便在惊讶中发现,"简单即美"的原则,有时会给历史思考带来多大的误差!

欧洲在新大陆的殖民扩张史,并不是一部由极少数入侵者凭着火器和钢甲利剑的武力优势,便一举征服在人数上超过他们上万倍的土著印第安居民的传奇剧。西班牙殖民者对秘鲁印加帝国和墨西哥阿兹台克王朝的征服,曾经被当作在极其悬殊的人力对比下以寡敌众的最通俗例证。然而,无论人们怎样解读保存下来的单方面而不完整的资料,都无法把前者看成是一场真正的"战争"。它只是在外交会谈时由客方谈判者蓄意发动的对印加帝国元首的突然袭击,以及随之进行的血腥集体屠杀。而帝国各地的"卡库拉斯",即尚未被帝国政治体系完全"消化"的印第安血缘氏族集团的长老们,则有很多站在西班牙人一边,把推翻印加政权看作是恢复自己祖先古老权力的机会。由不足两千人的入侵者在三十个月内打败拥有两千万人口的阿兹台克王朝的神话,也遮蔽着差不多同样性质的重要事实:阿兹台克首脑直接指挥的军队人数不超过八千;而墨西哥峡谷中其他城市的武装力量,多因反抗王朝向他们征收大量用于祭献的财物而投奔西班牙人的阵营。西班牙对阿兹台克王朝的几乎每一次战斗,都有其印第安人的同盟者们加入其中。

　　除了以上两个例证,作为欧洲殖民扩张的最初集结地和进一步入侵的基地,在纽英伦、佛罗里达、魁北克和南美(此指印加和阿兹台克以外的地区),西班牙人、英国人和法国人往往通过伴随小规模武装冲突的"渗透"方式,逐步改变新移民在人数上的劣势(在纽英伦,土著从一开始就未占多数),然后再"廓清"那里的土著部落。只有在魁北克,印第安人始终占据多数,但他们大部分对新移民是友好的。因此在欧洲人先后进入上述四个地区的二十年间,并没有大规模的战斗发生。但由于间或的武力冲突、疾病和气候不适应,殖民者的人口损失仍在一半以上。印第安人没有利用最初的人力优势将殖民者赶回大西洋。而当他们试图抵抗时,他们往往已经失去了在冲突爆发地区内的相对人数优势。大约两百年间,欧洲殖民者面对的大都是分散而间歇性的军事对抗,也遭遇过不计其数的失败,其间鲜有作战的"奇迹"可言。

　　当然,这并不意味着对美洲的殖民不再是一篇残酷的历史记录;也不是说火器、利剑,包括被称作当日"坦克"的战马,在这当中没有起任何作用。但对军事优势的夸大,往往使人忽略了最终导致欧洲殖民扩张得以成功的其他同样重要甚至更加重要的因素。例如欧洲对海洋的控制,不但使它

能把一批又一批冒险者送到国外,用船上的火炮支持他们在
沿海的据点,而且在殖民者和他们的母国之间建立起信息沟
通、物资交换和商业往来的巩固联系。另外,推动着普通欧
洲人愿意并且能够前赴后继地殖民海外,从而将殖民地坚持
下来的扩张性内驱力,也至少与"军事革命"的优势同样值得
强调。在这里,既要提防把军事史问题"非军事化"的倾向,
同时也要避免将一个有多层因素综合作用的过程当作单纯
军事问题来讨论。

　　天花病毒帮助了入侵美洲的欧洲殖民者,这本来是一种
流行很久的说法。然而只是到了1960年代的前期,当人口
史学者把殖民时代之前的墨西哥印第安人口估计数值从三
百万提高到两千五百万时,病菌理论才对解释南美人口令人
难以置信的锐减变得至关重要。因为上述估计数值意味着,
与1600年前后同一地区内土著人口已不足百万相比,在殖
民活动开始后的八十年里,南美土著减少了99.96%以上!
正如本书的一位作者指出的,即使到达美洲的两三千西班牙
人"除了屠杀印第安人以外什么也没有做,要杀这么多的人,
仍然是不可能的。对异族生命的野蛮态度和极度轻视无疑
是存在的,但西班牙人毕竟需要活着的印第安人,而不是希
望他们都死去"。流行病,尤其是传染性的小疱疹,于是成为
理解南美人口灾难性减损必不可少的原因。1986年出版的
一本有关著作写道:"殖民征服者的神奇胜利……在极大程
度上是小疱疹病毒的胜利。"专家们还发展了一种有关流行
病的"处女地肆虐"论(virgin soil),用来突显流行疾疫在无
感染病史的地区所可能导致的毁灭性后果。直到1992年,
即哥伦布发现新大陆四百年时,病菌理论仍然是被历史学家
们普遍接受的见解。

但是,从有关 16 世纪南美天花疫情的并不翔实的历史资料所获得的印象,却与现代流行病学告诉我们的知识很不一致。最容易致死、并且最快杀死患者的菌株,从流行病学的角度来看,往往较少危险性。因为患者在疱疹发作之前就会死于严重的败血症,所以他们体内的病菌还来不及脱逸出来感染其他人。只有处在发作期间的天花患者才会把病毒传染给他者。病毒会粘附在从患者咽喉或者鼻腔喷出的液体星沫中,通过呼吸道进入他者体内而使之致病。病毒当然也会附着于患者的衣物、疱液乃至痂屑里;但除非被人吸入体内,它们并不会引起感染。因此,"尽管累年积月地计算起来,它确实杀死了数百万的患者,但小疱疹仍不能算是一种高感染性的疾病"。它传播得并不快,也不会传播得很远。所谓缺乏遗传免疫力的推断也被医学证明是不可靠的。所有在最近三四十年间没有病史的人群都是天花的"处女地";在这方面,欧洲人和美洲人之间并不存在原先想象的那种差异。关于美洲人群基因的过分同一性提高了天花致死率的说法,也未经严格的科学论证。对天花在南美所造成的惊人杀伤力的质疑,迫使历史学家反过来思考有关 16 世纪前后南美人口数量突变的结论究竟是否实在,思考同殖民者的接触而引起的当地居民在社会、经济及其生活方式方面的变迁(如农业耕作方法的改变、煤矿劳力需求的上升等),是否比欧洲人带去的天花病毒更大程度地导致了印第安人死亡率的迅速攀升。最后这一点是很重要的。因为虽然在欧洲人到达那里的一百年之内,美洲土著人口的损失未必高达99%,但这个比例至少不会太低于 80%。可惜,本书对这方面的讨论颇欠充分。

本书的作者们极其重视在历史学细部研究所要求的复

杂性与历史叙事所要求的完整性之间保持恰当的张力。过分沉溺于细节性、技术性的探讨,会使经验研究因为完全无益于对历史时代感的把握而失去其生命力;但如果不从必要的细部考察入手,缺乏专门化的技术支撑,又极容易产生过时的、误导的大尺度历史概括。历史学家要使自己的研究成果进入尽可能广泛的读者层,必须进行这种大尺度的概括(the big generations);但与此同时,他们也必须努力避免将历史叙事过分地简单化。这也许就是本书在它所讨论的具体主题之外,给予读者的最重要启发。

    (原载《文汇报》2005 年 6 月 26 日"学林"版。发表时与王玉珍共同署名)

读 J. R. 汤森《中国政治》

"旁观者清",这句老话包含相当的真理。如玛格斯塔特所说,关于美国政治的某些"经典性"研究就是出自外国观察家之手,像托克维尔的《美国的民主》、布赖斯的《美国人民》等等。研究中国政治的学术出发点,应当与服务于阶级斗争或其他形式的中国现实政治目标保持一定的距离,这种意识和实践在中国学术界的出现还是十分晚近的事,而且它们至今尚不能说已完全成熟。因此本书也才对我们特别有意义。

作者在他的书里所进行的中肯分析,不仅表现出他对本研究课题所抱"同情的理解"的可贵态度,也向我们显示出,与在其他社会科学领域内的情形相似,中国的特殊国情和独特政治立场,并不妨碍现代政治学以其带普遍性的概念、范畴和分析框架来对它进行描述,尽管不同研究者得到的具体结论可能会有很大的差异。

作为对中国政治的一种十分规范化的研究著作,本书长久以来一直是美国大学里相应课程的基本教学参考用书。中国读者则或许会吃惊地发现,他们在长期政治生活中所积淀的某些感性体验,往往被本书作者用简练的言词明确表达出来了。不过这些并不意味着本书可能为形形色色的当代中国政治的研究课题提供足够的或最合适的概念构架,或者展示了有关概念、范畴之间唯一可能的逻辑联系。作者本人也反复强调,应当根据所欲考察的中国政治的不同时代或专

题的具体特点或性质,去选取最适用的概念工具以及逻辑地
联系着这些概念的解释框架。

这本书的讨论主要采用宏观政治分析方法。它基本上
包括三方面的内容:用紧密地与哲学方法相联系的规范理论
(normative theory)来描写意识形态和政治的社会化;以制
度分析来考察政治架构及其演变;以过程分析来展现政府过
程、政治利益及其冲突。至于由盖洛普测定技术的确立而兴
起的对公众政治态度的详密观察,以及在此基础上渐臻完善
的角色理论、群体理论等微观政治学方法,则由于资料条件
的限制,只能在社会化、大众利益表达等有关部分稍有涉及。
即使就宏观政治的层面而言,全书差不多完全没有谈到民族
问题和宗教问题(二者又经常密不可分地互相联系在一起)
对当代中国政治的影响。不能不说,这是本书的一个重大
缺憾。

（本文原载《文汇读书周报》1997 年 6 月 14 日）

良心照察下的国际政治
——《中国的世界精神》①导读

呈现在读者面前的这一册时事评论结集，是从徐复观先生一生最后三十年间（也就是 1950 年代至 1970 年代）发表在港台报章杂志上的有关国际政治的述评、随笔中编选出来的。在上述三十年中，徐复观的个人生活经历了几度曲折转变：先是脱离国民党官场而尝试一面在大学教书，一面主办某政论杂志，四五年后终于将自己的主要精

《中国的世界精神》书影

力转向古代中国思想文化史的教学、探讨，到 1969 年又因故从台湾东海大学退休，移居香港而专注于学术研究与写作。与这番"漫长而艰苦的研究历程"相始终②，他同时也一直关注着自己所在的那个社会及其方圆以外整个人间世界的重大动向或事件。因此，三十年里，除了等身的学术专著，他还断断续续地撰写出数量巨大的时评类杂文，而其中相当一部

---

① 《中国的世界精神：徐复观国际时评集》，姚大力编，上海：华东师范大学出版社，2004 年。
② 语见徐复观《杂文自序》，见《徐复观杂文》，"时报书系"241，台北：时报文化出版事业有限公司，1979 年。

分即以国际政治为话题。

徐复观的杂文写作,或许部分地与"稻粱谋"有一点关系。特别是在香港的十多年,用他自己的话来说,"要靠这些杂文和刊出这些杂文后面的友谊来维持生活"。然而,驱使他欲罢不能地无法忘情于杂文创作的最重要动力,还是来源于以超乎一己之私的情怀去切入人世、直面人类生存困境的儒家人生态度。他说,是他的"良心"在压迫着他"不能不写"。因此,在香港,"每星期七天,五天时间我是面对古人。一天半或两天我又面对当代。这种十年如一日地上下古今在生活中的循环变换,都来自我们国家的遭遇对我所加的鞭策"①。这样的心境,往往更直接而明确地透露在他的诸多杂文之中,其程度要远远超过它们在更加专门化的学术论著之中所获得的表达。

我们都知道,有关国际政治的时事评论,就像新闻一样,它的生命力经常与最强烈的时效性紧密联系在一起。当今的读者在披阅徐复观的国际政治杂文时,是否会产生某种"恍若隔世"的疏离感?这种疏离感甚至具有双重的性质:因为不仅这些杂文的写作年代距今多已长达三四十年之久,而且它们整个地属于那个特定的"冷战"时代,亦即从二次大战后开始的、分别以美国和前苏联为轴心的世界两大阵营之间对峙和敌视的历史时代的产物。时至今日,尽管人们在如何看待1990年代以往的国际政治格局方面还存在很大的分歧,"冷战"的终结无论如何总已是为绝大多数人所接受的一项共识。既然如此,现在推出这样一本书,会不会从一开始就是一桩过时的举动?

------

① 语见徐复观前揭文。

　　我们也知道,国际政治学作为极具实践性、因而在各国都受到政府和社会大众普遍关注的"显学",本是一个涵盖面很广泛的庞大知识领域。不同的国际政治学家可能聚焦于不同的重大国际问题,从而将这个庞大领域进一步分割成许多高度专门化的学术分野,诸如外交与国际法,武力裁减、防止核扩散和国际关系中的武力使用,国际合作组织和国际体制,生态、自然资源与人类的可持续发展,国际社会中的人权与正义原则等等。当然,学者们还会按照他们所服膺的不同学术流派所主张的不同理论预设,或它们切入问题的不同视角,去阐释国际政治中的种种事件与现象。虽然在今天,流派纷呈的当代国际关系论坛显现出比往日更为动态、更加多元化、更错综复杂的面貌①,但是那些五花八门的理论主张,其实大多数在二三十年之前就已经以这样或那样的形式现身了。徐复观虽曾在某个农业院校里讲授过"国际组织与国际现势"这样一门课,但他实际上并不是一个国际政治学家;他对国际政治的思考评论,似乎也不曾与当日国际关系理论的"谱系"发生什么直接的关系。在这个意义上,他的见解可以说是"非专业"的。

　　我们同样知道,在他的最后三十年里,徐复观从一个"曾经尝试过政治,却万分痛恨政治"的人,成就为著作丰富的"儒学思想家",成为熊十力之后与唐君毅、牟宗三并列的现

---

① 　例如"后经典现实主义"学说就在近十年里崛起于国际关系理论的现实主义学派内部,并向冷战时期长时间地在西方学术界居支配地位的新现实主义传统提出有力的挑战。而各种自由主义的理论,包括强调相互依赖共存的新自由主义制度学派乃至民主自由主义学派等,也都在"后冷战时期"变得异常活跃;民主自由学派的麦克尔·多伊勒甚至大胆地预言,自由民主化在全球的胜利将发生在 2050 至 2100 年之间。参见 S. G. 布鲁克斯《争论中的现实主义各学派》,《国际组织》卷 51·3(1997);S. M. 瓦尔特《国际关系:一个世界,多种理论》,《外交政策》1998 年春季号。后一篇论文概括地讨论了冷战时期国际关系理论的各种主要范式及其在后冷战时代的新演变,尤可参阅。

代新儒家阵线中的代表性学者①。不难推想,徐复观的国际
政治观,亦以儒家传统作为重要的思想资源。问题恰恰在
于,传统儒家的世界秩序观念,以"天下中国观"作为核心,中
国不但是天下的中心所在,而且简直就是天下唯一的国家。
对世界秩序作如是想象,既然阻抑了与均衡的多国体系有关
的各种观念、制度的发育和成长,在儒家传统中因而也就难
以发展出对国际政治的必要意识以及相关的知识技术体
系②。就国际政治问题而言,儒家思想充其量不过是一脉"贫
矿"。所以,凭藉儒家传统议论国际政治,对常人来说,难免
会产生以尺短之拙奋臆遽谈的畏忌。

　　然而,令人吃惊、更令人深为佩服的是,时过境迁数十

---

① 徐复观在《旧梦·明天》一文中为自己的墓碑预拟了一则三十字题铭:"这
里埋的,是曾经尝试过政治,却万分痛恨政治的一个农村的儿子——徐复
观。""儒学思想家"的定评,见杜维明《徐复观先生的胸怀:为纪念一位体现
忧患意识的儒学思想家而作》,《中国时报》1983 年 5 月 1 日。关于徐复观
在现代新儒家传统中的地位,见余英时《血泪凝成真精神》,《中国时报》
1982 年 4 月 2 日。

② 以"天下中国观"为核心的儒家世界秩序观念,通过两种方式来协调自身形
态与现实世界之间的不一致。一是将相对独立乃至完全独立的国家或地
区边缘化。为中央王朝的权威辐射体系所笼罩的世界被分为两个部分,即
由国家编户齐民所组成的中央王朝的直接统治区,以及"朝贡"地区。后者
又可以分为三个层次:一、被纳入中央王朝官职体系、由中央王朝行使间接
统治权的"羁縻-土官"地区;二、履行朝贡义务但不接受中央王朝官职委任
的国家或地区;三、只有互市而与中国没有任何臣属关系,但也被看作属于
"朝贡"体系的国家或地区。在这样的世界结构中,尽管中央王朝的控制力
随上述四个层次的空间转移而逐次递减,终至于零,但在观念上它仍然被
认为是覆盖了全部已知世界。二是将汉文明核心地区在历史上的多次分
裂看作只是统一国家衰败时的不正常局面和下一次统一的孕育期。而分
裂时期国家与国家之间的征服和统治关系,于是也就从国与国之间的关系
被转换成了为实现"中国"内部的统一而进行的征服和统治的关系。因此,
传统中国分裂时期存在于操作层面上的处理"国际关系"的惯例、规则和外
交实践,只是一些"权宜之计"。它们似乎完全没有触动意识形态层面上儒
家的世界秩序观。

年,回头来阅读徐复观所写的那些多半属于即兴式、随感式的国际评论,我们发现它们竟然完全超越了上面提到的种种看来很难规避的客观限制,而使今天的人们依然能强烈地体认出一个处于失望之中、却始终未曾失望的智者对他那个时代的思考,以及其中所蕴含的洞见、关怀与虎虎生气,并使人深深地为之感动。

成都"武侯祠"里有一副著名的对联,上联的最后一句写道:"自古知兵非好战"。徐复观的国际政治杂文,不见得是国际政治圈内的专门者写得出来的。它们更贴近一般人们的思想和理解方式,却又以其极于高远而卒反就于平实的睿智引导读者去超越常识(但绝不违背常理)。我想,也许这就是本书的最大价值之所在。

西方国际法的奠基者 H. 格罗梯乌曾将他于 1625 年出版的《论战争与和平的法律》一书献给法王路易第八。他宣称:"因本书乃以正义的名义写成。"我们不应怀疑,格罗梯乌这句话至少带有某种程度的真诚和理想成分;但我们同样也无法怀疑,国际体系中以强凌弱、以冲突与勾结互相推动的"无秩序"性质,直到今天仍然是一种更大程度上的现实。在这样的背景下,对某一方滥用强力的最可靠制约,只能是对立的那一方手里旗鼓相当的实力。在有些至关紧要的历史关头,理想和现实的尖锐矛盾甚至使人无所适从。R. 阿隆说过,如果法国在 1933 年采纳皮尔苏兹基元帅用武力推翻希特勒的主张,那么它无疑是违反了不干涉他国内政的原则,并侵犯了德国人民自由地选择国家制度和领袖的权利;而另一方面,历史学家也就永远不可能知道,此举将可以使人类避免何等巨大而持久的灾难。阿隆接着写道:"现在对这段还不能算已经完全过去的历史进行带反讽意味的评论,我并不想暗示其中存在的道德问题,而是为了指明国家间关系之真实性质的某些后果。由于各国至今坚持将法律操纵在自己手里,并且只是从他们自身的荣誉出发考量形势,因此最终地分析起来,国家的生存只能依赖于各国实力的均势,而政治家的职责所在,则是将那个以命运托付斯人的国家置于最首要的考虑。国家的这种自我中心主义,是从支配着国家之间相互关系的、哲学家们所谓的'自然状态'中逻辑地派生出来的。"①

第二次世界大战之后的几乎半个世纪里,世界政治格局中强国均势的最基本的历史特征,就是它从战前由五六个大国支配世界的多极体系转变为由美苏二霸担纲的两极均势。但自1960年代末期以后,这幅过分简单的"均势图"越来越难以体现国际政治的复杂情状。因此,徐复观在1970年代的第一年便在他的时评中提出,以美、苏、中的"三角关系为主的国际政治"时代正在到来②。

在他看来,这种变化是由几方面的因素促成的。其一是美国在"越南战争综合症"(以及稍后发生的1970年代前期的西方经济全面滑坡)的影响下显示出一派衰相,导致它在国际问题上的"软体化"。当日的中国人甚至用这样一个生动比喻来形容他们想象中的美国国势:"大船破了,还有两担钉。"其二,上述形势当然使苏联在美苏对峙中渐趋上风。"从去年(引者按:此指1968年)八月出兵侵占捷克为一明显标志,苏联在东欧,在中东,在地中海,在南、北非,在远东,在印度洋,在大西洋、太平洋,不是为所欲为,便是步步进逼。

---

① R. 阿隆《和平与战争:一种国际关系的理论》,R. 霍华德和 A. B. 弗克斯英译本,纽约:弗里德里克·A·珀莱杰出版社,1968年,页580。
② 见徐氏《七十年代的国际三角关系》,已收入本书。

……可以说,苏联占尽了便宜,美国吃尽了苦头。"①其三,从中苏分歧的公开化直到双方在边境以兵戎相见,又表明"共产主义阵营"非但不是铁板一块,而且"国际角逐的基线",正在从苏、美对抗滑向中、苏对抗。因为这样的形势,中国被"在国际行情中估计得日益强大";而美国则力图利用中、苏、美的三角关系,重新争取在均势中的主导地位。徐复观写道,尽管美国官方几次三番地公开表白"无意用中、苏冲突以取利。……但中国人熟悉庄子'以无用为用'的思想,所以立刻了解到美国人所说的不用,正是想利用"。"西和东紧"的局势使中美关系的缓和成为势所必然:在他作出这样预言的时候,中国人还没有开展"以小球推动大球"的"乒乓外交";毛主席在即将发表的著名的"五·二〇"谈话中,仍将号召"全世界人民团结起来,打倒美帝国主义及其一切走狗"。徐复观的看法显然不能说是没有眼光的。

在徐复观标揭"三角关系"论的时候,中国大陆的外交所推行的,是一条"第三世界路线"②。这条路线的基本战略,是

① 徐复观《美国世界战略的转换》,原载《华侨日报》1969 年 9 月 26 日。在从1970 年代到 1980 年代的整个冷战后期,恐苏症是一种相当普遍的国际思潮。虽然有些学者,如强调国际权势均衡的新现实主义学者肯尼斯·华尔兹,在 1980 年代业已指出,苏联正在走向退坡;但它没能阻止上述思潮的流行。当时的美国总统里根就曾宣称,"他们(指苏联——引者)已经全方位地超过了我们","已成为世界上最强大的军事国家"。中国在那时将"苏修社会帝国主义"列为自己的头号敌人,并且因此而寻求与美国的缓和,这也部分地与上述思潮有关。

② P. V. 奈斯指出,在共和国的前四十年中,中国在处理外交关系时的身份认同主要由两个部分组成,即将自己定位为既属于第三世界,又是一个社会主义国家。因此中国在这个时期的外交政策可以划分为以下三个阶段:"社会主义路线"时期(1949 年至 1957 年),"第三世界路线"时期(1960 年至 1970 年),以及"现代化和向西方开放的路线"时期(1978 年起)。见他的论文《作为第三世界国家的中国:外交政策与官方的民族国家认同》,载狄默尔和金主编《中国寻求民族国家的认同》,康奈尔大学出版社,1991 年。

竭力促成"七处冒烟,八处点火"的世界革命形势,将毫不妥协地站在反对"美帝苏修"两霸立场上的中国看作是代表着人类进步的责无旁贷的时代中坚。和"第三世界路线"相比较,"三角关系"论对中国在世界政治中的价值定位自然有巨大的差异。但是二者对中国在国际均势中的分量估计却颇有一致之处,即把中国视为决定全球战略局势的三大主角之一。

很可能与中国大陆的绝大部分人一样,徐复观当时大概无法知道,中国经济那时候已经在"抓革命,促生产"的响亮口号下逐渐走近"崩溃的边缘"。即便如此,中国的地位还是被他估价得过高了。他的"三角关系"论,很大程度上来自基辛格。但基辛格对当日国际局势的见解似乎还没有如此偏颇。他说,从军事意义上说,仍然只有两个超级大国,即美国和苏联;在经济方面,则要加上日本和西欧;在政治方面,那就还必须把中国算进去——但他又急忙补充说,中国与其他大国"仍然有巨大的差别"。基辛格在阐述"军事上两极而政治上多极"的国际格局时,总是不忘记将欧洲和世界其他地区(包含中国)并提[①]。那么,是什么原因使得徐复观如此看重"三角关系"的意义呢?

我想,在徐复观对当日局势的看法里,有一个观念一直导致着他思想深处不由自主的紧张和忧患。这就是从当时看来势力已压过美国的苏联在与西方缓和的同时,正加紧准备"中、苏对决"。1969 年夏天,他写道:当前苏联的世界战略,是钳制美国,稳住美国,进一步把中国以外的亚洲诸国组

---

① 见基辛格《美国外交政策的中心问题》,载《美国对外政策(论文三篇)》,复旦大学资本主义国家经济研究所、上海市直属机关"五·七"干校六连汉译本,上海,1973 年;《基辛格抵莫斯科》(法新社华盛顿电),载《参考消息》1973 年 5 月 6 日。

成对中国的经济、军事包围圈,最后达到解决中国的目的。同年底,他又写道:"苏联多方面的外交活动的目的,只集中在一点,即是对中共要使用军事的闪击战加以重点的摧毁,要使在外交的部署上用安排'金锁锁金龙'的方式把中共困死。"①因此他以为,遏制苏联扩张不但已经成为美国和中国的共同利益,而且也是中国摆脱这一凶险的最好选择。

从徐复观的政治立场来说,他原本或许并不喜欢看到中美关系的缓和。但当他面对苏联"对新疆的土地与铀矿的获得,及在大陆上树立一个傀儡政权的野心"时②,徐复观毫不犹豫地表示,"只要是中国人",就只能有一种共同的立足点,"即是维护自己国家领土主权的完整,在这种地方,不应当有两种看法"。在后来的中越战争爆发时,他又写道:"我想只要是中国人……不论对国内政治问题的意见,是对立得如何尖锐,但我深信,这类关系国家民族千百年利害荣辱的对外战争,是作为一个中国人所应勇敢接受的最基本的考验"③。对1976年末苏联发出的与中国的和解表示,他同样写道:"我站在一个中国人的立场上认定,假使苏联有和解的诚意,必须把驻在外蒙的苏军完全撤出。"④看来,对中国面临外来威胁的命运安危的严重关切,使徐复观"站在一个中国人的立场上"而超越了意识形态对立的限制。他说过:"站在人的立场,不能不讲良心。站在国家的立场,不能不计利害。"⑤他的"三角关系"论,

---

① 见《苏联当前的世界战略》,原载《华侨日报》1969 年 7 月 21 日;《岁尾年头看世局》,原载《华侨日报》1969 年 12 月 30 日。

② 《美国世界战略的转换》。

③ 《终于要打这一仗》,原载《华侨日报》1979 年 2 月 19 日。

④ 《一九七三年的待望》,原载《华侨日报》1973 年 1 月 3 日;《苏联"有限主权论"的扩张与贯彻》,原载《华侨日报》1976 年 11 月 3 日。

⑤ 《以色列人应放弃"冤冤相报"的观念》,原载《华侨日报》1974 年 5 月 23 日。

似乎并不完全是从国际均势的观照中推导出来的,而且也反映出他情不由衷的爱国之心。十分可能,正是这种对国家和民族前途的发自内心的关切,使他在无意之间就放大了"三角关系"在当日国际政治中的意义。

诚然,面对纷纭复杂的国际形势,任何一个有现实意识和负责态度的人,都无法回避如下的问题,即如何在国际社会中去推动和巩固能够最大限度地实现自己国家正当利益的权势均衡。尽管如此,徐复观没有因此陷入阿隆所谓"国家的自我中心主义",把保持对自己有利的战略均势看作国际政治中压倒一切的目标。

1971 年 3 月,原属巴基斯坦东部疆土的人民争取自治、起码公民权和自由的群众运动遭到政府的残酷镇压。上百万人被屠杀,上千万人逃亡到印度,由此导致巴基斯坦内战的正式爆发和孟加拉国独立宣言的发表。从地缘政治的角度考虑问题,孟加拉的建国运动受到正与巴基斯坦相敌对的印度的支持,而印度的背后则是苏联;因此巴基斯坦对东部领土统治权的瓦解,意味着苏联势力在南亚次大陆及印度洋地区的扩张。然而徐复观并没有被"均势"的迷魂汤灌得六神无主。他虽然"一向是反对苏联的野心和手段的",但这次却明确表示,若站在是否尊重孟加拉人民意愿的立场上看问题,则苏联的态度较之美国"实在有更多的说服力"①。难能可贵的是,"两大阵营"对峙的严峻局势和利害算计,没有能动摇他对"人民决定一切"这一原则的坚定信念。

---

① 《人民决定一切:印、巴之战应有的归趋》,原载《华侨日报》1971 年 12 月 16 日。关于这件事,又可参见 1971 年 12 月 6 日《人民日报》社论:《荒谬绝伦的逻辑,明目张胆的侵略》。

推动或调整国际均势的结构,必须采纳正当的手段。在这方面,徐复观原则上不同意那种机诈式的"外交奇招"。中国历史上的战国年间曾是"纵横家"逞雄天下的时代。那时候,"游说权谋之徒见贵于俗……左右倾侧……横则秦帝,从则楚王;所在国重,所去国轻"①。但对战国以"波谲云诡"的诈术代替春秋时尊礼重信的时代风气,徐复观一无好感。1970年代出现了一位轰动一时的现代纵横家,就是先后做过尼克松和福特这两个美国总统的国务卿、以擅长"高峰秘密外交"著称的基辛格。同样地,徐复观对他也不欣赏。他称他为"西方鬼谷子",称他是"机灵的大滑头",说他呈现了一副"机巧变诈的形相""赌轮盘的大亨的形相"②。从一次大战以来,秘密外交的批评者一向指责它是"叛卖的帮凶",是在各国政府之间以及政府与它的人民之间导致不确定关系和误解的根源。但是,国际社会面临的现实,使各国至今还只能在"公开缔约,秘密达成"的共识性限制下,有条件地允许这种"必要的罪恶"继续存在。徐复观没有一概地反对秘密外交。他也承认美国当初对自己的外交战略进行大幅度的调整乃有"不得不然"的历史理由。但他反对尼克松和基辛格们"以闪电的方式","在一眨眼之间","在事先没有半丝半毫的朕兆"的情况下,便公然违背自己从前的盟约与承诺。他因此将这种手腕称为"尼克松外交的污点"。他说:"尼克松是有些外交手法的,但手法太高明之处,即是他的污点所在。"③

不幸而被他言中。在徐复观批评尼克松"手法太高明之

① 刘向《〈战国策〉书录》。文中"横"、"从"(即"纵"),分别意谓连横、合纵之策的成功。
② 《国际政治上日本又迎到了一阵神风吗?》,已收入本书;《美国国际政治形相的重建》,原载《华侨日报》1975年6月15日。
③ 《尼克松外交的污点》,已收入本书。

处，即是他的污点所在"后不久，便发生了有名的"水门窃听"
事件；又一年后，这桩丑闻东窗事发，引起"白宫的大地震"。
结局是尼克松被迫辞职。虽然最终导致他栽跟斗的不是"外
交的污点"，但那"污点"的根源却是相同的，即以施行诈术为
高明，结果反而为聪明所累。有人说，"水门事件"不过是后
台政治中的家常戏，尼克松只是稍欠运气而已。这等于是
说，因为人类社会做不到杜绝偷盗，所以就不应当惩治偷盗，
甚至视惩治偷盗的主张为"幼稚"。徐复观对这种以玩世不
恭为深刻的立场深自不以为然。所以他说："道德没有什么
形而上学，只是在诚实的生活上立基。"所以他会感叹地问
道："何年何月，我们才能出现水门事件？"①

　　徐复观对尼克松"外交奇招"的批评，应该带有某种程度
的切肤之痛。但同时，这也完全符合他所信奉的人类政治中
的根本价值。
　　这种根本的价值，就是以仁爱为内容的道德自觉；徐复
观在不少场合直接叫它作"良心"。他说："'不忍人之心，人
皆有之'，这是无间于中外，而可当下加以证验的。""顺着良
心所发出的简单平易的良知良能，永远是人类向前生存，向
上发展的基点。真正伟大的事功，都必须由此一基点伸展上
去。"良心使人们能够超越这种或那种特定的信仰，自然而然
地使他们汇合在一起。在这个意义上，良心可以成为真信仰
的见证："人只有在良心上超越了他的信仰，才可以证明他所
信仰的是上帝。良心的隐退，即是上帝的隐退；于是而始有
各种不同信仰的斗争、排斥。"因此，走出冷战的根本途径，在

① 《美国政治的梦魇》，原载《华侨日报》；《何年何月，我们才能出现水门事
　件？》，已收入本书。

于仁爱精神和良心的发扬①。徐复观指出,正是在这一点上,中国文化显示出它独特的优越性。

他认为,在西方,对道德的价值体认最深的,莫过于康德。"但康德必须用二律背反的方法,费这大的思辨力量,以证明道德理性的存在。这是说明西方文化的习性,不把人当下可以验证的道德事实加以承认而肯定其价值;……于是每一个人所具有的仁爱之心,不能在学术文化上取得其应有之价值地位……致使人性中最宝贵的这一部分,被抑压泯没,不复在人生社会中发生应有的作用。"②中国文化却是"在具体生命上立脚的文化;是在具体生命与具体生命之间直接晤面的文化;[它]……以具体生命的自我完成为目的"③。所以儒家文化"抓住人心当下一念所自然呈现出来的不忍人之心,亦即是仁爱之心,确定其为人生根本价值之所在"。正因为如此,儒家总是能够把中国人的感情,在紧要关头"从直接的利害中推扩出去,从仇恨中转出伟大的爱来"④。徐复观把这种"伟大的爱"看作人类希望的根本之所在。

理想主义的色彩,就这样弥散、穿透在他的全部国际时评中。东西方的"鬼谷子"们尽可以自以为深刻地讥诮徐复观说:"你何曾看见过有什么'理想'能真正地在国际政治中落实?"但这样的诘难不过暴露出诘难者自身极其肤浅的深刻,或曰极其深刻的肤浅而已。一般人在现实生活中,的确很难做得到以理想为唯一的行事准则。但理想是远方的地平线,它不即不离地指引、鼓舞着人们朝前走,从而使人和人

---

① 见《当前思想家的任务》,《一个中国人读尼克逊的就职演说》,《上帝·良心·南越》,均已收入本书。
② 《当前思想家的任务》。
③ 《在日本暴力主义的背后》,已收入本书。
④ 《何应钦在日本》,原载《华侨日报》1951 年 5 月 4 日,署名司托噶。

类社会能不断地获得提升。相形之下,徐复观的"天真"比鬼谷子们的自以为是还要深刻得多、宝贵得多。他的答复,其实也早已经写进了他的评论。他说:"把问题摆在时间的平面上看,良心似乎无凭而更无力。但把问题拉长在历史之流中去看,则良心是可凭而又是有力的。"①

以良心为道德内容,以当下、直接的照察和判断来紧扣良心、印证良心。很明显,这样的理想主义主张,是以宋明新儒家作为思想资源的。不过,徐复观立基于理想主义的国际政治观,又超出了宋明新儒学的时代限制。在他看来,在现代环境中"人同此心,心同此理"的法则,集中地反映在自由的市场经济、民主政治和以政府行为来调整自由经济下财富及其他生活资源分配的社会主义这样三种重要的制度体系之中。关于三者能否从中国本土的传统中独立生成并发展起来,理论家们可能还会继续争论一百年。徐复观的视角,则是要为它们在当代中国实现成功的重建,而在中国传统中开发出为制度榫接所必需的本土资源。以这样的逻辑去理解徐复观,我们才能懂得,例如关于民主政治,为什么他有时候说中国文化精神是"可真正培植民主自由的基础",有时候又慨叹儒家没能构建出与实现民主政治的目的"相适应的手段",甚至把这一点看作是"东方人的良心呈现所受的最大的限制"、中国文化中"最大的污点"②。他的基本见解其实是一贯的,其中本不存在什么摇摆或恍惚不定。

所以,笼统地用"新儒学"来界定徐复观的国际政治观,是很容易导致误解的。为此,学术界有时候会把现代新儒学

---

① 《良心·政治·东方人》,已收入本书。
② 见《中、美关系的回顾与前瞻》,《南韩今后的道路》,《良心·政治·东方人》,《美国水门事件的归结》。均已收入本书。

称为"新的新儒学"（New Neo-Confucianism），以便将它与专指宋明理学的"新儒学"（Neo-Confucianism）区别开来。主张在现代制度环境中去推展儒家文化，这是以徐复观作为代表之一的现代新儒学立场的一个最显著的特点。在这个意义上，我们可以说，徐复观所阐扬的"中国的世界精神"，即是现代新儒家的"世界精神"。

现代新儒家的世界精神，与国际关系理论中以"自由民主主义"为标帜的一个新自由主义学派的见解颇有相近之处。二者都带有很强的理想主义色彩；都把政治民主的扩大看作实现世界和平的关键；都把各国的国内政治看作是与国际层面上权势与利益争夺同等重要甚至更加重要的国际政治活动及国际关系变化的动力。徐复观说，凡属重大的政治决策，往往无国际、国内之分，这一点"却容易为人所忽略。一个国家，内政所要求的，常常形成国际政治活动的方针。而国际政治的大势，也常常反转来，决定内政各种发展的方向"①。对各国国内的重大事变和社会文化的思考，因而也就构成了他观照国际政治的重要组成部分。

世局的变化实在不容易穷尽。在掂量各国的国内政治时，徐复观想守住的，是一种"直指人心"式的根本尺度，就是看它们是否贴近大多数国民的意志。不少政治家把民意看作是可以操纵、玩弄甚或劫夺的东西。徐复观则与这样的人截然不同，他对民意抱有极大的敬畏之心。他说："人民的命运，必须操在人民自己手上；人民的错误，让人民自己去修正，这是较之任何'代天行道'的政治观念和组织形式，更能

----

① 《在和平中战斗：对国际局势之一探索》，原载《征信新闻报》1964 年 1 月 1 日。

给人类以安全感。"其实,所谓"理义",并不是什么高深不可测的东西,所以也本不必非由某些先知先觉者来传授给人民。"多数人的好恶之情即通于理,多数人的利即通于义。所以多数人的自身,即是情与理、义与利之间的结果。"①

徐复观对人民意志的见解有两个强调点,一是他认定大多数人的判断,在大是大非上一定可以成立,所以是不应该违反的。他肯定儒家关于人民"愚而神"的看法:"从知识分子的知识水准来说,人民是愚。但对于大是大非,大利大害的判断能力,人民反常在知识分子之上。……所以儒家便认定人民由是非利害的判断而来的好恶,是可以信任的。"②二是他坚持人民是具体的,由每一个不可忽视的个体所构成。他对以下那种高论持强烈的抵斥立场,即认为"个体不过是全体的符号;符号本身没有价值,价值是在作为实体的全体"。如果以"人民"这个"不可捉摸的全体"作为名义,去否定个体的自由意志及其现实存在,其结果必定走向对真实意义上人民的否定③。这样政治要维持下去,就必须要靠镇压和以镇压相威胁,同时也要靠欺骗来愚民。徐复观写道:"现代愚民的方法,第一是不要人民知道统治者的内情及世界各国比较完整的情况。第二是夸张歪曲一套一套的半虚伪乃至全虚伪故事。第三是对问题,对资料,不作客观性的解释。第四是在价值判断上,不能留有可资比较、选择的隙缝。因此,必然要采用彻底垄断传播机构的手段。"④他是在描写"苏联特务"在葡萄牙的行径时说这番话的。但这部"现代愚民经",难道不是活脱脱

---

① 《自由主义的变种》,原载《华侨日报》1964年5月23日、25日。《民主政治的另一角度:情理义利之间》,原载《华侨日报》1974年9月17日。

② 《苏特在葡国的策划,启示了我们些什么》,已收入本书。

③ 《共产主义的危机:论苏俄政变》,原载台北《"中央"日报》1955年2月22日。

④ 《苏特在葡国的策划,启示了我们些什么》。

地戳穿了天底下一切自以为聪明的愚民政治家及其帮凶们（包括有知识的帮凶）都奉行不讳的看家把戏吗？

在现代政治条件下，徐复观认为，人民欲掌握自己命运的意志，从根本上来说，是在追求自由与平等这两大价值、两大目标的过程中实现的。在自由的基础上发展出民主政治；近代民主政治下的资本集中和贫富悬殊的不平，便激发出社会主义。在徐复观眼里，民主政治和社会主义同样是"人类智慧所提出的人道主义的巨大里程碑"。但是按照他的观点，正像以平等抹煞自由会毒化了民主政治一样，以暴力革命实现的、专政形态的、消灭资本私有制的社会主义，也很容易因为排斥民主政治，而发生"以统治集团的压迫代替资本家的压迫"①。因此，他将欧洲政治的走向定义为"民主社会主义"；它是在保持民主政治"主体性"的前提下，"在民主体制运行之下实行社会主义"。他预言：这"是当前的一个事实，也是未来的一种希望"。他一直在提倡"中道的政治"。现在我们明白，他所谓"中道"的一个重要的内涵，就是民主和自由之间的"中道"。

值得注意的是，徐复观写下这些见解时，冷战还远远未曾结束，也很少有人能预见到它在不太久的将来居然就会结束。纵观世局的前瞻能力，有时并不来源于秘密情报的掌握、与高层人物密切交往的特权、一大堆技术性的知识，或者诸如此类的因素。以"咬定青山不放松"的坚信去固守良心照察之下带根本性的是非原则，这样做看起来像是有点迂阔。而徐复观在思考国际政治时表现出来的前瞻性，似乎恰

---

① 《今年欧洲大选所表现的政治方向》，原载《华侨日报》1976年10月16日；《略谈民主社会主义》，《和平与民主：略论苏联沙哈罗夫获得的诺贝尔和平奖》，均已收入本书。

恰是来自他的此种迂阔。

　　凭藉着良心照察下的大是大非原则,徐复观对很多国家的内政外交的决策与实施,重大事件、社会文化现象乃至政治活动家个人,做出了代表他个人立场的批评甚至抨击。毫无疑问,他的言论,也不都是无可商榷的。例如1969年,韩国政府宣布从下一年度起全面废止韩文中保留的汉字,包括原先列入中小学教育的六百个基本汉字在内。从韩国后来又部分地恢复了韩文中的汉字使用(特别是在标题、专用名词的范围内)来看,徐复观对骤然之间欲全面废除汉字的决策持批评态度,是有一定道理的。他说:"文化基本问题的解决,总当行之以渐,积之以时。以政治强制之力,行之于一旦的方式,我觉得是非常值得怀疑的。"①这个结论也完全值得引起人们深思。问题在于,至少是在行文中间,他对"文"(语言的书写系统)和"字"(语言书写系统所使用的符号)这两个不同概念完全不加以区别。韩文与日文中的汉字符号已经分别地融合为韩文和日文的一个组成部分;它们已经是与"汉文"根本不相同的概念。徐复观反问道:"为什么不可以把汉文当作中、韩、日三国的共同文字,而依然要视为'外来语'?"对此,我们的回答断断然应当是:"当然不可以!"从客观效果上说,他的这个见解带有汉民族沙文主义倾向,虽然这未必是他的本意。另外,当时的中国大陆,正在开展如火如荼的"文化大革命"。徐复观把韩国政府的上述决策与中国的"文化大革命"相提并论,这也是十分不妥当的。

　　那么,他在国际政治方面写就的大量批评性文字,是否

────────────────

① 《韩国的文化大革命》,已收入本书。

会有"干涉别国内政"之嫌,甚至因此引起被批评方的抗议和
外交纠纷呢? 我们的回答仍断断然应当是:"当然是不会
的!"这样回答有两个理由。

　　人们对国家主权绝对性的认识,近十多年来正在发生非
常重要的变化①。但是无论如何,主权国家在可以预见的未
来,仍然是参与国际政治的最基本角色。一个国家的政府或
政府要员随便对别国内政说三道四,当然可能引起邻人的不
快甚至抗议。但是一般个人的言论与政府立场无关。政府
本不必、也做不到为本国每一个公民的言论去承担什么责
任。实际上,也只有迷信"舆论一律"、思想强制的政权,才会
自我作祟,担心邻国把自己国内老百姓的个人意见误解为本
国政府的立场。虽然如此,以"引起外交纠纷"为由限制普通

---

①　国际政治学从不止一个角度提出对国家主权绝对论的怀疑。里因尼克在他
的《全球公共政策:不经由政府的管理是可能的吗?》(华盛顿:布鲁金斯研究
所出版社,1998 年)一书里提出,自 1960 年代开始的全球经济互相依存的长
时期量变趋势,已经在 1980 年代后期质变为真正全球化过程。全球化并不
挑战以领土完整为基础、而由国家边界来标志的"外在主权",但它确实在削
弱政府的"内在主权",即政府在国家疆域内决定其公共政策的权力。另一种
看法认为,国家主权在不少场合会蜕变为某种偶像崇拜的形式,成为对内实
行残暴和不公正统治的政府回避合法的外部监察的挡箭牌。冷战结束以来,
这成为越来越多国家的共识(也有持相反意见的)。在绝对主权论的动摇方
面,有两类极其显著的例证。一个是欧洲共同体的成长;另一则是以人权
为理由、未经当事国同意而实施的对入侵科威特的伊拉克、前南斯拉夫、索马
里、卢旺达、海地、柬埔寨、利比里亚等地的军事性国际干预,这类行动按从前
的观念,恐怕就要被看作是对当事国主权的侵犯了。见《斯坦福哲学百科全
书》"主权"条,斯坦福大学出版社,2003 年。需要指出,美英等国出兵推翻萨
达姆政权的战争,性质与以上两类情况又有所不同。这似乎是对阿隆"带反
讽意味的评论"(见上引)所做出的一种未必吉祥的回应。如果几个强国能任
凭自己的意志,以世界上任何国家的决策都是"超国家决策过程的一部分"为
由,用战争去"确保"别国国内决策的"民主通道",如果国际社会竟可以允许
"先惩治、后取证"的做法,那么,这样的行为会不会演变成对人类的一种新的
奴役?"温和的霸权"(the benign hegemony)是万万靠不住的。

公民发表对国际问题的看法,未必完全是出于这种多余的担忧。它还可能是在为另一种谴责张本,即用"别有用心""干涉内政"一类罪名来堵塞别人的嘴巴,防御并封锁来自国外的批评。徐复观在当年的写作环境中不存在这样的顾虑。时代进步了。今天的我们也不必要再存这种顾虑。

就更普遍的意义而言,思想自由、言论和其他表达形式的自由,是个人基本权利的重要组成部分。现在世界上,敢于赤裸裸地以思想论罪的政府是不多了。但是表达不仅与思想者本人有关,而且也涉及受此种表达影响的其他人;它有"客观效果",是一种行动。因此以言论定罪的借口往往是它的"客观效果"的有害性。然而,表达其实是一种很特殊的行动。没有表达就没有思想;扼杀表达也就扼杀了思想。表达不应当被看作一般的政治或社会动员,它更是思想得以实现的必要形式。时代进步了。当下的中国人,比昨天更深刻地懂得知情权的重要性。如果没有表达自由来提供充分的资讯,则所谓知情权,大半是要落空的。徐复观的这些作品,都早已在其他地方出版过,而且不止一次。它们在其他地方的发表从不曾引出"干涉内政"一类的官司。假如今后不幸,真出了此等样事,我们倒是需要反躬自问了。

国际政治评论的话题,多半教人产生沉甸甸的感觉。另一方面,报纸又是供人在车厢内、餐桌上、饭后茶余、入眠以前"轻松阅读"之用的。所以,为报纸写国际时评,就必须在一两千字的短小篇幅内,把严肃凝重的主题表达得浅近平易;非但要让读者一看就懂,而且要让他们喜欢看。这是很少有人做得到的。徐复观能相当圆满地达到这样的要求,除了他敏锐的眼光,还大大地得益于他那生动流畅、明快传神的文字功夫。章学诚说过：“但文字之佳胜，正贵读者之自得。如饮食甘旨、衣服轻暖，衣且食者之感受，各自知之，而难以告人。如欲告人衣食之道，当指脍炙而令其自尝，可得甘旨；指狐貉而令其自被，可得轻暖，则有是道矣。必吐己之所尝而哺人以授之甘，搂人之身而置怀以授之暖，则无是理也。”①欲知本书的甘旨轻暖，读者诸君且请“自尝”“自被”可也。

　　对许多大陆读者来说，读徐复观的国际政治杂文，又是别一番意义上的“温故而知新”。在收入本书的这些国际时评最初发表的那个历史时段，一般中国人了解国际时事的渠道非常狭窄。今天回想起来，那时候的新闻机构，在按人民所应当接受的样式来为他们筛选、压缩或在叙事上改写有关讯息的方面，显示出极出色的政治编辑学技巧。世界上发生的重要事件，大都使他们有所闻知；无论情节详略、局面顺逆，都正好可以用来证明颠扑不破的真理。当然，也有一些现在看来并非不重要的事情，当时却一字未见提起。从那个时代走过来的人，通过徐复观的笔管，回顾往日间似曾相识或闻所未闻的诸多旧事，一定会感触良多。例如我们都知道柬埔寨的“红色高棉”曾是中国的“同志”，但当时却根本不曾听说“柬埔寨可惊的实验”。而崇拜暴力革命的日本极端组织“联合赤军”，则一定是因为“有损革命左派形象”，所以在中国没有被报道过。“联合赤军”事件再次向人们展示出，极“左”派走火入魔，可能坠入何等残酷而缺乏人性的境地②。又如“修正主义头子”赫鲁晓夫死后，在中国只发表了一则短讯，题为“赫鲁晓夫死了”；全文不过数十字，大概表示对斯人

---

① 《文史通义》“内篇二·文理”。

② 见《柬埔寨可惊的实验》，《在日本暴力主义的背后》，均已收入本书。

"身与名俱灭",只值得冷眼相看而已。面对今日世界,重新检讨徐复观对赫鲁晓夫的盖棺定评,读一读他以石破天惊之语断言"反修正主义的人,必然是良心丧尽的人"①,我们只能对"路线斗争觉悟"如何严重地扭曲了常情、常识而感到后怕。

收入本书的九十多篇杂文,是从以下三本集子中挑选出来的:《徐复观杂文:看世局》("时报书系"第241种,台北:时报文化出版事业有限公司,1980年),黎汉基、李明辉编《徐复观杂文补编》第三、四册,"国际政治卷·上、下"("中国文哲专刊"第21种,台北:文哲研究所筹备处,2001年)。选出的文章,按照它们所讨论的专题,分为十组。每组之内,则按写作年代的前后编排。文中字句,有少量删节,都已用括注方式标出。将来,此书如果有机会再版,我真希望能将现在被删节的那些字符补进去。那样做,并不必定表示我们更加赞同徐复观的见解;但它确实可以表示,我们容纳不同声音的度量是更宽了。

　　(本文原载《中国的世界精神:徐复观国际时评集》一书卷首)

---

① 　见《从赫鲁晓夫时代,到布列兹涅夫时代》、《沙卡诺夫的孤独》,均已收入本书。

《四郎探母》随想

在京剧和各色戏曲、曲艺节目所塑造的"杨家将"麾下众多男女老少之中，《四郎探母》里的杨延辉绝对算不得有英雄气概的人物。虽说流泪未必非丈夫，但此公居然有本事从"坐宫"开始就"泪涟涟"地恸哭不休，一场不漏，直哭到末场"回令"。对这样一个"哭作宝"，还能用"男儿有泪不轻弹"来轻易替他开脱吗？

这出戏，乃是由发生在距它十五年之前的另一则故事"沙滩会"中的一段伏线引出来的。北宋前期，太宗到五台山还愿，误入辽境。危难之际，带领八子护驾的名将杨继业命长子冒充宋王，与诸弟共赴辽邦邀约的"双龙会"。弟兄们在金沙滩与辽国伏兵血战，死伤失散。杨四郎被擒，改名"木易"，与铁镜公主成婚。十五年以后，宋辽再战；宋王御驾亲征，杨六郎延昭挂帅，佘太君押粮草到雁门关。因为与老母亲咫尺天涯，不得相见，杨四郎悲伤不能自制，遂在铁镜公主的追问下吐出真情。铁镜公主骗来母太后萧氏的金枇箭，使四郎得星夜出关。一夜之间，杨四郎在宋营中经历了兄弟、母子、兄妹、夫妻之间才相见、又离别的大喜大悲，再匆忙驰回辽境。这时候萧太后已侦知实情，决意斩杀杨延辉。经铁镜公主的苦苦哀求和两国舅从中打诨插科，杨四郎终获赦免。全剧在四郎为"千层浪里得活命""多谢太后不斩恩"而感戴叩拜中落幕。看戏看得忒累的观众，总算在最后一刻见到他破涕为笑了!

　　杨家将故事,大多是从今日所知已极有限的真人真事中大幅度演化、拓展而成的。例如杨继业(又名杨业)就是参与了北宋前叶"雍熙北伐"的真实历史人物。因为西路统帅潘美(即杨家将传说中的潘仁美原型)应援失期,他陷入辽军重围;力竭被俘后,三日不食而死。死于这一仗的,还有他的一个儿子杨延玉。他总共有七个儿子,亦与传说情节相符(传说中的杨八郎是杨继业的养子)。七子中战功最卓著的杨延昭,北伐前期也在乃父军中,但幸而未曾参加后来那一场倒霉的"陈家谷之战",所以存活下来。按正史记载,他似乎应当是长子,惟在当日又以"杨六郎"闻名(一说他有"南斗六星"之称,由此得名为"六郎")。但至迟到元代,他已在民间传说中被排为第六子。延昭的儿子杨文广(传说中相隔于六郎与文广之间的杨宗保,则于史无证),也是一员骁将。他曾在广西领兵,所以那里有不少杨姓人家,在近代仍自称为文广后人。杨继业的七子中本没有杨延辉这样一个人。延辉最初出现在创作于明中期的小说里时,被列为杨继业的第三子。他的排行变成老四,则应该是清代的事情。不用说,杨四郎从金沙滩失落番邦,到改姓换名做驸马、出关探母,就像杨家将的其他许多故事一样,都是"流俗之所传说"(余嘉锡语)而已。

　　尽管于史无据,"探母"的戏文,总还应当有一个逐渐产生与成型的过程,而不会是凭什么人灵机一动,硬从无中生造出来的。从现在可以获得的资料来分析,"探母"应该是套取了以下三方面来源的材料,再拼接化合而成的。

　　其一是明中叶的十卷五十回本《北宋志传》,即今日章回体历史小说《杨家将》的通行本。这部书里的杨延辉在七兄弟中排行第三,战死于沙滩会。被俘后更名改姓为"木易"、并入赘作了驸马的,倒确是杨四郎,但他名为延朗。事实上这原本是杨业为长子所取的名字,真宗朝为避讳而改为延昭;小说则以延昭为六郎,而将"六郎"延昭的原名安到四郎头上。四郎所娶的辽国公主名琼娥,也不像在京戏里

《四郎探母》剧本书影

那样叫铁镜公主。最要紧的是,小说里没有探母的情节,有的是四郎向被辽兵围困在飞狐谷中的宋军"暗助粮草",叮嘱他们耐心等待援军到来。这时,已许配给六郎的"河东庄令公"之女"重阳女",自告奋勇入辽营诈降,与四郎配合大败敌军。四郎遂与琼娥公主双双归宋。

其二则是清嘉庆朝编写的以杨家将为题材的内廷戏《昭代箫韶》(昆曲),共长达一百多集(也有人说是二百多集)。戏里的四郎名杨贵,不知是否从正史所载杨业七子中的延贵之名化得。戏里有杨贵入辽与琼娥公主匹配成婚的故事。与小说里的四郎不同,他顾忌琼娥的命运,因此不肯作宋军的内应。探母的事,自然也是没有的。

第三个来源,就数到《雁门关》了。这回有了探母的情节,但它的主人公却是杨八郎延顺。他和四郎延辉一起被捉;八郎化名王司徒,四郎化名木易,分别娶青莲、碧莲两公主为妻。戏中的铁镜公主,乃是另一降辽宋人韩昌之妻。道破真情后,八郎央青莲公主盗令箭,回宋营探母。焦、孟二将责之以大义,并利用令箭赚取雁门关。二公主至宋营挑战被

擒。萧太后将四郎绑至阵前;佘太君则佯言要杀两公主;八郎哭城。萧后不得已释放四郎,以换回青莲和碧莲。杨家将伺机出击,杀韩昌,大败辽兵。两国复和。

《雁门关》与《昭代箫韶》里有关四郎的戏文之间究竟有何种程度的渊源关系,现在我说不出来。比较可以肯定的似有两件事。一是《雁门关》的出现,或当早于慈禧太后主持下将《昭代箫韶》改为皮黄之时;其二,倘使齐如山在《京剧之变迁》(有上海书店重印"民国丛书"本)里所言不误,则京剧《四郎探母》的直接来源倒很清楚:它是从《雁门关》中"摘出"并"另编"而成的。

《四郎探母》的改编,据说出自晚清颇带传奇色彩的梨园名人张二奎之手。他原是出身于"业儒"之家的票友。受当日著名的"四徽班"之一"和春"班主撺掇,他用假名登台客串。结果有两个想不到:想不到一炮叫响;想不到因事情泄露而丢掉了正式饭碗。他干脆从此下海,以"袍带生之完材"闻名京都。以后,他还接受公推,主持和春班,遂将剧团更名为"双奎班"。改"八郎探母"为"四郎探母",应该是张二奎下海之后的事。为什么他要这样做?齐如山写道:"听人说因当时'四喜班'《雁门关》叫座,所以张二奎在别班也来排演此戏,又恐人说偷演,于是另起炉灶,编了一出'探母'。……早年北京各脚都说,因他想着赶紧排出,所以词白大粗。"其实,《雁门关》的情节过多,如果要一次将全剧演完,效果必定不如《四郎探母》。不知道这会不会也是张二奎之所以要对它加以删改的动机之一。张二奎病故于咸丰十年(1860),当时他四十七岁(也有人说是三十九岁)。他下海时有二十四岁,时在道光十七年(1837)。所以,《四郎探母》的改编,大体在道光朝的最后十年,或略早之。至清末,它已是极受观众欢迎的一出名剧。"坐宫"成为谭鑫培的代表作之一。与谭氏争锋的刘鸿升亦以"三斩一探"为看家戏。"三斩"指《斩皇袍》《斩子》和《斩马谡》;"一探"者,《四郎探母》也(按:高庆奎一派则以"三斩一碰"闻名,"一碰"指《碰碑》)。

很多人谈起"探母",都认为它的走红,当与慈禧太后对这出戏的喜爱有关。它的早期创作或许与西太后无涉。但继余三胜较早时对它的加工之后,"探母"大概在西太后和三胜传人谭鑫培的手里又着实经历过一番细敲细磨,它的影响也终于超过其所从来之《雁门关》。这是现代思想文化史上一个值得进一步讨论的话题。

四郎探母:坐宫盗令

从《北宋志传》到《昭代箫韶》和《雁门关》,再到《四郎探母》,杨四郎(其人的名字也由杨延朗而杨贵,再变为延辉)的政治态度,确乎是在越变越暧昧。于是,试图改写其结局者有之,视其为"问题剧"者有之。自 1956 年在北京以明星阵营成功一轮轰动演出后,该剧就遭到长期停演的处分。1960年代初曾有人建议重排,可是很快不了了之。"文化大革命"时期,对它的批评更上升到"叛徒戏"的高度。1970 年代末恢复上演,也引来激烈的批评。其笔法虽有别于"文革"牌的口诛笔伐,但读者仍不难从中闻出一股"大批判"的火药味。"大批判"根本没有解决问题:演员照样爱演,观众仍旧爱看。这是为什么?

答案有两条,其实都很简单。第一,它将人之常情表现得淋漓尽致;因此,即便身处戏剧冲突中心的四郎显得有一点窝囊委琐,但它还是有力地打动了观众。第二,它能充分展示演员唱和做的功夫,所以使演员和看客都大过其瘾。这样说,是不是在贬低喜欢这部戏的大众,说他们没有起码的分辨美丑的能力呢?

虽然一般善良大众对出现在世间的各种丑恶经常显得无可奈何,但他们绝不会喜爱丑恶。所以,我们现在需要反过来想一想:针对这部戏的挞伐本身,究竟有没有道理?

对历史上真实地存在过的那个杨四郎,我们几乎一无所知;甚至连他的确切名字也不知道。"探母"的编者只想借着此人的名义来讲述自己的故事,而没有要故意丑化或美化某个历史人物的用心。所以我们的讨论,也只能就戏论戏。那么,从本戏所提供的故事情节来判断,杨四郎到底犯了什么样的天条呢? 在"探母"批判者的心目里,他的罪名,不外"投敌叛国"和"汉奸"两项。但是把这两顶帽子戴在杨延辉头上,实在都不怎么合适。

他是经过与辽兵的残酷血战,在被包围的宋军全军覆没、杨家弟兄失散的情形下被俘虏的。如果他在被俘之后毅然自决,或者转入"地下斗争",策划指挥一场"胜利大逃亡",我们自然应对他不屈不挠的大无畏气概敬佩有加,并尽情予以歌颂。但是,我们绝不该因此就怀着如许高的期盼,反过来谴责那些身陷敌方、丧失抵抗可能的人们没有继续从事公开或秘密的敌对活动,或者谴责他们没有决意选择死亡。出兵打仗,无论输赢,都会有自家官兵被敌方俘虏的事情。这些人不可能都成为烈士。把过高的道德理想当作指导别人的"起码"行为准则,致使人们较易做到宽待敌俘,却难得能公正地尊重那些不幸落入敌营的自己人合法求生的应有权利,以至于当他们获释归来时,还不惜待之以苛责、歧视甚至迫害。

　　在这里,我们面临着某种尚未理清的概念混乱。如果我们承认,在抵抗已经完全无效的情况下,投降(而不仅仅是褒义的"投诚")是一种可以被允许的行为,那么对它就不应当笼统地予以道德上的否定。另一方面,投降当然是指的向敌人方面承诺(包括以默认方式承诺)停止抵抗,所以从字面上说,投降就等于"投敌"。而当敌对一方是另一个国家时,投降也就等于是"投敌叛国"。但这样的理解其实过于死板了。"投降"是消极的行为,所以在某些场合它是可以被接受的。"投敌叛国"则是积极行为,不光指放弃抵抗而言,还有为虎作伥、回转头来反咬故国一口的意思在里面。四郎无疑是投降了。但他有没有投敌叛国,还需要看他投降之后怎么做。

　　杨延辉命运的戏剧性,在于他被俘后没有沉沦于普通战俘的地位,而是被萧太后选作国婿。宋的敌国对汉地政权的将相及其子孙确有某种仰慕之情。最著名的例子,是金人对司马光的崇拜。金兵攻破北宋京师汴梁后,觅得一个叫司马朴的温公后人,"以其世(按'世'指家世)而敬之,尽徙其家而北"。绍兴和议后,访问南宋的金使"来问:'汝家复能用司马温公子孙否?'朝廷始访温公之后在江南者。得〔司马〕汲,乃公之从曾孙也。使奉公祀"(胡三省《〈通鉴释文辨误〉后跋》)。但是按杨家将的传说,萧太后择婿,尽在被俘的汉人堆里打主意,这就与杨延辉左一声"小番"、右一个"番邦女子"同样,只能被看作是编戏者意识深处一厢情愿的汉文化优越感的反映。这一点且不去说它。问题在于,允婚这件事,是否就能看作戏里主人公从投降滑向投敌叛国的铁证?

　　即使是力竭之后的投降,这行为本身无论如何还是不值得赞赏。事实上,"探母"的编者也没有赞赏它的意思。四郎一上台就有四句"我好比"的唱词,委婉道出了刻在心头、历久而未衰的道德紧张。无论从动机或效果来看,编者也都没有引导观众去艳羡他阴差阳错的荣华富贵。编者想展现的,完全是另一种不能不令人感动的故事。对自己的遭遇,四郎自有身不由己的苦衷。他只是辽邦上层社会中一个"散淡的人",也没有再做什么对不起宋朝的事。若要使"投敌叛国"的过责成立,除非采用"既有 A,必定会有 B,然后就有 C、D、E"的"有罪推定法",把戏台上根本没有发生过的情节全说成是他日后不免会做甚至必定要做的事。对这样的思路,我们今天不但记忆犹新,还隐隐然有点不寒而栗!真想不到,"一打三反专案组"的经验之谈,还可以用来拷问古人和戏中人!其实,"回令"之后的杨四郎究竟会走一条什么样的人生道路,可能性依然多种多样。有心人尽可以按自己的理解把戏继续编下去。但那将会是另一路的杨延辉,也不能据以评价现在这出戏中的主角。

那么,"探母"是不是"汉奸戏"?有人主张,应从"民族团结"着眼,回避这个问题。这种好心的回护既无必要,也不容易讲得通。对这个问题,完全可以明朗地做出否定的答复。理由有两条。

首先,古代中国不存在今日意义上的"汉奸"概念;它是现代民族主义思潮在中国的一种产物。出现在清代文书里的"汉奸"一词,多用指汉人中的奸诈之徒。他们被视为损害大清国家利益的另类,所指恰恰不是与满族统治者站在一起的那些汉人。可见当日所谓"汉奸",正好与该词的今义相反对。自发的、非条理化的民族意识,业已存在于近代及近代以前的中国。但那时候精英文化中占支配地位的政治归属感，以对王朝的忠诚意识为核心；这就抑制了民族归属感的生长发育。至于一般老百姓，更是"谁坐江山，给谁纳粮"。宋人到底有没有"汉族"的自觉意识，尚需我们加以深入研究。至于"汉奸"的观念则肯定是不存在的。不然的话，辽、金、元、清史中诸多汉人的"列传"，岂非一大半变作了"汉奸传"？拿今天的尺子去度量古代的人和事，有时候就如方枘圆凿，怎么也对不拢。

不过，光有这一条理由，还难以使人心悦诚服。今人看古戏，总不能彻底逃脱所谓"间离效果"的影响。他一面虽好像感同身受般地进入了当时的情景，而与戏中的人物故事交融成一体，但另一方面还是做不到完全丧失主体的意识，去"想他人之所想"。在感受和思考戏里的情节时，他不可能全盘屈从古人的观念，将当今价值完全撇在一边而不予置理。因此，即使明知当时没有"汉奸"的观念，人们还是忍不住想追问：要是按了今天的标准，杨延辉够汉奸的罪名吗？

在现代中国，所谓"汉奸"，就是"投靠外族或外国侵略者，甘心受其驱使、出卖祖国利益的叛徒"（《辞海》）。其基本意义是指的向外敌出卖本国利益的坏人。如前所述，杨四郎投降了契丹人的政权，但他并不曾损害大宋的国家利益。如果硬要把"汉民族利益"这样的历史范畴倒推到宋代去，那它也只能由北宋王朝的国家利益来集中体现。这样，我们又回到前面已经讨论过的四郎是否叛宋的话题上去了。总而言之，即使滤去"汉奸"这顶帽子的现代特征问题，将它扣在杨四郎的头上，仍不免会使人觉得不妥不贴地怪兮兮的。

写到这里，才觉得稍许松了一口气。看来老百姓同情杨延辉，还不至于同情得太荒唐离奇。一般民众说不出这样那样的许多道理。但他们心里那杆秤,确实是准足的。经老百姓体验和认可的常识常情,虽然似乎卑之无甚高论,却像柴(现在应改作"煤气"才更确切)米油盐酱那样,是一天都离不得的东西。比起各种不着皮肉的大话套话、刻薄矫情的过激之谈,前者实在要有准头得多。

京戏里汉人穿衣戴帽,多以明代的服饰作为设计的原型。我们都知道,清初的剃发令对汉人社会造成的精神冲击有多大。偌大一个故宫里面,公主、婢女数以千计,却找不出一件传统的汉式女装来。在样式特别的清代官服与"旗装"流行汉地社会的近三百年中,一般汉人居然还保留着对自己传统服饰的印象和记忆。与其说这是因为有儒家学究在作"深衣考"之类的文章,还不如把它归功于戏台上的顾曲皮黄(还有绣像印刷读物)对民间的广泛影响。

片面地就"历史真实"的原则而言,"探母"中的人物服饰,有两方面可议之处。四郎身着传统汉装(但颈后仍有两条狼尾)招摇于辽朝的宫禁之内,这全然不符合实际生活的逻辑。更有意思的,是戏里的辽人竟然都穿着满洲人的服饰。契丹过的原是游牧生活,与满洲人以渔猎农耕为生大不一样。他们的语言,也与蒙古语有亲缘关系;相比之下,它与满语的差别则要大得多。满洲的服装,非但不同于契丹,甚至与其祖先女真人也大不相同。辽人髡顶,留额前及两侧头发,披于耳前;只有男子常服中的圆领窄袖袍子,与满人的样式有点像。辽金官员都根本不带有羽翎的公事帽,妇女更没有如铁镜公主那般足着"高底花缎旗鞋"的。所谓"旗鞋",本非在东北泥粘雪滑的环境中所宜使用。它是不愿裹脚的满洲妇女为模仿"三寸金莲"而发明出来的。将"天足"藏在"旗袍"下,只露出鞋底之下厚厚的"定升糕"。它与西式高跟鞋将脚背竖起,从而既在视觉上缩小脚部的体量、又抬高全身重心以求体态优美的用心,实有异曲同工之处。汉地社会流行女人裹小脚的恶劣风俗,南方才始于南宋中后叶,北方很可能更要晚至明代。所以,无论契丹或女真的妇女,都绝不会想到要穿"旗鞋"的。

但是这样的质疑,忽略了京剧是一种高度程式化的戏曲,而京剧服饰恰恰也典型地反映出京剧艺术的这一程式化特征。一般戏文中的汉人,即使处于非汉人王朝的政治势力之下,依然都堂而皇之地身着汉装;而非汉人角色,不论时代、族类,包括蒙古人乃至"王宝钏"中的"西凉公主",都一律满洲男女的打扮。向这些方面去要求"历史真实",只恐怕就像是从"生活真实"的原则出发,硬要在舞台上放一根门槛,来示意屋子的内外同样荒谬。在杨延辉身上,这种程式化处理甚至还产生了始料所未及的艺术效果。四郎的汉装,其实就象征着这出戏的悲剧性之所在。它时时处处在向观众暗示,在身处辽营的四郎身上,注定有怎么也挣不脱的"他者"那一面。

尽管如此,有一个问题仍然值得追问:把全部戏中人的造型按汉人与非汉人做两分法,并用满洲服饰来打扮全部非汉人的角色,在这样一种特殊的程式化处理的背后,是否还有某些特定的文化意义? 我以为完全可以这样说。它有力地反映出,清代汉人主要是通过与满洲人这一"他者"的差异来界定其自身所在的汉文化共同体的。这一差异对他们的印象是如许之深,以至于不同的"他者"之间的那些差异,虽然事实上并非不重要,但在他们心目中仍不免是可以忽略的。至于西太后与喜欢昆曲京剧的其他满洲贵族,对自己与契丹、蒙古等本非同族,恐怕倒很清楚(满人一度还着意要将自己同历史上的女真人也区分开来)。但是让这些人物形象都穿戴上满洲服饰,对于清王朝竭力要宣传的"满汉一家"主张,大都有益无害。既然如此,还有什么必要对它加以深究呢?

【补记】

本文原载《万象》第 6 卷第 5 期(2004 年 5 月)。"探母"对杨四郎的刻画,可能还带有从平民百姓"谁当皇上,给谁纳粮"的立场去理解杨四郎行为的思想因素。因为当日的戏文,大都不是由属于精英圈子里的高级文人所编创的。

《成败萧何》的思想维度

一

由春秋后期到战国结束这个历史时段(公元前 7 世纪至前 221 年),可以说是中国传统文化塑造它的基本形态、奠定它在后世的基本资源的"轴心时代"。

然而,至少有两项属于这个轴心时代的最至关紧要的历史成果,都要晚至从刘邦到汉武帝刘彻在位的西汉前期,才最终被中国社会承认并获得巩固。其中一项是由孔子始创的儒家学说。在此前数百年间,它一直未能摆脱遭受困厄甚至被残酷镇压的境遇。直到汉武帝推行"独尊儒术"的国策,儒学的命运才迎来划时代的历史转变。另一项遗产则与本文将要讨论的主题密切相关。它就是中央集权的专制君主官僚制这一全新的国家治理体系。

我们知道,随着秦始皇兼并六国,从战国后期开始在一些诸侯国家内试行的专制君主官僚制,被秦王朝统一地架构在一个幅员极其辽阔的帝国疆域之上。但是,秦的这一新型统治体制在当日并没有被普遍接受。这不仅是因为该制度体系那时还没有与它所由以诞生的战国年间崇尚"诈""力"的精神气质实现脱钩,而且它本身还部分地成为人们敌视秦朝暴政的连带牺牲品。秦末被"黔首"偷刻在陨石上的谶言

"始皇帝死而地分"①，便最生动地表达出这样一种强烈的集体憎恶心理。

因此，专制君主官僚制虽始于秦，它在中国传统社会内真正立住脚跟，却得力于汉。所以人们很早就用"汉承秦制"之语来概括这一历史事实。

可是在实际上，这一变迁还显得更曲折复杂一些。在由秦到汉的历史过渡中，还包含着"楚"这样一个不容忽视的中间环节。当代一位著名历史学家曾用"非张楚不能反秦""非承秦不能立汉"这样两项陈述，敏锐地揭示出楚在秦汉之际政治变迁中曾有过的极其独特的历史重要性。《史记》所撰诸表多为按年记事的"年表"。司马迁却唯独为这一时段制作了一卷《秦楚之际月表》，为了强调"五年之间，号令三嬗……盖一统若斯之难也"②！足见其中确有值得发覆之处③。

反抗暴秦的人们所以纷纷打出"楚"的旗号，这与楚是战国时代有能力长期与秦相抗衡的最后强国有关。正因为这样，刘向才会在追述七国间展开的"连横"与"合纵"的军事-外交争夺时断言："横则秦帝，纵则楚王。"④所谓"亡秦必楚"的老话，也突显出楚是抗秦动员中一种强大的合法性资源。

不过，楚在由秦向汉的历史过渡中的重大意义，远远不只局限于它是一面最有动员力的反秦旗帜这一点上。汉与楚都反秦；楚、汉之间在共同的反秦目标下又存在着尖锐的冲突。冲突不仅体现为二者之中谁将成为继秦之后的最高统治者，而且更体现在究竟是继承并完善由秦王朝开创的统

---

① 《史记》卷六《秦始皇本纪》。
② 《史记》卷十六《秦楚之际月表·序》。
③ 见田余庆《说"张楚"》，载《秦汉魏晋史探微》，中华书局，1989年。
④ 《〈战国策〉序》。

一国家的专制君主官僚制,还是恢复早已没落、但仍为当时很多人推崇的西周那一套分土建侯的分封制的问题上。

楚汉之争,在政治制度层面上,就是专制君主官僚制与分封制之争。从这样的背景出发,我们对韩信与萧何的历史定位问题,也可能达成更充分的认识。

二

由陈胜、吴广揭开序幕的反秦战争在颠覆秦政权的同时,也把被秦始皇用暴力镇压下去的关于裂土分封与专制君主官僚制之下的大一统之间的争论重新提出在时代面前。但它不再表现为两种政治主张间激烈的口头辩论,而是从一开始就被贯穿于不同阵营之间以血与肉为代价的政治军事实践之中。

自戍卒一举,异姓并起,豪杰相王。项羽既自封西楚霸王,"为天下主,命立十八王"①。自秦灭六国,"上古遗烈扫地尽矣"②。秦楚之际的诸侯王中,虽也有少数"旧国之后",大多数则"起于闾巷"。但这一点并不足以改变下述事实:秦统一前七国分疆裂土的状态,在秦楚之际大有复活之势。七国争雄固然可以演化为走向天下统一的过渡阶段,它本身却又代表着一个诸侯并立的分封制旧局面。而后者恰恰就是项羽展示给天下的政治蓝图。刘邦虽然也分封过八个异姓王,但这主要是他面对当时"人人皆有帝王之心"的严峻形势所作出的一种妥协。"非裂天下而王之,其势不可使"③。从刘

① 《汉书》卷十三《异姓诸侯王表》应邵注。
② 《汉书》卷三十三《魏豹、田儋、韩王信传·赞》。
③ 宛丘《魏豹彭越论》,《苏门六君子文粹》卷七。

邦后来着意翦除异姓王、从他身后数帝又相继打击取异姓王
而代之的同姓诸王可知,汉政权所采取的,是与项羽力图重
建七国并列之旧秩序完全不同的路线。

　　韩信与刘邦的关系,实际上是项刘对峙结束后"楚汉相
争"的一段续篇。之所以这样说,并不是因为韩信曾被封作
楚王,从而恰好可以让我们沿用"楚汉相争"来称呼他与刘邦
之间的冲突。更重要得多的是,持续地贯穿于项刘对峙与韩
刘冲突之中的,实际上是同一个主题,即要分封还是要专制
君主官僚制治理下的天下统一?

　　在分封制与中央集权的专制君主官僚制二者中,哪一种
治理模式更"好"? 人们对这个问题的看法,恐怕从来难以取
得完全一致。但有一点或许是可以肯定的:在前现代的社会
条件下,中央集权的专制君主官僚制一旦被发明出来,分封
制就几乎注定无法与之长期抗衡。在前后两段"楚汉相争"
中,幸蒙历史大势宠惠的乃是刘邦的选择。宜乎他能屡经垂
败而终成大业。

<h1 style="text-align:center">三</h1>

　　顺应历史大势的胜利者,未必就是道德上高尚或者具有
人格魅力的人。项羽在乌江边自刎,标志着先秦贵族时代与
贵族精神的终结,连同他的野蛮、专横和他的刚毅、豪迈、重
然诺。失败者未必不高贵。历史的悲剧性,往往在这里表现
出最为强烈的震撼力。

　　可能正因为具有一种把握戏剧冲突与悲剧性因素的敏
锐感觉,《成败萧何》的剧作家非常准确地触摸到了深藏在剧
情展开的那个时代背后的中心问题。作者把萧何与韩信的

故事置于这样一个贯通本时期全部关节的支点之上来讲述①,充分显示出剧作家深沉的历史感悟力与高度的艺术构思能力。

几年前,在为一部以成吉思汗为题材的优秀法国小说所写的评论里,我曾经说过:历史研究与历史题材的文学艺术创作都需要想象力。但在历史研究中可以发挥的想象力,是最受拘控的。

> 与这种最受拘束的"受控想象"不同,历史小说的创作却与其他类型的文学创作相类似,可以拥有大得多的自由想象空间。它可以在不被"证伪"的范围里,也就是在未与现有资料相抵牾的前提下从事各种虚构。不仅如此,它也完全有权利突破上述界限,沿着未曾被实现的那些历史可能性所指示的线索去纵情幻想,为故事里主人翁的命运或者事件的结局作出很不相同于真实历史的安排。历史小说所体现的历史想象力当然也存在优劣之分。但它的标准不在于作品是否讲述了真实的历史,而在于它是否能真确地捕捉到对其所描述时代的历史感,亦即是否能从总体上逼近那个时代人类生存的自然、物质与社会环境,逼近当日人类的精神气质和文化风貌。②

显然,《成败萧何》的成功,其重要的原因之一,就在于它的历史与艺术想象,总的说来是贴近着楚汉之际的历史脉动而发散、而铺染的。

---

① 用剧中人物的话来表达,这个支点就是"循秦策、修汉章","苦为天下免兵灾"。
② 《"安答"心目中的一代天骄——〈蒙古苍狼〉大陆版汉译本后跋》,已收入本书。

四

历史上的人们对韩信之狱的认识，并不完全一致。

距离韩信最近的司马迁和班固两人，都肯定韩信谋叛，既有意图，也有行动。同时他们也都意识到，汉高祖对韩信的猜忌迫害，是将他推上谋反道路的重要原因。所谓"见疑强大，怀不自安；势穷事迫，卒谋叛逆"，就是这个意思①。其后持此一断制者，可以说代不乏人。兹举宋人陈耆卿之语为例："信不反帝于群雄角逐之时，而反帝于天下既定之日。壮阚剟通，老从陈豨。固可罪、亦可哀矣。向使帝也稍录旧恩、略锄新忿，推诚而复王之，未至有末年无聊之举也。"②

如果说汉代以后对韩信之狱的看法也出现了某种改变，那么这首先表现在人们越来越强调刘邦于其中所应负担的责任。李世民批评说："萧何、韩信功业既高，萧既妄系，韩亦滥黜。自余功臣黥布之辈，惧而不安，至于反逆。"③唐宋之世，"前年醢彭越，往年杀韩信"多被用作指责君上滥刑的一句习用语④。南宋人洪迈更几乎完全把韩信之叛归咎于"汉祖三诈"。他又说，刘邦之所以要用诈，纯然因为"汉高祖有

---

① 《汉书》卷三十四，《韩信、彭越、英布、卢绾、吴芮传·赞》。
② 陈耆卿《韩信论》，《筼窗集》卷二。此处"末年无聊之举"，指刘邦暮年吟唱《大风歌》，面对当年英豪被他屠戮殆尽的结局，哀叹再无"猛士"替他"守四方"之事。
③ 吴兢《贞观政要》卷十。
④ 《旧唐书》卷五十六，《萧铣传》。按：此语以稍略不同的说法流传在各种记事或议论中。如"前年杀彭越，往年杀韩信"，见蔡戡《高帝论》，《定斋集》卷十二；"往年以诈缚信，今年以疑掩越"，见胡宏《五峰集》卷三，"黥布"条。余例尚多，兹不赘举。

天下，韩信之力为多。终以挟不赏之功、戴震主之威，至于诛灭"①。陈仁子在评述汉高祖规定疑罪须上报重审谳决的《狱谳诏》时，也叹息"所可恨者，彭越、韩信，皆罹菹醢之酷"②。

沿着上述进路，有人还试图向前走得更远。同一个陈仁子，在另一场合把话说得更明确："布、豨之反有迹，而信、越之反未明。一时上书告变者，吾意未必皆真也。"③葛立方记录一个同时代人的话说："方是时，萧相国居中，而信欲以乌合不教之兵从中起，以图帝业。虽使甚愚，必知无成。信岂肯出此哉？"④车若水更公开为韩信叫屈云："先祖尝言，'韩信枉屈诛夷，千古无人与他辨说'。愚曾见朱文公语录云：'韩信反，无证佐'。可谓见破史书。惜乎只说一句便休。"⑤

断言"韩信反，无证见"，似乎不是完全没有道理的。司马迁记录韩信教唆陈豨谋反之事，最关键的是所谓"挈手步庭之议"的那则细节。问题是陈豨后来战死阵中，没有为汉廷老吏留下拷问他的机会。既然如此，司马迁又是从哪里得知陈豨与韩信之间那番私语的呢？

《史记》叙事的真实性问题，早就引起过古今中外不少学者的质疑。有人指出，它有关战国史的叙事，或许有将近一半来源于一册与今本《战国策》十分接近的故事书，但它显然不属于严格意义上的历史记载。因此有古人指责司马迁"大胆莽撞"。针对这个问题，美国教授杜兰特写道："只有那些不顾一切地把司马迁当作一个全方位的历史学家来崇拜的人，才会为他辩护说，这位汉代历史学家曾经用心地考量过，

① 《容斋随笔》卷十四，"汉祖三诈"条；《容斋随笔·五笔》卷一，"人臣震主"条。
② 《文选补遗》卷一，"疑谳诏·愚曰"。
③ 《韩信彭越论》，《牧莱脞语》卷九。
④ 《韵语阳秋》卷八。
⑤ 《脚气集》卷下。朱熹谓："韩信反，无证见。"见《朱子语类》卷一百三十五。

在大部分出自那本'元国策'的种种巧妙的阴谋故事里,究竟哪些才是经得起推敲、因而值得写进严肃的历史叙事里去的。"在杜兰特看来,司马迁既是严肃的历史学家,又是有点华而不实的轶闻编纂者。他说,在《史记》里,历史学的标准经常被"故事本身的打动力"所取代,从而使司马迁失去对书写的控制①。那么韩信与陈豨之间的密谈,是否也可能是司马迁"失去对书写控制"的结果呢?

有关韩信之冤的最有趣的见解,出现在冯梦龙《古今小说》卷三十一里。阎君在阴间审理韩信、彭越、英布三人生前功过。他的结论是:"韩信之死,看来都是刘邦之过。"于是他下达判词说:"审得汉家天下,大半皆韩信之力。功高不赏,千古无此冤苦明矣。"阎君决定"把汉家天下三分,与你三人各掌了一国,报你生前汗马功劳"。东汉之后的三国被解释成是由阎王爷判定的让韩信等人"转世报怨"的结果。

五

如果韩信无须对他惨遭灭族的命运负责,那么人们又会如何看待萧何谎称汉军破陈豨,以诱骗韩信入宫称贺,从而将他擒杀的行为呢?

愿意相信韩信之冤的人们,未必全都质疑萧何的立场。例如洪迈就设问道:萧何曾经在刘邦面前替黥布辩护,但他何以对韩信却如此残忍?"岂非以高祖出征、吕后居内,而急变从中起?……故不得不亟诛之。非如布之事,尚在疑似之

---

① 杜兰特(Stephen W. Durrant)《模糊的镜子:司马迁著作中的张力与冲突》,阿尔巴尼:纽约州立大学,1995 年,页 103—104。

域也。"①身处千钧一发、危急存亡而真假难辨之时,他为国家社稷计,不得不当机立断。在这种情形下,错杀韩信即使成为一桩本不应当发生的历史冤案,萧何似乎依然还能为古人所理解与宽容。

但是也有对萧何协助吕后骗韩信入宫不以为然者。宋人有诗曰:"平生萧相真知己,何事还同女子谋?"②陈亮则因萧何"借信以为保身之术"而对他存有微词③。

看来古人的态度还是十分明朗的:若是纯出乎公心而诈擒韩信,萧何所为尚有可谅;但倘若他与韩信本有"真知己"的交情,或者擒韩出于"保身"私计,哪怕只是部分如此,那么他的行为就变得不那么容易被人接受了。

按常情而论,韩信越是清白,萧何的角色就越易于陷入暧昧。《成败萧何》的情节安排刻意要突破这一悖谬,从中开出一片新天地。这反映出剧作家"艺高人胆大"的自信与匠心。这样做要冒一定风险,却并非完全不可能。可惜由于思考尚欠周全,其结果是把剧中人萧何、从而也把观众引入了一个道德冲突的困境。

在本剧中,韩信全无谋叛之意,又一洗司马光所批评的"以市井之心利其身,而以士君子之心望乎人"的徼利性格④,变身为一个十足正面的人物。另一方面,剧本通过"将与相成知己神交忘年""话人生两壶烈酒尽畅言""更敬你率性坦荡在人前"等唱词,把萧何对韩信惺惺相惜的珍重与情谊烘托得尽致淋漓。

---

① 《容斋随笔·续笔》卷八"萧何绐韩信"条。
② 《韵语阳秋》卷八。"女子"之语,出自《史记》称韩信被擒后之言曰:"吾悔不用蒯通之计,乃为儿、女子所诈。"此处"儿、女子"分别指萧何与吕后。
③ 《王珪确论如何》,《龙川集》卷九。
④ 《资治通鉴》卷十二"汉纪"四"高帝十一年"(前196)"臣光曰"。

　　然而正是这个把韩信视作忘年至交的萧何,竟在明知韩信了无叛心的情形下,屈从吕后的压力而将他劝入长乐宫,去任吕后宰杀!萧何为此自诉衷肠说,这是受逼于"眼前危机","为保江山把屠刀高抬"。剧终时,在他面对赴死前的韩信恭行三拜的高潮中,"'汉'字大旗缓缓降下"。看来剧作家本人也挣扎在难以逃避的迷惑中:她力图藉"大汉江山"无与伦比的沉重分量,来驱灭萧何因协助吕后执杀挚友的背叛行动而留给观众,甚至也顽强地留在她自己心中的挥之不去的阴霾。

　　可是,这道阴霾,真的就那么容易被一面"'汉'字大旗"扫除吗?

六

　　与历史上的萧何诈擒韩信不同,《成败》一剧安排他在追踪到逃离出京的韩信后向他坦承:自己之所以紧追不舍,为的是要召他进宫"受死"。这样的处理,从最表层的意义上,似乎使萧何得以避免以最卑鄙的行径把韩信蒙在鼓里、骗上绝路。但是,无论是将自己的出卖行为堂而皇之地宣示于受害者,还是利用自己对朋友的个人影响力驱迫他自投罗网,都不能改变那出卖行为本身的性质!在萧何向吕后承诺由他带回韩信的时候,他同时也就做出了对无辜的密友背信弃义的选择。剧作家很像是落入了她自己设定的圈套里:她硬是要逼迫萧何在"忠"与"义"之间,也就是在忠于"大汉江山"——窃揆剧作家的本意,她对"大汉江山"的肯定又以当日"天下苍生"的共同利益为理由——或是保持对友朋的信义与承诺这一对无法两全的冲突之间,做出非此即彼的抉择。

剧中人所面临的两难,很容易令人想起索福克勒斯的悲剧《安提戈涅》里第比斯城邦的国王克瑞翁。为了城邦的利益,他拒绝埋葬他的外甥、作为城邦敌人而战死的波吕尼克斯,并把违反他的禁令而试图去安葬死者的他的外甥女、也是他未来媳妇的安提戈涅幽禁在山洞里,最后酿成安提戈涅、克瑞翁之子海蒙以及王后欧律狄克先后自杀的悲惨后果。

非常值得注意的是,《安提戈涅》的作者对克瑞翁"以一种极端的、无情的方式,把世界的价值简单化"的做法,始终保持清醒的道义上的距离。著名道德哲学家 M.纳斯鲍姆在《善的脆弱性:古希腊悲剧和哲学中的运气与伦理》一书里指出,赫拉克里特和索福克勒斯悲剧的风格,向我们暗示出一种重要的"人类学习和反思"的本质,即"通过挖掘特殊性的深度","找到可以让我们更正确地看待这些事件的比喻和联系"。这种思考的进路与柏拉图式的灵魂完全不同。后者是单一的和纯粹的,"将会指向本身就具有单一本质、不相混杂的伦理对象,完完全全是从灵魂回到灵魂的"。而前者则"是坐在网中央的蜘蛛,能够在复杂结构中感觉到,并且回应来自四面八方的张力"。作者以为,由此可知:

> 我们对人类生活和灵魂本身的理解得以不断提升,并不是通过由特殊到普遍、由感觉的世界到单一和纯粹世界的那种柏拉图式的推进过程。相反,〔它是〕通过思想和想象,在被看到的那个特殊事件谜一般的复杂性周围,反复盘旋捉摸……宛如坐在互相联系的蛛网中央,回应来自每一个线索的张力。

她补充说,上述风格"强调对复杂性的回应和关怀,而极不赞

成追求简单的东西,尤其不赞成那种把特殊归于普遍的
东西"。

纳斯鲍姆指出,希腊悲剧想告诉我们的是,人无法"用错
误的方法来挣脱冲突"。此处所谓"错误的方法",指"只是单
单执著于唯一的一种价值,而摒弃所有其他的价值"。她
写道:

> 黑格尔总结说:"简单地说,正是这两者(城邦和家
> 庭)的和谐统一,正是在他们那种的内容范围内的和谐
> 统一活动,构成了道德生活的完美现实。……戏剧展开
> 的真正途径就在于,在对人类行动力量的调和中,废除
> 这样的矛盾,因为那些力量在它们的冲突中,交替地努
> 力否定对方。"他的这一处理方法最近得到不少现代解
> 释者的赞同,他们认为,当时雅典观众会把这部悲剧理
> 解为:在他们复杂多样的承诺之间,找到一种没有冲突
> 的和谐,而不忽视任何一种承诺。

她还说,倾向于以单一的责任掩盖所有其他义务的人,经常
容易过分敏感于"她自己想象出来的紧迫感"①。

请原谅我不得不如此连篇累牍地引用纳斯鲍姆的相关
讨论。我不知道,当代中国观众是否还没有具备古希腊人那
样的资格,以至于使我们的作家觉得,还不宜引导他们像"坐
在网中央的蜘蛛"一样,去认识"善的脆弱性"——这样做很
可能会"搞乱群众的思想"——? 我也有些怀疑,萧何所面对
的忠与义之间绝对不能相容的道德困境,是否也可能是一种
由剧作者"自己想象出来的紧迫感"?

---

① M.纳斯鲍姆《善的脆弱性:古希腊悲剧和哲学中的运气与伦理》,徐向东、陆
萌汉译本,南京:译林出版社,2007年,页82—91。

七

我相信,剧作家的本意,其实是要用一种人性论的情怀,去"软化"一出原本是铁硬的政治剧。她想展示、想追念、想感叹的,是那些被时势所挟带的巨大力量无情吞没的属于个人性质的愿望、追求与情感。

我相信,剧作家其实也有对于"善的脆弱性"的某种意识,她想告诉人们,在每一个历史"进步"的背后,在每一次走向"全盛时代"的历史运动内里,都隐藏着无数个人的牺牲、辛酸甚至冤屈。剧作家想告诉人们,尊重历史,也应该包含对所有这些牺牲、辛酸和冤屈的承认、尊重与感恩之心。

但是,无论如何,当她在借萧何之口对韩信"晓以大义"时,她对那"大义"内涵的界定仍带有相当容易令人误解的模糊。萧何的真意,是"国家的事再小也是大事、个人的事再大也是小事"吗?萧何是不是要告诉韩信——并且也由此告诉观众——:为了国家大义,他应当义不容辞地接受这桩莫须有的冤狱,应当心甘情愿地去领受国家对他极不公平的处罚?假使允许我们再进一步推想,如果韩信不能被萧何完全说服,那么为了国家利益,萧何是否还有权利采用强制性的残暴手段去迫使韩信就范?

无论如何,剧作家心里对如下的可能性仍然缺少足够程度的必要意识:按照伦理思考的"中国模式",本剧很可能被大多数观众解读为是在歌颂这样一种精神,它坚持把国家利益视为绝对原则,断然拒绝从任何角度对它进行任何质疑或反思,并主张为实现这一至高原则可以不惜以邻为壑,不惜采纳没有任何道德限制的方式方法,甚至还可以无恶不作!

关于"爱国主义"的立场,我们还有太多的认识需要加以澄清。"国家"包含人民、疆域、主权和政府等四要素。爱国指的只能是珍爱自己的人民、国土和主权,爱国丝毫不意味着应当去爱政府。政府是接受人民委托、执行治理使命的一群人,以及一整套制度和机构的体系。政府应无条件地接受来自于治权委托者的监督,它无权强求人民的"热爱",更无权把人民行使法律所赋予的监督权力叫作"给政府添乱"。我们之所以没有理由断言"既是吾国,即无对错"(My country, right or wrong!),就因为政府作为构成国家的要素之一,它很可能会犯错误,甚至也可能犯罪。于是,国家所由以达成政治目标的各种方式,乃至那些政治目标本身,都没有理由得以拒绝道德与伦理角度的审度①。这种审度,不应当通过"宣示"形式,而必须以"公众论辩"(public justification)的形式,获得人民的接受②。也正因为如此,政治哲学和道德哲学家们都坚持,将伦理与政治分割开来的态度是虚假并且罪恶的③。

本剧直接触及的一个有关政治伦理的重大问题是:国家能不能以绝大多数人民福祉的名义,去牺牲少数人乃至个别人的正当权利? 更宽泛地说,即便是为了达成一个政治上正确的目标,国家能不能肆无忌惮地践踏少数人或者哪怕只是

---

① 古特曼(A. Gutmann)与汤普孙(D. Thompson)主编《伦理与政治学:案例及评论》,芝加哥:海尔森·豪尔出版社,1991年,"导论"。

② "在各种反对立场面前,权力的运用应当有良知地公开拿出理由","能够在每个人理解力的法庭面前解释自己";"只有当异议被提出,并得到公开的辩护时,再去寻求可被广泛接受的理由才能体现对普通公民的理性能力的尊重"。参见斯蒂芬·马塞多《自由主义美德:自由主义宪政中的公民身份、德性与社群》,马万利汉译本,译林出版社,2010年,页39、68、65。按:"公众论辩"在原书里译为"公众证明"。

③ 霍夫曼(S. Foffmann)《我的回顾》,载克鲁泽尔(J. Kruzel)与罗森诺(J. N. Rosenau)主编《探索世界政治学的历程》,麻省:莱辛顿书店,1989年,页273。

个别人的合法的个人权利？

　　对于这个问题,拿破仑的朋友、后来又遭到他流放的一个伟大的法国女人德·斯泰尔夫人曾发人深省地回答说:"越是用非法手段去谋求镇压,就越会制造出不忠诚的人民。他们会认种种新的不公平为正当。法治的建立总是被推到下一天,这变成人们无法打破的一个邪恶循环:因为期待中的那种宜于实现自由的大众精神,只能来自于自由本身。"①

　　具体而详细地讨论这个问题,已经远远超出本文的范围,而且也超出了我自己的专业范围。我在这里想说的只是:如果我们承认,对此我们确实还有慎思和进行道德论证的必要,那么我们就应当对被相当多的人视为不证自明的上述中国模式的伦理思考持有冷静的警觉,并且以开放的心态来仔细倾听不同的声音。我们不能不正视桑德尔的这个陈述,并且针对它做出经过深思熟虑的回应:"爱国主义是一种备受争议的道德情感。有些人将爱国看做一种不容置疑的美德,而另一些人则将它看做无知服从、沙文主义和战争的源头。"②真的,在这个世界上,在"国家利益高于一切"的"爱国主义"名义下,人类已见证过多少次国与国之间你死我活的残酷战争？ 人类已见证过多少漠视国内边缘人群或少数族群正当权益的极不公正现象？ 人类已见证过多少对于所谓"国家敌人"的非法的、丧心病狂的迫害？ 面对所有这些,我们难道还不应该猛醒过来吗？

①　德·斯泰尔夫人《论政治、文学与民族性格》,见索瓦兹(J. K. Sowards)主编《世界历史的创造者们》卷 2,纽约:圣马丁出版社,1992 年,页 103—104。

②　迈克尔·桑德尔《公正:该如何做是好？》,朱慧玲汉译本,中信出版社,2011年,页 248。本书在对发生于美国的诸多现实政治与政府治理中的两难选择进行个案分析基础上,探讨人类凭理性和良知去寻找公正的成果与前景。可参阅。

任何一部戏或者其他文艺作品的观众,当然都可能对它做出与原作者本人不完全相同甚至根本不一样的解读。但是这并不意味着,那部作品本身因此就可以没有属于它自己的根本立场与态度。不仅如此,我认为作者实际上还负有某种义务或者责任,力求有效地去防止受众产生不必要的误读。

八

要求一出戏去从事如此沉重的政治及伦理哲学讨论,显然是荒谬的。在一般情况下,没有人会认为艺术作品应当承担起最前沿的道德探索,即提供与人们在探索中的新的道德观念有关的各种知识主张的任务。实际上这也完全不是本文的意旨之所在。

可是另一方面,促使观众充分调动其已具备的常规性格的道德情感,来感受和看待戏剧所展现的各种具体、特定的情境,从而深化他们对已有道德立场、各种道德原则及其相互关系的更理性的理解,不能不是包括戏剧在内的叙事体艺术作品理应具有的功能之一①。再退一步说,不论其主观意愿如何,创作者心中的基本价值立场,也不可能不呈现在他总想要打动观众的作品里。

例如电影《英雄》讴歌的,是终于压倒了其余一切考量的"国家统一"的崇高原则。这表明:创作者并不像他自己所宣称的那样,只想到用广告片那般令人眼花缭乱的镜头使他的作品"有人看";他对自己机智地向观众传达了一种"政治正确"

---

① 卡罗尔(N. Carroll)《大众艺术的哲学》,牛津:克莱伦顿出版社,1998年,页325—326。按:卡罗尔把他的这一见解,概括为艺术作品对受众道德意识的"澄清"说(clarificationism)。

的训示,内心实在是有十分清醒的意识的。《让子弹飞》有些不一样,很有可能会被某些部门看作政治上不太正确。但这部电影还有一个被掩盖在"政治不正确"之下的更大问题。在用夸张到接近荒诞的手法来嘲讽为人们所憎恶的种种似曾相识的社会现象同时,它也毫无顾忌地把普通人民当作可以肆意践踏的形象来表现。好莱坞的电影业固然也生产出大批歌颂纯属虚构的个人主义英雄的影片。但是,何曾有一部好莱坞影片,敢把美国人民描绘为可以任人践踏的泥巴?

拍出来的电影当然必须"有人看"。用美国电影艺术家波莱克更直率的话来说,它必须"有人买":"美国电影首先是一个产品,然后它才会发生其他作用。无论好坏,这就是我们面临的事实。其中只有很少数才会变成艺术,可是所有的电影作品都得先作为商品获得经费支持,不管制作者有什么样的雄心壮志。它们是工艺家和艺术家的制作,但很快就被提供出售。"尽管如此,在同一篇讲演里,波莱克仍然强调:"真正的好的作品必定也是有观赏性、有趣味的,因为它总会接近一种观照真实的新方式。"①

《让子弹飞》向我们证明,如果说中国的戏剧电影作品普遍缺乏正当的价值关怀,那么它并不必然是提倡"政治正确"的后果。倘若不避臆想之嫌,我宁可相信,不少文学艺术作品,包括很多热衷于从人性和人心内部的善恶冲突去表现生活、展开情节的作品在内,之所以会自觉不自觉地疏离于基本价值关怀,恰恰与它们的创作者们力图躲避空洞的"政治正确"原则有关。其实,"政治正确"原本就应当是大众艺术

---

① 波莱克(S. Pollack)《体现在我们身上的方式》,载彼得拉克(M. F. Petracca)、索拉普热(M. Sorapure)主编《公共文化:美国大众文化的阅读与写作》,西蒙-舒斯特公司,1995 年,页 498—508。

的创作所不应回避的最基本品格之一。关键问题在于:我们应当突破把"政治正确"等同于简单地重复几句一成不变的僵硬口号的思维局限,从而把对关系全局性问题的思考追踪到这些口号背后的大是大非的原则立场上去;我们应当学会在面对"善的脆弱性"时,不再褊隘地将"政治正确"等同于"单单执著于唯一的一种价值,而摒弃所有其他的价值"的情感立场和思考方法。在我看来,真正意义上的"政治正确",恰恰要求艺术家超越上述那些口号式的"政治正确",因而才能在自己的作品里充分表现出"对复杂性的回应和关怀"的不朽的人文主义精神。

《成败萧何》已经获得过太多、太崇高的奖赏,我认为这与它的成就是完全匹配的。有人说,它的文学剧本可以成为一部典范性的戏剧写作教材,我也觉得或许如此。本文议论亦非全然针对这部戏而发。尽管如此,我还是想说,为使这部戏臻于完美,还有必要对其中的部分情节安排和价值观照进行一定的调整修剪。其实,这也是不难做到的。

【补记】

本文原载《粤海风》2011年第4期。

一个好友读过此文后打电话对我说:"以后结集时,不要把它收进去。"他大概很不满意文内引述的有关古希腊悲剧的见解。经过认真考虑,我没有采纳他的建议。或许古希腊悲剧的思想涵意要远比我的引述丰富得多。不过把论辩导向无限复杂的做法,也可能反而会模糊了问题的基本面。无论如何,《成败萧何》的立意与《安提戈涅》反对以极端、无情的方式将价值选项单一化的主张恰成相反。这一点实在值得引起我们的深思。

傲慢的怜悯

——《无法抚慰的岁月》读后

　　历史有时候会变得很势利。因为它天生地崇拜成功与辉煌,而漠视为此付出过巨大代价的普通人。近代之前的中国曾有不少"全盛时代",至今为人们所乐道。但我们却很少念及生活在"全盛时代"的民众对当日处境的体验。他们的遭遇,是否可能比那些平庸时代的百姓更加艰辛,甚至更加痛苦?

　　今天,我们早已改变了对"文化大革命"和开始得更早的那个"火红年代"的看法。"老三届"正好是在那时经历了他们人生中本该集中精力学习文化、积累知识的关键阶段。而今,当他们需要承担赡养老人和抚育子女的沉重家庭负担时,面对一个正在转型中的竞争社会,他们发现自己处于极不利的地位。他们确实活得有点累。

　　这时,他们很幸运地读到《无法抚慰的岁月》来为他们指点迷津:"老三届人"不应该再沉迷于自怜、自恋式的"质问"、"倾诉和宣泄"。现在应当反躬自问,"对我们自己说几句真话"。

　　这是一些什么样的"真话"呢? 那就是承认自己没有知识,或者如果有的话,至多也只是"支离破碎地拼凑起来的"一堆杂牌货;承认自己"不敢正视"受极"左"意识形态毒害最深的事实,以致对"昨天的恶梦"尚未"真诚地忏悔过";承认自己的"虚伪和丑陋""出卖和告密";承认所谓"青春无悔"的"结语"只是为"逃避对自身的清理与整合"而编织的"虚妄的桂冠";承认自己已经在"老三届的阴影"里呆得太久而无所事事,所以必须赶快检讨"我们还能为社会做些什么"。

　　作为"老三届人"的一员,在刚刚读完这篇文章的一刹那,我承认确实被这一阵当头棒喝讥诮得自惭形秽、无地自容。但待血压逐渐平稳后,我又发现在着意鞭挞"老三届情节"时,《岁月》的作者其实并没有真确地反映出这一代人的典型心态。如今,他们中间到底还有多少人把自己定位为"中国各个社会阶层中的支柱力量""最优秀的一代"? 究竟还有多少人会认真地对过去"无怨无悔"? 事关这一基本估计,作者忽而宣布老三届"曾经有过的革命理想""早就崩溃坍塌",责怪他们只顾反复诉说"内心的伤痛和愤懑",忽而又讥讽他们至今仍在用当年虚自炫曜的"崇高而光荣的使命"来麻醉自己。用这种违反形式逻辑的论证法,怎么能真正揭示"属于我们这一代人的悲哀"?

上山下乡

　　不错,这一代人确实"严重贫血",以至于今天提到京剧,他们中间的大部分人只能想起"脸红什么精神焕发怎么又黄了防冷涂的蜡"一类的台词。在偶尔需要扯开喉咙唱一两支歌曲以抒发情感时,他们会尴尬地发现,自己想不起一首不带"革命"语汇的歌曲。但是这不等于说,他们已经完全泯灭了属于个人的丰富而细腻的生活感受力。文艺作品所传达的情感体验,在特殊历史条件下可能完全脱离它们的原创者所赋予它们的本有内涵。对"样板戏"的评价,今天的人们尽可以抱持各自不同的看法。而贫血的老三届则有属于他们自己的用以感受和阅读那些"革命化"文艺作品的特殊方式。为此而嘲笑他们是极不厚道的。我们一直在说,对人类要多一点宽厚、尊重和理解,为什么就不能从对身边的同一代人做起?

不错,这代人里面确实出过"抄家破坏文物的红卫兵",出过"打死老师的革命小将"。对此自然不应健忘。然而,当时的"法西斯暴行和血淋淋的犯罪事实"不仅发生在老三届人中间。当代中国人直到1970年代才开始逐渐走出政治上的幼稚时期。作者说,不应该"把所有责任都推给了时代去承担,便轻易地将自己解脱";她的话没有全错。不过这里仍然有几点需要加以强调。首先,说中国人(包括老三届在内)"至今不敢正视自己曾误入的歧途",那恐怕是过分低估了他们的良心和良知。其次,如果说人们对于各自应负的道德上的责任还缺乏充分的意识,那么其中的一个主要原因是他们还没有获得足够的时机和客观允许度,以便"用心灵去追问我们当年为什么受骗上当,为什么如此愚昧无知"。复次,尽管每个参与者都不应该拒绝更真诚的忏悔,但这并不意味着我们就可以拿"错误人人有份论"来替代过去流行过的"野心家阴谋论"或者"时代错误论"等等,作为解答"昨天的恶梦"为什么会产生的全部答案。最后,倡言"永远无法原谅自己",并且要"用后半生的善行去赎罪和赔付"云云,用于律己则可,用以责人仍稍过严苛。

我总是觉得,谴责老三届没有"追问"或者"追问"得还太少,实在有失公平。《岁月》作者心里的意思,也许与她在字面上的表达不能完全衔接。这是一篇寻错了挞伐对象的檄文。"无法抚慰的岁月"在老三届人心头刻上了怎么也抹不去的印记。哪怕你朝自己的过去猛吐唾沫，也无济于事。如今恐怕只有怀着平实的心情，历史地看待自己，不妄自菲薄，更不忘庄敬自重。在五十岁上下就不得不面对"被有知识有文化的一代年轻人从头顶上无情跨越"，这固然有一点残酷。但是老三届终究不仅已见证了时代性的转换，而且也以至今还默默承受着的巨大自我牺牲促成了这一转换。所以他们大不必"强颜"，也能够自然体面地亮出自己的"欢笑"。

尽管《岁月》的作者除了"未能熟练地掌握一门外语"，再没有老三届人的其他那些受她指斥的恶习，承蒙不弃，她依然愿意勇敢地与"'我们'一起来承担""我们的过失甚至罪孽"，愿意"与老三届一生同行"。表面上看，这样说未免又与她的下述主张相冲突，即"我们不再是我们，我们将是每一个独立的个体"。仔细一想，我好像明白了作者的真意所在。她实在是在"修得正果"、也就是"超越"了"我们"之后又自愿地回到"我们"中间的一个活菩萨！回到"我们"中来，是为了普度众生，以便把"我们"统统变成"每一个独立的个体"。作者的心愿可嘉。惜乎这种居高临下的精英意识和傲慢口气，总是让人不大舒服。如果还有别人不喜欢这篇文章，我想这可能会是最重要的原因。

【补记】

本文原载《南方周末》2009 年 3 月 26 日第 24 版。这本是一篇在抽屉里搁置了很久的旧作。为纪念"老三届人"上山下乡四十周年祭，特意将它检出刊发。

颠扑不破的老生常谈

——读费耐生写给青年学生的一封信

一、因为律师和行政官员喜欢把水搅浑，而科学家与学者则力图将问题简化（至少是把这当作目标），所以你们必须根据为自己设定的方向来规划研究工作。把水搅浑也许能在钱财方面收益更大，简化问题的做法当然就不会有这样的效果。

费耐生七十寿辰纪念文集书影

二、点上知识宜专精，愈细密愈好；与此同时，面上知识宜广博，愈简明愈好。换言之，你应该力争既成为能深入特定学科领域而游刃有余的研究者，又对更广泛的事物保持足够知识。无论你想进入商务界、教学界、政府部门、公众机构或私人组织，这一条对你都将会是很有益的建议。

三、学会对自己微笑，那么世界也会对你微笑。要知道，你所做的每一件事，都是既十分重要，同时又微不足道的。万事都会有被人们遗忘的那一天；不过在着手进行时，倒不妨把它当"千古事"来认真对待。

四、将来属于不同个人、社会、国家之间相互合作的精神。要善于同大家一起工作,学会在与他人的个别交往中坦诚待人。须明白,在一百年前,我们自不必去关注其他大陆和那里的人民;但是到今天,世界已经变小,变得过于拥挤、人口过剩。其他地方发生的事情,如今对这个星球上的其余所有的人们都一样重要。

五、由于人是唯一有幸被赐予乃至深受苦恼于其记忆力的动物,历史对我们所有的人都非常重要。历史可能很难像兰克在19世纪说过的那样,乃是对"真实地发生过的往事"的报道;也未必如法国历史学家所说,是我们以为发生过的事情。或许就是在东方,当我们说,历史经常(即使不是一向如此的话)是在讲述人们认为往事曾应如何发生时,我们也许才真正说到了点子上。

六、总而言之,但愿你们在这里过得快乐。因为这应当是"你们一生中最好的时光,而且你们只会有一次"。

以上是美国著名的中亚史专家、哈佛大学"阿噶汗伊朗学讲座"教授兼内陆亚洲及阿尔泰学研究委员会主席费耐生(Richard Nelso Frye)在20世纪80年代写给青年学生们的一封短信。它曾以打印件的形式分发给选修"内陆亚洲及阿尔泰学研究的史料与方法"课程的该校研究生们,又经过他们辗转流传开来。费耐生的这些话显然不是出自他一时的心血来潮。在为庆贺他七十岁诞辰的纪念论文集所写的自传性说明的结尾,费耐生差不多是一字一句地重复着上面的有些话:"谁能断定哪个更好或是更坏一些、哪个重要而哪个又不重要? 万事的重要性与无意义的程度恰相等:它们总有一日都要被遗忘。那么人该怎么办? 就像那古老的谚语所说:'如君微笑,则世界亦对尔微笑;如君哀号,则向隅悲泣者唯君乃尔.'所有的信条都教你要善待和帮助他人;不过也应当快乐地做人,享受生活,因为它对你们来说只有一次。"(费耐生《自述随笔》,《突厥研究集刊》卷16,哈佛大学近东语言文化系出版,1992年)从他重复地予以表述的主题可以知道,包含在以上那封短信里的内容,在费耐生看来,正是从他数十年治学、做人的经历中提炼出来的最值得传授给晚辈们的生命体验。

就像大多数美国人一样,费耐生对美国社会中法治与文牍主义互相激扬的局面颇感无奈。法律规定的繁复细密,使得在条文应用方面的细微出入就可能导致巨大的经济或其他个人利益的得失起落。于是,美国人不得不在诸如交通事故纠纷、个人所得税填报、遗产处理、不动产交割、结婚和离婚等有关社会及个人生活许多方面的问题上求助于律师。在那里,"去找我的律师"这句话,几乎与十多年前的中国人爱说"去找你的单位"同样,习惯性地挂在人们的嘴上。另一方面,由于律师惯于在法律条文的缝隙间长袖善舞、钻营牟利,一般美国人对他们又有某种不太放心甚至天然反感的情绪。费耐生称律师喜欢"把水搅浑"(obfuscate),固然不无这种讥贬之意。但他其实也是在略带戏谑地阐明:尽管学者必须以他的职业为谋生之道,但是学术的教育与研究本身绝不可能变成一项营利的"产业"。从"听者有意"的角度去理解,这段平常的话简直具有某种超越时空的洞穿力。

费耐生建议学生根据本人对今后职业的预期来确定各自的学习计划,这当然是有道理的。选修他所在的近东语言与文化系各门课程的学生,可能有志于从事与近东商业、外交、政治或文化相关的各种实际工作,可能打算进入研究近东历史文化的纯学术领域,也可能是把它作为主修专业的边

缘学科来学习的。这种情况势必使各人的修习计划和对各
自知识结构的培育目标互有不同。但是在我看来,费耐生的
话并不表明,高等教育因而就可以对打算就职于实际工作部
门的学生降低专业化的纯学术训练水准。高等教育、尤其是
研究生教育,永远只能围绕着一个相对狭隘的专业范围对学
生进行高度专门化的培养。在这个意义上,"学非所用"乃是
一个伪问题。因为当人们这样提出问题时,他们实际上已经
将"学"的内涵限定为通过学习获得具体知识,而忽略了学习
过程中被开掘出来的能力、智慧和人文精神在界定或衡量人
才时的重要性。"学非所用"是现代社会里高等教育的发展
所导致的必然和正常的现象。不能因此把高等教育全面改
造为高等职业教育,或者把大学办成专门培养似乎什么都
懂、其实又什么都不懂的万金油式"人才"、"侃爷"或江湖郎
中的速成班。

　　费耐生关于学必专精的主张,充分体现在他的第二条建
议里。尤其因为他在这里明白宣称,这一条对将来不从事纯
学术研究的人们同样有用。此段首句原文作"You must
both learn more and more about less and less AND less and
less about more and more"。汉译是否贴切,颇少把握。这
句话大体上接近胡适所说"为学要如金字塔,要能广大要能
高"的意思(《胡适文存》3集卷二)。历史学的研究对象大都
已成为过去,研究者无法亲身体验已经过去的时代或社会,
因此只有通过尽可能详尽地掌握它留下的种种遗迹(文献史
料、考古实物、口头传说等),去感受那个已远离当代的时空
及其精神。那样说来,对自己准备研究的具体对象知道得越
多越好、不厌其烦,则是一点也不过分的。不过,旧式东方学

的一个重要缺陷,是长于细部事实的研究而弱于总体解释。甚至在释读文献过程中得以充分展示的精湛技巧本身,也往往变成了界定研究对象和研究目的的决定性因素(参见 C. A. O. Van Nieuwenhuijee《中东的社会学》,布雷尔出版社,1971 年,第一章"总导论")。所以,仅仅做到不厌其烦地占有相关历史的细节知识,还是不够的。

从语言知识渊博的意义上说,费耐生属于典型的东方学家。他掌握波斯语、塔吉克语、阿拉伯语、突厥语、粟特语、阿维斯塔语、汉语、日语等东方语种,曾在哈佛大学讲授过全部近东语言、伊斯兰教以及全部近东历史的课程。但他所以能超越一般东方学家的地方,仍在于他追求对历史整体认识的强烈意识。这种有意识的追求,加上纯熟的细部处理技巧,使费耐生的论著带上鲜明的"大处着眼,小处着手"的特征,丰满而不烦琐,高渺而不空疏。他告诫学生说,对本领域以外的相关知识必须有要而不烦的正确了解,其实这也是他自己长期身体力行的一项准则。

从整体上认识历史的态度,也反映在他对"历史是什么"这个问题的思考中。旧式东方学总的说来带有实证史学的性质。照柯林武德的说法,所谓实证史学,是指在"实证主义纲领"影响下形成的精确严格地考订个别事件的历史学派;与此同时,实证史学却拒绝实证主义精神对"发现规律"的追求,而以"如实叙述"的客观性相标榜。结果,实证史学在处理超过孤立事件或个别事件的"大型问题"方面的无能达到了"空前"的程度(《历史的观念》,何兆武、张文杰汉译本,中国社会科学出版社,1986 年,页 143—151)。费耐生明确地怀疑兰克主张复原"真实地发生过的往事"的可能性。不过,他也反对法国历史学家称历史为"我们以为发生过的事情"

(what we think happened)。这一流派力图以"同情的洞见"或"想象的同情"去"重新捕获"历史的节奏,从而把历史运动完全地封闭在历史学家的主观性领域之内(《历史的观念》,页214—216)。费耐生认为,给予历史研究的比较确切的定义,应当是对"人们认为往事曾应当如何发生"(what people think should have happened)的报道。他这一见解,强调历史学家必须力争把握特定历史时期中人们对自身社会与时代的各种体验,而不是高傲地以历史学家自己的"洞见"去取代他们。通过当时人们的体验重建对过去的整体认识,费耐生在这一点上基本突破了旧式东方学传统的狭隘性。

与人的合作精神是特别受费耐生重视的一种个人品格。这又是他本人性格的某种写照。对于伊朗学发自衷心的热爱,使他在阿富汗、伊朗、塔吉克斯坦和俄罗斯都赢得一大批朋友。这位冷战时期活跃在铁幕两边的神奇人物,曾经被苏、美双方分别怀疑为对方的"间谍"。而了解他的俄罗斯学者,则用一种很奇特的表达方式来否认他身为美国间谍的可能性:"如果你是特务,那么你必定是伊朗、阿富汗或者塔吉克斯坦的特务。"看得出来,他对本人所赢得的友情,至少与他对自己已取得的学术成就感到同样由衷的自豪。

合作精神对学术研究的重要性在于,学者个人的创造性才华必须在知识群体之内的交流、沟通中才能获得最充分的发展。科瑟(Lewis A. Coser)说:"知识分子需要和他们的同伴们保持经常的接触;因为只有在这样的沟通中,他们才能够培育出关于方法和优雅风格的共同标准,以及指导他们行为的共同规范。尽管在大众中流传着相反的神奇说法,然而大多数知识分子在孤独境况中无法从事他们的工作,他们需要在与同行们争辩和讨论的交流中发展他们的思想。自然并不是所有的知识分子都喜欢交际,但是大多数知识分子需要通过和他们认为是与之相般配的人们进行交流,从而鉴别自己的思想。"(科瑟《理念人》,中央编译出版社,2001年,页3—4)我国的各种学术研究基金的颁予,至今仍很少考虑对经过充分准备的中、小型专题讨论会(conference)的支持;研究者也极少将这样的专题讨论会列项申请经费资助。如何改变我们的学术讨论会主题过于宽泛、难以通过有效聚焦而推进深度交流的现象,似应引起我们的重视和认真思考。

学术机构内部经常性的研讨会(seminar),也是加强其成员间相互启发和激励的重要形式。在普林斯顿大学高等物理研究所曾有一个不定期的"强制义务研讨会"(Shotgun Seminar)。研讨会的主题在一周前预先公布,但是报告者并不事先确定。在报告开始前,所有在场的人都必须将写着自己名字的小纸条丢进一个小盒子里,然后摇晃小盒子,再从中任意抽出一张小纸条。那上面写着谁的名字,谁就要在那天履行强制性义务,担当主讲人的角色。1982年的一天,就在这个研讨会即将开始前不久,奥尔特彗星云的发现者、著名天体物理学家简·奥尔特恰巧来到研讨会的会场。这使得研讨会的组织者进退两难。他们很难要求这位八十二岁的珍贵客人离开房间;另一方面,他们又不愿意破坏规矩,允许奥尔特不承诺可能要履行的强制义务而留在会场上。组织者满怀着歉意向奥尔特说明了情况,后者问明当日讨论的主题后决定留下来。当然他也像其他人一样,把写有自己名字的纸条放入了那个小盒子。他没有轮到当主讲人,但是积极地加入了讨论。研讨会结束时,"他站在黑板前为我们作了一个十分钟的讨论小结,比我们在那个上午听到的所有发

言都来得清晰透彻"(F. 戴森《方位的无限》,哈铂-罗出版社,
1988 年,页 23—24)。我所以要不惜篇幅地复述上面的故
事,实在是因为它把一个优秀科学团体内的精诚合作与浓厚
的学术气氛表现得太生动、太令人神往了!

重视合作精神,从某种意义上说,就是把学术群体的创
造力视为要大于其所有成员的个体创造力的总和。费耐生
就是这样看待问题的。所以,他才会把自己力争将安尼迈
尔·施密尔(Annemarie Schimmel)作为讲授印度-穆斯林文
化的教授引入哈佛大学,看作是"在为哈佛服务方面的一项
个人成功"(《自述随笔》)。当然,费耐生强调人与人的合作
与互相理解,它的意义又远超出学术的范畴。对自己微笑,
意味着坦荡豁达、波澜不惊的心态。惟其如此,才能真正不
生计较之心地善待和帮助别人。也惟其如此,才能在参悟大
化流行、世间万物无不有生有灭之后,仍然保持不玩世、不苟
且的敬业精神,严肃地珍视生命中不复再现的每一刻。这已
经很接近一种宗教的情感或精神。从许多大学问家晚年的
言行举止中,我们经常能够领略到这种返璞归真的沉静境
界。费耐生的例子,显然不只是个别的。

(本文原载《世纪书窗》2001 年 9 月号)

走调的"终战"纪念

——读两篇敦促日本坚持战争反省的外论

日本头号英文杂志、东京都的城市信息周刊《大都会》(Metropolis)，在日本"终战"纪念六十周年前后两期的"卷末短评"栏里，接连揭出两篇由侨居日本的美国人撰写的时论，对日本在战争反省问题上的意识不足提出相当冷峻的批评。

《大都会》杂志书影

利戴尔(C. B. Liddell)的《帝国军队的先烈祠：悼亡重镇靖国神社》，围绕着作者对靖国神社附设军事博物馆"游就馆"馆长的采访来展开。文章记载那位强硬派馆长的话说："靖国神社本身就说明，战后日本的历史教育是不正确的。因为它只强调日本人对其他国家的所作所为，诸如侵略、征服和殖民之类。我们所学到的就是这些。但是，靖国神社不会承认，那些为战争而死的人们，是死于一场侵略的、扩张主义者的战争。我们只能认为，他们是为拯救和保卫日本而战死的。"可惜采访者没有进一步追问他，为什么日本人需要跑到中国、菲律宾或缅甸去"为拯救和保卫日本而战死"。利戴尔自然没有忘记提到，"与另外一些宗教不同，神道教只关注让死者的灵魂获得安宁,而不判分其(生前的)功罪"。但他紧接着评论说:"这个博物馆拒绝有关战犯的全部观念,而在网址上把他们称作'昭和殉难者'。"在这里,利戴尔实际上是用后一个事实,有力地否定了将七名甲级战犯供奉在靖国神社是出于神道教"不判分其功罪"的托词。读一读那位强硬派馆长的前引议论,听一听现任东京都知事在今年参拜靖国神社时所发的"不要问我以公人还是以私人(意指以国家公务员或以私人身份)而来"的蛮横言论,谁还能对这一点有什么异议?

当利戴尔提到该博物馆竟为日本昔日的武装力量感到"毫无羞愧的骄傲"时,他对此的厌恶情绪可以说已是跃然纸上。尽管如此,他的文笔总的来说仍显得相当克制。言及神社内供奉着多达二百四十多万亡灵,他写道:"无辜者与战争罪犯共居于同一精神场所,靖国神社就这样体现着战争的矛盾。"针对印度、印度尼西亚等国的独立系得益于日本发动的"大东亚战争"的论调,作者轻轻拈过"亚洲得之于二战的所谓利益"一语,便表达出自己深不以为然的质疑。短文由以下一段意味深长的话作结束:"亡灵们或许可以从这所帝国军队的英烈祠获得安宁。但围绕着该神社的连续不断的争论却说明,活着的人们怎么也做不到为此而心平气和。"

如果说前一篇文章的语气还十分委婉,那么麦克比恩(Bert McBean)的《历史教训:年轻一代日本人应当了解军国主义的过去》,就写得率直明快多了。文章从一则慨叹日本青年对历史无知的政治笑话说起。年长的日本人问道:"你知道六十年前日美之间那场大战吗?"年轻的日本人答:"有那回事吗? 那么谁打赢了?"作者提出,这番话所针对的,如果是一场距今相当久远、因而对今日生活已毫无影响的战争,那倒不足为奇。问题是第二次世界大战过去还只有六十年,而今三十岁以下的日本人却对太平洋战争和最初推动了导致当代日本自由繁荣的盟军占领时代(1945—1951)乃至麦克阿瑟似闻未闻,这就不能不使人感到"反讽"和"遗憾"了!

　　谁应该对这一"可悲的局面"负责呢?麦克比恩并没有怪罪被他称为"迷恋4C(即微型电话机、泡沫电视剧、汽车和时装)"的年轻一代日本人。他写道,责任在于他们的祖父一辈,尤其是那些曾在外国服役过的退伍老兵;是他们不乐意把战争年代自己在中国、菲律宾或其他地方的见闻或行为告诉下一代,而往往选择沉默。传媒也理应受到谴责。"他们,其中特别是NHK,总是小心翼翼地回避叙述战争暴行的情节";而"大学教科书的出版商则尤其倾向于绕开那些'尚有争议'的话题"。

　　但是,作者一针见血地指出,在教育青年方面最难辞其咎的,应该是日本政府。"从对十五年侵略战争不能作出明确交代到历史教科书的曲解事实,日本政府一直在推进某种新类型的受害者群体——对战争真相所知甚少的日本青年人的形成。它一直在促进学者们所称的民族集体记忆的流失。不仅如此,通过反复强调本国的悲惨遭遇(例如广岛和长崎),日本作为战争受害者的神话业已深入人心。"

　　更有意思的是,本文作者结合"终战"六十年时在一个日本大学里教书的亲身经历,揭示出十九、二十岁的日本人对当日战争的了解程度。他说:"我必须承认,大部分学生其实知道日本打输了那场战争,并且也听说过麦克阿瑟其人。但他们所知也仅此而已,当然广岛和长崎的学生不在此例。"作为课外作业,麦克比恩要求学生们去了解南京大屠杀、慰安妇或者日本的战俘集中营。"使我大吃一惊的是,大多数学生的反应是,他们此前从未听说过这一类的话题。在阅读有关资料后,几乎所有的人都感到震惊和义愤。……而他们紧接着的反应似乎就是:为什么我以前不知道这些?"

为什么呢?游就馆那个馆长的话也许回答了学生们的责疑:"我们不认为把注意力集中在历史上发生的少数坏事情上,就可以使国家和平。"这与麦克比恩引述的"一位右翼政治家"在几年前的言论正好相映成趣:"对日本青年,只应当讲授'好'的历史。这样才能增强他们的民族自豪感。"显然与这些主张的逐渐得逞密切相关,深为游就馆长所不满的那种"战后日本的历史教育",如今正在日本课堂里迅速褪色。麦克比恩把这一现象与"自由民主党内在最近几年的逐渐右转"联系在一起。

毫无疑问,中日两个民族之间相互关系的内容,要远远丰富于集中体现在每日新闻节目里的国家关系和政治关系这一层面的那些人和事。在形形色色的个人接触的场合,人们很容易切身感知一般日本人的礼貌、友好、善良、勤奋、守纪律和他们对和平的热爱。正因为如此,个人之间的沟通才会成为不同民族相互沟通中不可缺少的重要渠道,尽管它是比较昂贵的。同样毫无疑问的是,战争年代的大多数日本人,与当日受日本奴役的各国人民一样,也是那场罪恶的侵略战争的受害者;他们的遭遇,包括广岛和长崎遭受"原爆"的痛苦经历,理应为世人所牢记。甚至我们也应该承认,试图以不同方式掩盖或否认本民族(实质是当时支配着该民族的某个权力集团)曾经犯下的历史罪行,这种情况未必只是发生在日本。然而,即使考虑到以上种种因素,有正义感的人仍然完全不能同意出现在日本的那些思潮。它们力图以隐晦的形式,在抵抗西方帝国主义的借口下,把往日建立"大东亚共荣圈"的阴谋再度美化为"解放"亚洲的伟业,力图以强调日本人民所蒙受的战争灾难,来抹杀战争双方的正义与非正义属性间的区别,力图放大人们在对战争罪行达成共识的讨论过程中所产生过的必要争辩和异见,来否定由流成河的鲜血与堆成山的枯骨所见证的日本战争罪行。"终战"纪念对日本到底应该意味着什么? 在日本与其亚洲近邻产生严重争议的这个问题上,很有必要听听来自于或可视作第三方的声音。以上介绍的两篇短文,正是在此种意义上非常值得一读。

回溯与展望
——从《万历十五年》^①谈起

黄仁宇《万历十五年》书影

80年代的中国出版业还没有时兴炒作风。在当年,黄仁宇的《万历十五年》,不是因了生意经上的噱头,却是凭借它二十万言传神的历史学素描,悄悄地赢得越来越多读者的。作者自称本书是在尝试一种"历史专题研究的大众化",但它的价值实在远非"通俗化"三个字所能概括。人所以会产生想认识过去的激情,因为他天生地具有好奇心,想要重睹并且重新理解往日那些有声有色的事件、有血有肉的人物,想身临其境般地去感受他们的生存状况。尽管自诩"深刻"的历史学家日益醉心于追踪人物和事件背后的关系、观念或者"规律",历史学的观照最终仍须回归到对具象的描述。恰恰是在这个意义上,历史的"外在现象"才是它的生命与真谛所在;而历史学之成为"科学"与它被标准化的过程,却又不幸使我们疏离着这一目标。在这时读到《万历十五年》,自然也就不止是对一般读

---

① 〔美〕黄仁宇《万历十五年》,北京:中华书局,1982年。

者,而且同样地对研习历史的学生和专业工作者,都产生某种震动的效果了。我认识的很多朋友,往往像我自己一样,喜欢这本书超过后来在中国大陆汉译出版的黄仁宇的其他著作,恐怕都与初读本书时留下的这种难以磨灭的感动有关。

黄仁宇是明确地不赞成明清中国"资本主义萌芽"说的。在他看来,万历十五年的"年鉴",反映出中国传统的政治文化和社会制度业已无法超越它自身的限制,"是为历史上一部失败的总记录";因此,中国社会朝现代化的变迁,只有等待"与世界潮流冲突"所提供的历史机缘来从头发动。为充分刻画内在于"传统的历史背景"之中的致命限制,黄仁宇需要一种"大历史"观,其中至少包含两层特别的含义。一是"从技术上的角度看历史",于是他写了《中国大历史》;二是要有比较的视界,于是又有他的《资本主义与廿一世纪》。后一本书的主题,其实就是比较文明史意义上的"大历史"视界内的中国,也就是要在"大历史"的坐标网上考量中国。

"原生"形态的现代资本主义在欧洲的部分地区产生和发展起来,似乎可以看作是一个十分特殊与带偶然性的过程。倘若事情果真是这样,那么我们的设问,就应当是"资本主义为何以及如何在彼时彼地历史地发生",从而不必再拿"中国为什么没有自行发展出现代资本主义"这样的问题来困惑自己。黄仁宇或许是想对这两个问题都作出圆满的回答。他确实用他自己的方式,阐明了资本主义如何藉着某些特定的历史机缘与条件而在欧洲列国逐次展开的过程。但对于后一个问题,尽管得益于作者栩栩如生的描绘,使我们可以对万历年间无可奈何的"历史大失败"获得感同身受的深刻印象,我们还是无法在他对中国史的解释框架之内弄明白，为什么传统中国不得自行转换为"能在数目上管理的"国家。然而我们绝不应该在这一点上苛责作者。借用作者反复援引的一则譬喻，提出这样的问题，难道不就像硬要一个生物学家来回答走兽为什么不会蜕变为飞禽同样可笑吗？

在这里，我们特别体察到"大历史"观所强调的"必须有国际性"这一层内涵的深刻意义。如果简单地以"人同此心，心同此理"的陈述来否认不同民族与社会文化的特殊性或它们各自的独特发展道路，这自然是荒谬的。不过我们同时也必须承认，如果不借助于由人类普遍经验构筑起来的参照系，对于上述特殊性或者独特道路，有时很难孤立地从该文化的系统内部获得圆满的认识和解释。而当我们从对历史的回溯转向对"未来历史"的展望时，我们依赖于人类普遍经验的程度即使没有变得更高、更强烈，至少也不会更削弱。因此，现在的我们，比以往任何时候都更加用得着从前那句"放眼世界"的老话——不过当然不是在它原先的那般意义上。

（本文原载《南方周末》2000年3月10日第15版）

超越纵横家言
——读《近东危机与柏林会议》[①]

　　1870 至 1871 年的普法战争,使 1815 年维也纳会议以来的欧洲外交局势发生了重大变化。借用当日德国宰相俾斯麦的描述,导致冲突的危机意识使欧洲各大国"像挤乘在同一驾马车里的陌生旅客,面面相觑又满怀狐疑地互相戒备着。如有人将手摸向口袋里的手枪,其

朱瀛泉《近东危机与柏林会议》书影

邻座则已做好了先扣响扳机的准备"。正是在此种严峻情势下,处于迅速衰落之中的奥斯曼帝国境内波、黑二省反抗土耳其统治的农民暴动,将 18 世纪以来欧洲列强围绕着如何瓜分帝国遗产而展开的长期角逐推向新的高潮。英、俄、奥、法之间复杂的多边关系,需要一个式微的奥斯曼作为缓冲国而存在。但由于追逐各自在近东的利益,它们在谋求近东局势和平化方面不仅缺乏一致,反而一再陷入互相对峙的紧张状态。新崛起的德国在近东尚无具体利益,但为了牵制刚被

①　朱瀛泉《近东危机与柏林会议》,南京:南京大学出版社,1995 年。

它战败的法国,竭力想维持与俄、奥的欧陆"三皇同盟",因而积极扮演列强仲裁者的角色以期平息危机。由近东问题引发的欧洲列强间几次濒临战争冲突的危险,终因1878年柏林会议的缔约而得以避免。

以上这段冗长的内容简介,或许恰可以说明,朱瀛泉教授的这本著作所处理的是一个头绪如何纷纭繁复的困难课题。作为19世纪下半叶最重要的欧洲大国会议,外交史领域内对柏林会议的研究不乏经典之作;对引发柏林会议的巴尔干危机期间的一国政策或某组双边关系的研究,我们也有一些堪称典范的著述。本书的特点则在于它力图从多国关系的视角对本时期东方问题与欧洲大国关系结构之间的交互影响,以及列强在柏林会议上达成妥协的全过程作出整体性的考察。作者没有把他的关注局限于各大国对外政策的层面,而始终致力于追寻欧洲强权政治是如何由于三皇联盟解体而步入结盟体系的时代这样一条国际体系演变的线索。

值得提出来的是,本书并没有简单地以对东方问题和欧洲大国关系的全景式概括,来替代对不同国别的外交政策乃至若干组双边关系的具体分析。相反,全景式概括恰恰是从详尽的具体分析中提升出来的。作者遵循经院派国际关系史研究的传统,在国内的许可条件下使用了大量外交文件、档案、议会文书、当事人回忆录等第一手资料,并且参阅了五六十种专著、专题论文、博士论文等重要的第二手文献。在史料及研究文献的搜检方面,"上穷碧落下黄泉"的主张对很多研究领域来说显然是过分夸张了;但基本的资料涵盖面仍然是衡量一种学术研究质量的最重要尺度之一。本书中征引最多的是《英国外交事务文件:外交部机密报告与文书》第一部分B集第2、3两卷,从中引述史文达四十余条。即便有价值的资料相当集中,要从一千余页的记载中将它们爬梳出来,仍然是极费心力的。

作为一个严谨的个案研究,本书对于考察地区性热点问题与整个大国关系结构变化之间的联系,应有某种启发意义。在国际关系史研究的程度业已如此深入的今天,可惜我们仍能在这个专门领域里不时地读到一些类似《战国策》的"机锋"派或者"纵横家言"式的作品。正因为如是,推荐这本不过两百页的好书,就显得更有其必要了。

(本文原载《文汇读书周报》1997 年 9 月 29 日第 2 版)

一桩错案能告诉我们什么？

——读《叫魂：1768年中国妖术大恐慌》[①]

一

1768年，也就是尚在清代全盛时期的乾隆三十三年的早春时节，在浙江德清一个叫慈恩寺的小庙里，穷愁潦倒的和尚们策划了一个与邻近某处香火旺盛的观音堂争夺香客

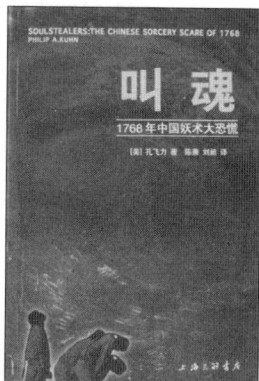

孔飞力《叫魂》书影

施主的诡计。他们散布揭帖，声言观音堂的风水被在附近造作的石匠施行的魇魅邪术所破坏，到那里烧香请愿已不再灵验。所以要消灾积福，应该改去慈恩寺。

在与德清县境相邻的仁和县（今属杭州），一个长期受异母兄之子欺侮的沈姓农民受上述流言的启发，找到正在承修德清县城东侧水闸和石桥的吴东明，央求他在将木桩打入河床时，把写着沈氏所切齿痛恨的两个侄子姓名的纸条钉在桩尖。当时正传说这个石匠需要类似的纸条压桩，而

① ［美］孔飞力《叫魂：1768年中国妖术大恐慌》，陈兼、刘昶译，上海：上海三联书店，1999年。

姓名被写在纸条上的人则会因灵魂受到损害而致病致死，这就是所谓"叫魂"。吴东明大概也已听到过这则谣传，因此立即投告到县衙。沈氏被笞打二十五下。

沈氏图谋沉桩魇魅案，似乎只是1768年的江浙地区大规模社会歇斯底里的序幕。叫魂的谣传在对自身周围的具体情形所知甚少的民众中，激起了带有极大盲目性的、无组织的、手段和目的都含混不清的大众行为。风传的叫魂形式现在演变为以剪去受害人辫梢（经常先下迷药使之昏死）来勾摄其灵魂；叫魂的执行人则被想象成漂泊的游方僧人或世俗的流浪者。萧山、安吉、胥口、木渎、苏州等大小市镇相继发生殴打僧、俗流浪者的私刑事件或集体暴力，尽管在整个三、四月间江浙两省并未发现过真正实施此类邪术的案犯。

虽然地方官最初没有将这一事件上报朝廷，乾隆却在七月下旬发付江浙、山东督抚的廷寄中向他的"外吏"表明，他已经通过自己的消息渠道侦知此事。就在这份廷寄发送的前一天，山东巡抚富尼汉送出一道报告山东剪发案的奏本。现在已经很难弄清，富尼汉是否因为事先风闻乾隆已知悉此事，所以要为掩饰自己瞒上怠职的过失而格外卖力地将许多涉案人员屈打成招。无论如何，由于他的刑讯，剪辫案现在从仅系某种荒谬可笑的传闻之词升格为一桩确有其事的罪行。到八月份，富尼汉又报告了另外五起山东剪辫案。案犯分别供出藏身江南的某个邪术指使人。惟有关其人的姓名、身份、地址等具体情况，则言人人殊。江南官府据以缉拿无果，复导致山东案犯翻供、改供。重刑下的旁牵漫引和官方一次次的搜捕，无疑对剪发魔魅传闻的大规模扩散起到了推波助澜的作用。

随着案件越查越大，乾隆逐渐怀疑剪发魔魅实际是驱迫民众采取剪辫这种仇满的象征性行动的恐吓方式,它的背后可能有一个反满的主谋或主谋集团。在九月七日给七省大员的廷寄中,他始而认定这是一桩用心险恶的政治犯罪案件。各地官僚当然很容易理解,这封以"勉之慎之"结尾的廷寄具有何等沉重的分量。在九、十两个月里,剪辫案发展成为牵涉浙江、江苏、山东、安徽、直隶、热河、河南、山西、陕西、湖北等十二省的大狱。几十个无辜的人在严刑拷掠下毙命或致残。直到十一月,在北京覆审关涉此案的全部还活着的疑犯的过程中,越来越多的证据表明该案完全系罗织所致。清廷被迫放弃追查。叫魂、剪发案至此不了了之。

就这样,叫魂案把一种深刻的信任危机和且疑且惧的阴云散播到半个中国的各社会阶层:民众恐惧的是用邪术来损害他们的陌生人;乾隆忧惧他的臣下对他封锁消息、"化有为无"、敷衍塞责,忧惧汉人尤其是江南汉人的反满暗潮;地方官僚怀疑乾隆的过敏性断制,怀疑自己和外省同僚在声色俱厉的上谕催迫下靠"刑鞫"获得的供词,更害怕乾隆会不满意自己对案件的处理,因而危及前程甚至身家性命。孔飞力以出色的剪裁史料的技巧,在描写案情发展的过程中,交错地引述并分析朱批奏折、廷寄、刑部题本等宫中档案,从而显示出上述种种忧惧之情是如何从主观上促成了这桩大冤案的。

本书作者的意图,当然不止是向读者讲述一个引人入胜的公案故事。通过这项个案,孔飞力试图阐明:专制君主的任意性权力和官僚机构的程序性操作,是怎样在所谓"官僚君主制(bureaucratic monarchy)"的系统中互动和互相整合的;在一个历史上著名的"盛世"时期,又是什么原因会使广大民众在心理深层产生一种下意识的焦虑和不安全感。正是从探讨这两个问题着手,孔飞力把他这本著作的主题极其明显地提升在读者的面前。

二

孔飞力所说的"官僚君主制"，大体上与中国读者熟悉的"中央集权的专制君主制"同义。为有效地君临幅员广大的国家，官僚制度倾向于权力操作的程序化；为避免皇帝权力被稀释在日益程序化的官僚体系中，专制君主制又具有充分保障皇帝行使其任意性权力的倾向。两种权力操作之间的范围分割，似乎取决于以下两条原则。一是例行政务由中央各专业部门(明以前六部之上还有省)负责区处，"必疑不决、暨须上闻者，始咨报"(见许有壬《文过集序》，载《圭塘小稿》)。二是君主对他认为有必要插手的任何事宜，都可以行使任意性权力予以干预。唐初有一个隋朝留用人员谎报本人官阶，唐太宗心有所疑，命他自首，否则一经查出，即处死罪。后来他果然被大理寺查出属于妄加官阶。唐太宗要求大理寺处以死罪。大理寺的答复是，该人据法只合徒罪，"陛下既不即杀，付臣法司，罪不至死，不可酷滥"(见《唐会要》"臣下守法")。这个有趣的例子表明，皇帝有权法外杀人，但一旦移至司法部门，就只能按司法程序依律处置。君主的任意性权力就这样经过制度化而获得合法性。法制化过程也可能赋予某种专横、强暴的权力以合法性，这是我们必须加以注意的。

马克斯·韦伯曾经强调君主统治与官僚体制在绝对君主专制国家机器中相互排斥的一面。从静态的权力分配结构来看，官僚君主制体系中这两种权力确实好像处于此消彼长的状态。但从这一制度体系的历史演变的角度去观察，二者中任何一种权力的加强,实际上往往导致在张力中保持着平衡的另一种权力获得相应的增强。这正是我们从 10 世纪以来的前近代中国政治制度变迁史中所看到的事实。列文森(Joseph Levenson)很早就指出过两种权力之间的共生与互补关系。本书的新意,则在于它通过对乾隆政府就叫魂案引起的对臆想中政治犯罪的流产起诉的个案研究,在权力运作的动态背景下详细地展示出二者间相互制约和相互影响的具体景象。用孔飞力自己的话来讲,他想在自己的书中阐述的一个最难讲清的故事是:面对日益精深于以不动声色的方式来保护和加强自己的官僚制度,乾隆是怎样将叫魂案一类地方事件用作推动政治机器运转的燃油的。

在一个向上负责的官僚体制里,对程序操作敷衍塞责的怠职者们保护自己的最好方法,就是向上司封锁消息,隐瞒不利于自己的实情。因此,皇帝和他的大臣间控制与反控制的竞争,首先及在很大程度上乃是掌握消息渠道的竞争;也因此,历代清帝都力图通过密折制度与臣下建立“宸衷独对”“直言无隐”的沟通渠道。但是,正如叫魂案的经过所显示的,当事涉敏感的“政治犯罪”,尤其当皇帝本人的倾向已经相当明显时,惯于“揣摩上意”的高级官僚们是很少再敢于抗命直言的。因为处于君主任意性权力的威胁之下,事实上并不存在受程序保护的真正安全的沟通渠道。绷紧在两种权力的操纵者之间的张力使双方都极容易误解对方的意图。对既有误解进行小心翼翼的再解释或者规避,又会使充满戒心的对方造成更大的误解。叫魂案里的封疆大吏们将乾隆的严词督责理解为迫使他们屈从圣断的示意,而乾隆则把臣下担心伤及无辜的犹疑视作避重就轻、化有为无的惰怠行为。随着扭曲的信息往复交流,一则荒诞不经的有关魔魅的流言终于演变为具有"大逆"性质的政治要案。

孔飞力写道,这则政治案的真正"起诉者",其实是乾隆皇帝本人。从本案的全过程来看,与在此前后发生的几个文字狱案件有所不同,乾隆似乎并不是有意想以深文周纳的方式制造这起假案来恐吓全国。相反,他在最初还曾力图避免将剪发案与极具敏感性的削发留辫问题联系在一起。他那些措辞严厉的廷寄,应当是为了"让处在例行公事的程序保护之下较为松弛的官僚大臣上紧发条"(语见 H. L. Kahn 为本书所写的书评,载《亚洲研究杂志》50:3,1991 年 8 月)。案件随着被扭曲的情报在皇帝和他的大臣们之间的来回传递以及由此而引起的相互误解而逐步升级。所以我们简直不知道到底是谁才应该对这个震惊全国的冤案负责。专制制度下的君臣关系带有一种天然的僵硬性质,是任何沟通渠道也无法完全排除的。最高统治层做出的相当一部分令人难以置信的决策,或许不应当完全从阴谋论的角度,而恰恰可以从上述僵硬的君臣关系来加以解释(与朱学勤教授讨论本书时,曾在这一点上受到过他的启发)。

三

孔飞力在 1987 年发表过一篇题为《政治犯罪与官僚君主制:一七六八年叫魂案始末》(载《晚期中华帝国研究》8:1,1987 年 6 月)的长篇论文。本书有关清代政治制度史的讨论,就是前述论文内容的进一步展开和深化。如同史景迁(J. D. Spence)在为本书所写的书评(载《哈佛亚洲研究杂志》57:2,1992 年 12 月)里说过的,只有一本专题著作才能揭示出与此案有关的史料中丰富的社会细节所蕴含的充分意义。

因此,孔飞力对于叫魂案所反映的社会史内容的精彩分析,很自然地受到学者们普遍的关注。所谓盛世时代,对一般民众到底意味着什么？从魇魅谣传的迅速、广泛的扩散,作者感悟到涌动于民众中的一种深层而朦胧的躁动与不安,并进而力图去探寻它的根源之所在。

让我们从上面说及的后一个话题谈起。就一般社会环境而言,与乾隆中叶经济增长同样明显的人口增长,无疑给当时中国社会带来了巨大压力。乾隆《吴县志》撰者在当年已忧心忡忡地写道:"地无不耕之土,水无不网之波,山无不采之木石,而终不足以供人之用。……盖人满之患,至斯极矣!"(转引自洪焕椿编《明清苏州农村经济资料》,江苏古籍出版社,1988年,页646)人口压力立即导致的最紧迫、最普遍的问题当然是粮食短缺。叫魂案发生之日,又正值清代文字狱和思想专制的高峰时期。这个时期被朱维铮教授称为"戮心的盛世"(见朱著《走出中世纪》,上海人民出版社,1987年,页102)。在江南文化发达地区,其影响显然也很容易从士人圈波及一般民众社会。但是孔飞力还想在这样的一般解释基础上更前进一步。他注意到乾隆即位的最初二十多年中国的白银进口量与之前和之后的时期相比都明显短少,因此他推想,银价上涨引起的米价腾跃必使民众的社会生活受到普遍威胁。于是在粮食商品化程度最高的江南,我们看到了社会歇斯底里的最先发生。

作者很清醒地意识到,"我们还需要作更多的研究,才可能充分理解18世纪的经济变迁,尤其是人口膨胀和银根短缺,如何塑造了当时人们对自己社会环境的意识"。从钱银比价看,乾隆中叶钱贱银贵现象十分突出。常熟在"康熙年中,民间市银,一钱而易制钱一百一十文。迨后雍正间钱价

日昂,渐至一百文、九十文以及八十五六文矣。《柳南续笔》:
乾隆近时,钱贱银贵。每元银一钱,易制钱自七十文起,渐增
至一百一二十文、一百三四十文矣"(见乾隆《常昭合志》卷十
二)。对乾隆中叶钱银比价的上升可以有两种解释。其一当
然是白银的短缺;还有一种可能则是铜钱供应的日趋充足。
从现在看到的史料判断,叫魂案发生前后,乃是乾隆朝库存
白银最充足的时候。同时我们好像也没有足够证据可以说
民间缺少流通的白银。恰恰相反,从康熙到雍正时期的大量
文献表明,由于制钱在民间被大批地销铜铸器,流通领域内
铜钱的紧缺倒是严重的问题。乾隆即位后,改变前朝禁用铜
器的无效政策,开放矿禁,扩大铸币。中叶以后,钱荒逐渐缓
解。因此,乾隆中叶以后钱银比价的上升,也就是所谓钱贱,
与其说是白银供应短缺,倒不如说是制钱供应得以改善的结
果。18 世纪中叶粮价的腾贵仍然是千真万确的。其原因据
当时人分析有四,即户口繁滋,风俗日衰,田归富户,仓谷采
买(见杨锡绂《陈明米贵之由疏》,乾隆十三年,载《皇朝经世
文编》卷三十九)。粮食消费成为普通人日常生活中的一大
压力乃是可以想见的。如果在 1768 年的江南,确实还存在
某些特定的原因刺激引起叫魂案的发生,那么对之我们至今
仍不克详知。

　　在把叫魂案作为测探社会内部不安定程度的一种指征
的时候,我们也需要注意保持谨慎。在经济繁荣、市场波动、
社会流动加剧的时候,游方僧、乞丐、外出谋生的苦力和手艺
人队伍的增大在所不免。陌生人使半封闭的中世纪地域社
会感觉不安,似亦不能绝对地以深层的情绪反应来解释。魔
魅本是传统中国人很熟悉的邪术。魔魅传说零星地在这里、
那里自发产生,可能不是太罕见的事情。社会学关于恐慌作

为一种大众行为的理论对解释叫魂案究竟是否完全有效,也值得再思考。对于1768年叫魂案的直接传播地域与乾隆政府在追查此案时所牵涉到的地域范围也应该有所区别。某些省份里的叫魂案可能与江南的案子之间没有直接的传播关系,或者甚至是被官府的缉查行动激发出来的。前引 H. L. Kahn 的书评质疑说:巫术案的动人魅力是否导致作者过分估计了该案的解释价值? 这个问题看来不是提得没有道理的。

尽管本书有关社会史部分的分析或者还不能使人完全赞同,书中的新颖见解、生动叙述和透彻解析仍然会把美好的享受留给它的每一位读者。不同的意见只是表明,对同一个历史事件的不同见解之间,有时可能会存在很大的差距。"真实的历史"也许就在这些不同见解的总和之中?

孔飞力此前的一部著作,是《晚期帝制中国的叛乱及其敌人》,发表于1970年,距离本书的出版正好二十年。所以 Kahn 在书评的结尾说:"就像一架钟表,孔飞力每过二十年总是有一部令我们大家都十分想看的著作面世。他的研究让人感觉美餐一顿之后的满足。我们应当为2010年预定下一道菜了。"中国有"十年磨一剑"的谚语。可见在学问上求精无止境,东西概莫能外。

【补记】

本文原载《学术集林》卷11(上海:上海远东出版社,1997年)。在它发表时,孔飞力这本精彩的著作还没有汉译本。所以我在当时才会觉得有必要在书评的一开始用较多的篇幅对它的内容进行概括的介绍。

天鼓雷音狮子吼

——重读《异端的权利》散记

　　中国文化传统消解庄严的能耐,有时候大得简直只能叫人叹为观止。"作狮子吼"本是佛祖诞生时显现他"惟妙吉祥"诸宝相的著名征候之一。自从苏轼的名句"忽闻河东狮子吼"横空出世,它似乎就被更经常而无可挽回地移用为对悍妇逞威的谑称。

　　不过,只要端起 S. 茨威格《异端的权利》一书,我相信没有人不能很快地感悟到,在"狮子吼"这个词语背后,原本所蕴含的是怎样一种雷霆万钧的震撼力!

　　1553 年 10 月 27 日,一个热衷于在基督教神学、哲学及医学领域里标新立异,又颇有些偏激和浮躁习气的西班牙人米圭尔·塞维特斯,在他秘密流亡的日内瓦自治市被捕两个多月之后,以加尔文教义的异端与敌人的罪名,被行使高等刑事法庭职能的日内瓦小市政会用火刑处死。曾被天主教会当作"异端"来迫害镇压的加尔文的改革派教义,现在却华丽转身为裁判并处死异端的神圣依据。消灭烈士塞维特斯的火焰,成为"那时代一个高出一切的信号";因为它记录的,是新教犯下的第一次"宗教虐杀"①。

————————

① 斯·茨威格《异端的权利:卡斯特里奥反对加尔文史实》,赵台安、赵振尧汉译本,北京:生活·读书·新知三联书店,1986 年,页 146。"宗教虐杀"一语,是茨威格引用的伏尔泰对这桩火刑的断论。以下凡引用本书文字,均采取在正文中括注页码的方式说明,不复出注。

加尔文在审问塞维特斯的案件里起过十分重要的作用。烧死塞维特斯时,他没有在场。但自从这桩官司开始之日,加尔文曾协助拘捕塞维特斯的流言很快就已经在巴塞尔传开。火刑执行后,在巴塞尔、伯尔尼等地也立即出现了针对加尔文的公开指责。很显然,尽管日内瓦市政会对塞维特斯异端案的立场总的来说获得了瑞士其他自治市的官方支持,可是从一开始就有不少人认定:害死了塞维特斯的,不仅是加尔文教义绝不允许被质疑的精神独裁;事实上,加尔文本人的双手也已为塞维特斯的鲜血所玷污[1]。正是这样的形势,迫使加尔文仓促地"为杀死了那异端而写了一份辩护书"(页151),即《为真信仰与三位一体辩护而反对塞维特斯的致命错误》。他企图藉此把杀害塞维特斯的责任"推诿给'当局';而在另一方面,他要证明市行政会完全有权消灭像西班牙人那样的魔鬼"(页152)。

也许我们应当庆幸,加尔文会怀着"不自在的良心"写出了"他所有的著作中最软弱无力的"这部辩护书(页151)。寓居于巴塞尔的塞巴斯蒂安·卡斯特里奥恰恰就是把这部由日内瓦全体教士副署的辩护词看作是加尔文推行"神圣的恐怖"的宣战书。这使他忍无可忍。于是有了他先后发表的《论异端》和《答加尔文书》。前者摘录天主教、新教的诸多权威(包括受追猎时期的加尔文在内)和无党派人文学者的著作选段,论证对异端判决死刑之不正常。在这部具有"虔诚的神学小册子"外貌的文集之前,卡斯特里奥写了一篇长达十几页的给沃登堡公爵的献辞,它是"主张自由思想应在欧洲拥有一个神圣避难所的最早文献"(页163)。而后者则成为

---

[1]　B. 戈尔顿(Bruce Gordon)《加尔文传》,纽海文:耶鲁大学出版社,2007年,页224—225。

那个世纪里一篇"最重要的起诉书"。它公开地控告加尔文以信仰的名义杀人,其中包括下面这段对于加尔文的"经典答复"①:"把一个人活活烧死不是保卫一个教义,而是屠杀一个人。我们不应用火烧别人来证明我们自己的信仰,只应为了我们的信仰随时准备被烧死!"(页193)对《答加尔文书》,茨威格用他气势磅礴的排比式一咏一叹地评曰:"这是一篇闻所未闻的、最光彩夺目的檄文。它反对用法律压制言论,用教条压制思想,用永恒的卑鄙压制永恒的良心自由。"(页182)

卡斯特里奥没有使用过"宗教宽容"、"良心自由"这样的字眼。但毋庸置疑,他对加尔文的批判,是西方思想史上公开为宗教宽容和良心自由呐喊的第一声狮子吼!将近四百年后,仿佛是从天际又传来卡斯特里奥那声狮吼的历史回音。这次是茨威格用他自己的狮吼之声,为现代人重新讲述这一段"良心反对暴力"的故事。茨威格声称这样做是完全必要的:"因为在每一时期,暴力会改头换面重新出现,坚持精神事业的人们也要继续不断地更新以与之斗争。他们决不应借口说那时对他们的压力太大而去寻找避难所。因为,凡是有必要说的,不能说是说得太多了,真理决不会白说。"(页174)

被用来判定人死罪的某个教义乃至其创建者本人也可能是无辜的,因此后两者或许不必对这种精神专制的暴行直接负责。那么对加尔文和他的教义是否也可以如此看待呢?

茨威格书的英译本出版次年,美国曼荷莲学院的G·哈

---

① "经典答复"之语见 P.扎戈林(Perez Zagorin)《宗教宽容的观念如何从西方产生》,普林斯顿:普林斯顿大学出版社,2003年,页119。

克奈斯教授写过一篇很简短的书评。在承认"加尔文犯有够多的错误,即使不对它们加以夸大,也足以使他成为精神崇高的卡斯特利奥最匹配的反衬者"同时,书评作者埋怨本书"对加尔文宗教奉献精神的正面价值缺乏正确把握","彻头彻尾是对加尔文的中伤"。他还说,茨威格"关注文学效果远甚于学术上的准确性",因此本书虽然有趣、读来令人怒发冲冠,却"在某些方面是有伤害性的"①。

如果加尔文确实参与了对塞维特斯的迫害,那么无论我们怎样肯定加尔文伟大宗教贡献的"正面价值",它们都无法为加尔文在塞维特斯一案中所犯下的罪行辩解。崇信自由的现代人绝不会同意,受残虐的生命可以被当作能够简单地予以化约甚至抹去的一个或一串数字来看待,因而也绝不可以用一手制造这种残虐的"伟人"的别的什么"正面价值"来"对冲"和抵消!但是,如果对加尔文迫害塞维特斯的指控本身缺乏"学术上的准确性",那当然就要另当别论了。只可叹哈克奈斯惜墨如金,从他的文字里很难看出,茨威格学术上的疏漏究竟怎样导致了对加尔文的无端伤害。

在我们中间向来不缺少貌似公正的替专制与专制者的辩护。茨威格书的第二种汉译本于本世纪初出版后,这样的言论也出现在汉文评论圈内。因此,认真对待哈克奈斯式的质疑,看来还不是多余的。

茨威格从一开始就没有想按历史学著作的形式来讲述他的故事。全书没有一条注解,没有引经据典的考据式的细部讨论。不过这未必表明他并不在意尽可能使自己的叙述贴近事实,也不表明他没有仔细地研读过当时已出版的有

---

① 《〈圣经〉与宗教研究杂志》,牛津大学出版社,第 5 卷第 3 分卷(1937),页147。

关文献,特别是卡斯特里奥和加尔文的著作集。书中不时出现的"虽然这假设缺乏文献证明"(页243)、"〔此处请〕允许我加上…"(页168)、"想必……"(页99)、"我们只能猜测……"(页131)等等字句,也证明作者力图在拥有文本依据的情节与他本人的推测之间加以区分,并对如何在行文中把这个区别明确交待给读者,具有相当清醒的意识。他的分析当然没有达到无可挑剔的地步,尤其当他写到情不自禁的时候,也会有一些过分激愤之辞。但是总的说来,他对加尔文在这一案件里应负的责任,界定得十分准确。他引用并显然赞同卡斯特里奥的"宣判":"加尔文被控是这场审讯的教唆者;日内瓦市行政会负有实际上执行这罪行的责任。"(页195)

这里所谓"教唆者",完全不属于隐喻或虚指之词,它具有实实在在的含义。

首先,塞维特斯是在刚潜入日内瓦不久,在参加加尔文主持的一次布道后被抓获的。根据现在留下来的材料无从判定,加尔文是否就在那个布道场上认出了塞维特斯。但是后者的被捕,确实是出于加尔文的告发。茨威格告诉我们:日内瓦市的法律规定,任何告发别人犯罪的自由市民也要被拘留,直到证明其告发属实为止;而加尔文则指派他的"秘书——或厨子——尼克拉斯·德·封丹担任这个吃力不讨好的原告"(页123)。新近出版的十分推崇加尔文的他的一部传记也没有讳言这一点。它确认德·封丹是加尔文的秘书,是他"自愿"代替加尔文被当局收监。上述传记还指出,擒获塞维特斯的次日,"根据日内瓦的法律,加尔文准备了一个文件来概述塞维特斯过去的活动及其宣传的教义,从塞维特斯的著述中抽取出三十九条反对三位一体、主张泛神论、

赞同再洗礼、拒绝宿命论等方面的陈述"①。难道这还不是加
尔文充当此案原告而德·封丹不过是代他去受短期拘留的
铁证?

其次,在这一桩裁判神学思想的案件里,加尔文所起的
真正作用已远远超出案件告发者的角色。身为日内瓦市的
最高宗教权威,除了向法庭提供塞维特斯反官方教义的三十
九条言论作为告发他的凭证外,加尔文还在为法庭确认和证
明这些言论的异端性质方面发挥了最主要的作用。他成为
与塞维特斯之间就基督教教义问题展开法庭辩论的主要人
物。因此,尽管此案审理中存在一名形式上的城市起诉官
Claude Rigot,但参与了绝大部分审讯过程的加尔文,实际上
还部分地承当了联合起诉人和审判者的身份。

复次,加尔文早已下决心,如果塞维特斯桀骜不驯,那就
必须处死他。相隔很久以前,加尔文曾在给日内瓦市行政官
法里尔的信里,说到塞维特斯曾向他提出,要前往日内瓦拜
访他。他写道:"可是我不愿意承诺保障他的安全。因为倘
若他真的来了,而我又没有足够的权威〔来说服他〕,那我将
不会准许他活着离开。"②日内瓦开庭之后,在决定塞维特斯
是死是活的问题上,加尔文写信给法里尔说:"我希望至少要

---

① 《加尔文传》页219。宿命论是加尔文教义的基本立场之一,也是塞维特斯
   与加尔文在宗教上的重要分歧之一。
② 《加尔文传》页218。"而我又没有足够的权威"一语,英文本作"and my
   authority is of no avail"。这句拉丁文在茨威格的引述中被英译为"in so far
   as I have authority in this city"("只要我还在这城里掌权",页108、114),见
   茨威格书的英译本,Eden Paul 与 Cedar Paul 译,纽约:维京出版社,1936
   年,页104。前引 P. 扎戈林书则将此语英译为"if my authority is of any
   avail"("只要我还有那么一点权威",页94),大体与茨威格的解读相同。无
   论如何,这句话仍足以证明,加尔文心中早就存有杀死塞维特斯的故意。

将他判为死刑,不过但愿执行死刑的严酷程度会轻缓一些。"①这与他在塞维特斯被判处火刑后提出要把他改判为用剑砍死的态度是一致的。

此外,茨威格之所以像被他歌颂的卡斯特里奥一样,把加尔文当作烧死塞维特斯的罪魁祸首,还有一层更深刻的理由。他说:"一种教条一旦控制了国家机关,就会成为镇压的工具,并迅即建立恐怖统治。"(页13)正是这个加尔文而不是别人,迫切并且不容妥协地参与了这样一桩合谋,即以他凌驾于人道之上的拒绝宽容的教义去控制国家机关,从而把它变成无情镇压抗拒这一教义的自由思想者的利器,并迅即建立起他的"神圣的恐怖"。

以上这些确凿的事实雄辩地证明,虽然加尔文与日内瓦当局对究竟应该由教会还是市政委员会来掌握驱逐异教徒权力的问题争执不断,虽然日内瓦行政官们不允许由加尔文个人来决定此案审讯过程,但是双方在必须置塞维特斯于死地的共识方面不存在任何分歧。这场审判,就其实质而言,可以说是日内瓦刑事法庭与宗教法庭的联合审判。加尔文是这一事件最重要的同谋者。当代历史学家如扎戈林也因此与卡斯特里奥和茨威格持有基本相同的判断:正是加尔文而不是别人,才应当对塞维特斯之死"负有最大的责任"②。茨威格完全有理由像这样斩钉截铁地断言:"不诚实和迷信可能是某个时代的特征,但作为一个特别的不端行为,加尔文犯下的罪行应由他自行负责。"(页148至页149)

《异端的权利》不仅是对四百年前那声震天穹的狮子吼

---

① 《加尔文传》页220。
② 《宗教宽容的观念如何从西方产生》页96。

的灿烂回应,而且也把早就应当属于卡斯特里奥的不朽历史荣誉公正地还给了他。茨威格指出,是卡斯特里奥最先发出的呼喊,"一劳永逸地宣告了"宗教宽容、良心和思想自由。他这样做,不但要远远早于为现代人们熟知的洛克、休谟和伏尔泰(页12、15),而且需要为此而承当比其他所有名人(包括斯宾诺莎在内)都更险恶严峻的个人命运威胁。

他处在由路德所倡导的基督教徒的自由"连同每一其他形式的自由"都"被加尔文无情地从路德派的信徒那里夺走"的时代(页45),处在一个"成百万人像是中了邪一样准备投降,他们允许被蹂躏,甚至甘受强暴"的时代(页7)。卡斯特里奥"除了道德上的正直以外,什么权力也没有"(页13)。他不能指望伏尔泰抗议琼·卡拉斯案时所可能倚仗的国王和亲王们的保护,也不像左拉在为特赖弗斯辩护时能"有一支看不见的军队——全欧洲和全世界的钦佩作靠山"。因此,如果说伏尔泰和左拉只是在"拿他们的名誉和安逸冒风险",那么卡斯特里奥很清醒地知道,自己是在以生命相搏。"他知道在他为人道的斗争中,他不幸的头脑要全神贯注于他生活着的、残酷的世纪中的所有不人道。"(页12)

在那个不人道的时代,有不少"悲天悯人的人道主义者互通使人伤感和令人敬佩的信件,还关起书斋的门诉苦。……伊拉兹马斯不时冒险射出几支冷箭;拉伯雷戴上小丑的帽子,穿上五颜六色的斑衣,用狂热的嘲笑作鞭笞;蒙田,一个杰出的、聪明的哲学家,在他的随笔里,以雄辩的文笔议论时事。但他们中没有人企图以狠狠的一击,去制止不名誉的迫害和判决"。卡斯特里奥与他们都不一样。他是主动冷静地、毫无畏惧地起身去迎接他即将面临的灾难,"把信念像旗帜般升起"(页11)。他已为对抗恐怖政治做好了成为烈士的准备。如果不是因为穷途潦倒导致他的早死,很难说卡斯特里奥能否逃脱加尔文的魔爪。

真理往往带有平实中和的品性,不会那样色炫形狂、那样张扬怪诞。卡斯特里奥为捍卫塞维特斯而展开的论证,从一开始就再冷静不过地避免纠缠于他的具体宗教见解究竟正确与否的问题。用茨威格的话来概括,他针对加尔文的批判,实际上是围绕着"国家在良心问题上没有管辖权"(页191)的中心论点展开的。差不多完全出于路德派所主张的应把福音交给每一个人,让个人信仰而不是罗马教皇或其他基督教的官方权威来塑造基督的基本立场(页45),他指出,"宗教的真理是在它们神秘的性质之中"。因此永远不会有任何人,也不会有任何党派有资格说:只有我们知道真理,和我们不同的所有意见都是错误的。他写道:"过分绝对地对于只有上帝才知道的秘密作出裁决,表现出好像我们参与了他最秘密的计划似的,那是放肆。"(页166、页186—187)卡斯特里奥就这样轻而易举地颠覆了加尔文"一贯正确"的全部合法性。而正是这种对自己"一贯正确"的狂妄并且不知羞耻的信念,把加尔文变成了一个固执地追求精神专制的暴君,以至于他竟会把"嘶嘶作响的毒蛇""狂吠的狗""野兽""流氓""撒旦的爪子"等等肮脏的诅咒一股脑儿地扔向"他同时代最重要的人道主义者和神学家"(页35)。

如果信仰属于独立的个人、属于自由的良心[①],那么,卡斯特里奥追问:"异端这一术语的真正含义是什么?"他回答

---

① 据扎戈林说,"良心自由"(liberté de conscience)在 1560 年代的法国开始用于反对作为压迫形式之一的对良心的强制。茨威格在他的书里已经提到,加尔文有一名忠心的追随者西奥多·特·贝齐,由于"他那可怕的名言而在思想史上博得一种邪恶的荣光"。那句名言就是:"良心的自由是恶魔的教条。"(Libertas conscientiao diabolicurn dogma.)见《异端的权利》页178。

说："我所能发现的只有这一点:我们把那些我们不赞同其观点的人们看作异端。这从下述事实中表现得很明白,即今天在那么多的基督教教派中,很少有哪个不把除它自己之外的其余教派都视为异端;因此即使你在某个城市或地区是正统派,在别处你就会被当成异端。"①

也许可以用"信仰具有个人的性质"这句话来概括卡斯特里奥所阐发的一个核心理念。我们发现,他的这一见解相比于现代哲学家用更专门化的语言表述出来的意思,真的是毫无逊色之处:"无论在天堂或者人世间,都不存在可以名至实归地称为基督教信仰的那样一种东西。我们有过、并且现在也还有的,只能是从属于作为个体的基督徒,从属于每个个人,每个特殊的、直截了当的个体所有的一个又一个信仰。此外,过去和现在还都存在一些出于诸多神学家之手的普遍化陈述,亦即他们作为个体的凡人所构想的信仰应当为何物的各式各样的系统化知识。这些系统化知识之间彼此相异,其中没有一种已经或者可能摆脱人的天性限制(如某些特殊偏袒、难以避免的错误、历史环境的约束等等)。"②

卡斯特里奥为宗教宽容的辩护,是在基督教信仰范围之内进行的。但他所高扬的信仰具有个人性质的基本原则,他引用圣·保罗的话来呼吁"给予每一个人自由地使用舌头和笔的权利",他预言"你们很快就会知道,一旦从高压统治下解放出来,自由将会创造何等的奇迹"(页194),这些都完全可以推广于基督教的信仰世界之外。它们实质上就是表达自由与良心自由的普遍原则在那个历史时代的体现。

---

① 《宗教宽容的观念如何从西方产生》页107。

② 史密斯(Wilfred Cantwell Smith)《宗教的方式与目标:走近各大宗教的革命性路径》,纽约:哈珀与罗出版者,1978年,页191。

在一个连见鬼也只能见到小鬼的时代,人们毋庸惊诧"大师"与小丑竟相隔不过咫尺。一个英雄使他的时代不再平庸。因此人们才总会有这样的愿望,要把发自衷肠的歌颂与感激,献给属于自己时代的这样的一个英雄!

我们不能把加尔文看作一个小丑。《异端的权利》把一个不一样的发人深醒的历史问题提出在我们面前:他是如何从宗教改革的伟大旗手,从备受罗马教会迫害和围剿的无畏的神学大师,蜕变成一个"新型的教条独裁者",一个制造"神圣的恐怖"的暴君,以至于巴尔扎克会说,"加尔文的宗教恐怖统治比法国革命最坏的血洗还要可憎"(页45、页66)?

令我们惊奇的是,推动着加尔文狂热的精神独裁事业的基础,竟是他"对道德的绝对热忱","对一个伟大理想的爱"(页34)。他不怀有个人野心,始终恪守最严格的教规,只允许自己享受最低限度的食物和休息,尽管浑身病痛却劳作不辍,在三十六岁丧妻之后的二十年里几乎没有一小时的私生活。他把自己的一切都奉献给了宗教、教士和教规(页48至页51)。你可以因为他缺少人情而不喜欢他,但绝对指不出他在个人品质方面的任何瑕疵。

茨威格极其精辟地指出,理想和对伟大理想的爱在独裁者那里完全可以变成恶的起点,因为"理想总是从企图实现它的人那里取形上色的"(页46)。被加尔文从他的理想中抽去的,是最平常不过的人性。日内瓦的市民因此就必须为实现他的理想,而付出被禁止做"每一件能使生命愉快和有益的事"的代价(页60),其中当然首先包括自由的思考和信仰。茨威格写道:"禁止,禁止,禁止,何等可憎的腔调啊!在惊疑中,人们会问自己,在这么多的禁止之后,允许留给日内瓦人

的还有什么呢？不多了。允许他们去活、去死、去干活、去服从，以及去教堂。"(页62)

　　在这里，茨威格或许还应当添上加尔文"允许留给日内瓦人的"最大一项自由，即恐惧的自由。正是这一项自由，才使得日内瓦人会对"这么多的禁止"俯首帖耳。

　　加尔文起先是凭借公众对其教义"一贯正确"的信念——"这一信念是每个独裁者维护权力的必需的组成部分"——在日内瓦站住脚跟的。但是，茨威格说，这一信念在他进入日内瓦不到十年内已经消失了(页75)。支撑着加尔文以精神暴君的身份在此后二十年统治日内瓦的，就是被统治者的恐惧。大多数人即使在准备投降、忍受蹂躏和强暴的时候，也绝不会对他们所面临的不人道境遇毫无不满之心。但是恐惧极大地、几乎无限制地增扩着他们对于非人道的容忍度。怨愤虽然也总在产生一种对抗的精神，而且会不断地"在扩大了的圈子里蔓延"，但它并没有获得有效的集中。"集中的往往是独裁统治的暂时优势，它足以保证独裁者的统治一直持续到其积极的支持者们成为少数之后。"而对现状不满的来源不同的人们，"并不参加一个统一的运动，实行一个共同的计划"。面对着"一个集团，一个有约束的意志，一股集中的和指导明确的力量"，他们"未能集结力量去追求一个理想。他们只能徒劳地抱怨，永远只是势能而不能变为动能。这是一群暴民，却要对抗一支部队；这是无组织、心怀不满的乌合之众，却要对抗有组织的恐怖，所以无法取得进展"(页75—76)。这将是一段漫长得令人窒息的充满不正当的合法暴力和合法迫害的历史。

　　以上描写适合于几乎所有时代专制主义的统治情景。拿破仑曾经的朋友、后来又被他逼上流亡道路的德·斯泰尔夫人,在评论拿破仑专制时也谈到过非常类似的感受:"对暴政最初的迹象,无论怎样予以严重的关切都不会过分。当它业已发育到某种程度时,就再也来不及去制止它了。一个人控制了许多个人的意志,这些人中的绝大多数作为个人都希望自由,可是他们却投降了,由于他们互相提防,因而不敢公开地谈论他们的想法。"①

恐惧的自由可以消灭其他自由,从而使专制得以在大多数人并不情愿接受它的情况下畅行无阻。一度自由和快乐的日内瓦,在加尔文强制覆盖在它身上的毫无宽容的节制的囚服之下,为虔诚而牺牲了它神圣的活力。"甚至在加尔文死后两个世纪,这罗纳河畔的城市,依然没有世界驰名的画家、没有音乐家、没有艺术家。"(页69—71)加尔文不止杀了一个塞维特斯。他杀死了一个城市的创造性的自由长达两百年之久。

消灭自由是专制统治赖以确立的条件,也是它的结果。在卡斯特里奥为塞维特斯伸张正义的时候,他还只能诉诸个人和良心自由来对抗暴政。此后又过了一百年,实际上是遵循着以卡斯特里奥为先驱的不断发展的宗教宽容的思想传统,英国的平等派起草《人民公约》,发起了现代历史上第一次诉求民主的政治运动。揭明这一点十分重要,因为它告诉我们,现代民主政治从一开始就是为保障个人自由而产生和发育起来的一种制度安排。因此有学者说:"民主政治最高的优先目标被认为是为每一个个体保障一种自由空间。"

---

① 德·斯泰尔夫人(Madame De Staël)《论政治、文学与民族性格》,见索瓦兹(J. K. Sowards)主编《世界历史的创造者们》卷2,纽约:圣马丁出版社,1992年,页103。

M. 弗里德曼也是在"保障个体自由"的意义上理解民主的[①]。

为每一个个体而不是仅仅少数人要求自由,事实上已经内在地规定了全社会成员在基本个人权利方面互相平等的目标。现代政治学关于如何在自由与平等两大目标之间维持平衡、或者二者中应以何者为先的复杂讨论并不能动摇一个简单的历史经验:自由的民主政治往往同时也必然地包含着对平等的诉求,所以它具有不断提高社会平等程度的内在机制;而另一方面,正如托克维尔分析过的,由于对平等的激情可能要比对于自由的向往拥有"更深更远"的历史渊源,因此民主政治存在一种危险性,即当它决然以排斥自由作为追求平等的代价时,它就极有可能会蜕化为可以称作"民主专制制度"的特殊专制形式。

托克维尔批评说,由平等和自由两种激情所燃起的法国革命烈火吞噬了自由本身,使法国人抛开自由而仅只追求平等。而当"他们归结到这样的思想,不管怎么说,在一个主子下面平等地生活毕竟还能尝到一点甜头"的时候,他们实际上已经背叛了属于他们的 1789 年的祖训。托克维尔信心坚定地断言,没有自由的平等社会可能变得富裕、文雅、华丽,甚至辉煌,"但是我敢说,在此类社会中是绝对见不到伟大的公民,尤其是伟大的人民的"。"只要平等与专制结合在一起,心灵与精神的普遍水准便将永远不断地下降。"他坚称,在他二十年前撰写《美国的民主》时,"我想说的就是这些。我以为,从那时以来,世界上并没有发生什么事情使我改变

---

① C. 贝伊(Christian Bay)《自由的结构》,斯坦福:斯坦福大学出版社,1970年,页 59;M. 弗里德曼(Milton Friedman)《资本主义与自由》,芝加哥:芝加哥大学出版社,1962 年,页 8。

想法和说法"①。

自由在法国革命中的沉沦,与卢梭以"普遍意志"来消解并替代每个个体的自由意志的主张是分不开的。他写道:"任何拒绝服从普遍意志的人,都要被〔作为〕全体〔的人民〕强迫着这样去做。而这恰恰就意味着他将要被迫地成为自由。"霍布哈沃斯对此评论说:"如果你告诉被强制的受害者那是在强迫他自由,你就是在对被你伤害的人再施加一层侮辱。"引述这段评论的贝伊明确指出,上述教条对于在经验论意义上保障个体自由特别有危险性,因为很难让人们一致确认所谓"普遍意志"到底是什么,以及它该由谁来表达、谁该拥有执行它的权威②。

当民主的概念可以延伸到剥离了自由的"民主专制"或"集权的民主"时,"民主是个好东西"这句话的真实含义就可能同它的字面意义完全相反了。所以连墨索里尼也可以在1937 年的一篇讲演里宣称,"在世界上今天存在的最伟大而最健全的民主国家就是意大利和德国"。民主就这样变成一个需要辩诬的词语。与其说这里存在着一个真民主还是假民主的问题,不如说它是如何澄清民主的含义的问题。

民主(自由也是如此)必须在被还原为可以用"经验陈述"予以具体检测的层面上才能确切界定。悉尼·胡克据此把无法以经验陈述来适当表达其意义的抽象概念叫做"不可分析"的抽象概念,或者"恶性抽象概念"。他举例说:如果当人们说某国是一个民主国家时,他们的意思是指允许对它的一切法律、政策进行书面或口头的批评,指各反对的党派和

---

① 托克维尔《旧制度与大革命》,冯棠汉译本,北京:商务印书馆,1997 年,页238—239、页 197—198、页 202、"导言"页 36。

② 《自由的结构》页 52、57。

报刊都是合法的等等,那么他们就不能再说希特勒德国也是民主的。因为尽管有公民投票形式,尽管有希特勒关于德国是一种更高意义的民主国家的声明,在那里我们不可能看到前述那一套被当作某国是一个民主国家的证据的做法。如果希特勒硬要说德国是民主的,那他只是"在最空泛的意义上使用这个名词"①。

关于民主的"经验陈述",似乎可以从两个不同角度予以界定。既然民主作为一种制度安排,其最根本的功能是保障社会全体成员的基本个人自由,我们就可以从一个国家是否在基本立法中明确保障"人民的言论、出版、集会、结社、思想、信仰和身体这几项自由"(《论联合政府》),并且是否在实际上真正实现这些基本立法所承诺的保障,去判断它是不是民主。但是怎么才能知道"人民"是否拥有了言论等等的自由呢?它仍然必须还原为一个可予具体检测的"经验陈述"。只有把这里的"人民"一词置换成每一个个人,只有当每一个个体的人身、表达、思想等等基本自由都获得尊重和保障时——每个人从自身的直接生活经验中都很容易感知实际情况是否如此——我们才能说,人民所拥有的这几项自由并不仅仅"在最空泛的意义上"才是存在的。声称剥夺某些人的人身或表达自由为的是使他们自己以及别的人们获得更高程度、更"根本"的自由,这只能是利用"恶性抽象概念"编织而成的卢梭式的谎话,或者是在用一张毋庸兑现的空头支票来安抚众多被治理者。

另一个可以有效地界定民主的经验陈述,则涉及政治民主作为一种制度安排的最基本的规定性。这个世界上不存

---

① 悉尼·胡克《理性、社会神话和民主》,金克、徐崇温汉译本,上海:上海人民出版社,1987年,页15—20。

在一种统一刻板而绝对无差异、无区别的民主政体模式。无论在选举、立法、行政、司法方面，当代各国的民主政体所采取的形式都是多种多样的。"社会主义"一词在美国可能带有较多被否定的含义，但它在欧洲新老民主国家就是一个十分正面的语词，与此同时它也正在欧洲变得日益多元化、日益温和①。民主政治在各个国家形成的，是带有各自不同国情色彩的独特"模式"。然而，这些五花八门的国别"模式"，并没有使可以作为一种确凿经验陈述的民主政治的基本规定性变得模糊起来。

　　这里只举一个非常有意思的例证。尽管英国社会主义者杜尔本主张，当还存在只有用集权的计划经济才能克服的社会不平等和经济无保障时，"资本主义民主"不具备"真民主"（true democracy）或"真正的民主"（real democracy）之性质，但他仍然同意，政治民主的三个基本要素，分别是人民能够选择政府、人民能自由地反对他们曾经选择的政府，以及所有的权力竞争者都切实地懂得，他们获得的权力必不能被滥用②。

　　民主政治其实不是一种由全民共同实施治权的制度。"就广义而言，我们把民主界定为这样一种制度，在其中公民通过定期的和有竞争的选举来推选他们的领导者，同时在其中各种基本的公民自由能获得保护。"③其实它的基本规定性

———————

① J.斯梯讷（Jürg Steiner）《欧洲的民主政体》，纽约：朗曼出版社，1991 年，页 320、45。斯梯讷指出，欧洲社会主义思潮对绿色、环保等问题的日益关注，也使它产生一种逐渐与蓝领群体相脱离的倾向。

② C.科恩（Carl Cohen）主编《共产主义、法西斯主义与民主的理论基础》，纽约：兰登书屋，1962 年，页 644—651。

③ 《欧洲的民主政体》页 3。胡克说，一个民主的社会是"政府依靠被统治者自由地表示同意来统治的社会"。他接着又试图对"同意在什么时候不是自由的"给出了经验的陈述。见上引书页 285—286。

就是这么简单。我们所拥有的政治经验实在不如想象中那么多样。虽然政治民主还存在诸多重大缺陷，以致"一切试图推进专制的人都会有力地让我们回想起煽情式动员所曾犯下的可怕罪行"（德·斯泰尔夫人语），但是现代人类至今没有找到另一种可以保障每一个公民的基本自由权利的政治制度框架。这是一个不能不承认的事实，如果我们真的还想坚持现在时意义上"实践是检验真理的唯一标准"这句话的立场的话①。

卡斯特里奥曾谦虚地说："毫无疑问，我没有说过前人没有说过的话。"但他认为，"除非统一了认识，重述什么是真的，什么是正义的，那决不会多余"（页174）。这让我想起一位我十分钦佩的作家说过的不太一样的话。那意思大体是说，思想先驱们表达的见解，大多不为他同时代的人们所理解。但他们又往往不愿意重复已说过的那些话。结果他们的思想对于同时代的人们来说，最多就像天上的流星，在划出一道短暂弧光后便消失于夜的天穹。在实际中孤立无援的卡斯特里奥却没有这种孤傲与矜持。大声说出真理的勇气，至少与说出真理的智慧同等地重要和可贵。

卡斯特里奥在完全不势均力敌的形势下对加尔文的挑战还启示我们，不应当轻易地接受来自任何权威的"要搞这样要搞那样""不要这样不要那样"的训示性指令，而首先应当去追问那训示背后的理由是否成立。他的示范与当代政治学的下述主张若合符节："在各种反对立场面前，权力的运

① 如果把这句话的时态改为将来时，它就会蜕变成以将要呈现于未来的实践结果作为当下主张之正当性的预先证明。这样做无异就等于完全颠覆了这一陈述原来的意义。

用应当有良知地公开拿出理由";政府的各种政策和政见理应"在每个人理解力的法庭面前解释自己"。这就是说,政府不能把自己的治理方式看作就是不断地向民众颁发种种居高临下的训示,它的各项基本方针与政策必须经受"公众参与的正当性论辩"(public justification)①。这种论辩必须触及并深入到训示性指令背后的大是大非问题,它不是用暗中指挥的水淹七军就能含糊搪塞的。

前引《加尔文传》的作者在他的书里推测,塞维特斯之所以冒险进入日内瓦,是为了在那里"表明他最后的立场"、"充分说明自己的观点",然后"作为一个牺牲者死去"。因此他断言,在加尔文与塞维特斯的对抗中,胜利属于最终实现了自己意愿的后者②。现在已经很难知道,塞维特斯进入日内瓦的真正动机究竟是什么。他的性情似乎确实有一点好斗和偏执,他的行动有时也真的有些难以让平常人理解。这些本来都不应该成为对他加以残酷迫害的理由。然而几乎在任何一个历史时代都可以看得见,对塞维特斯那一类人物的政治讨伐,总是连带着对他们的个性或品质缺陷、野心或私欲,乃至精神失常的夸张或不实指责。这种情况值得我们反思。

人们对不合理社会现象的容忍程度具有极大的差异。把它看做仅仅是个人的"自制"能力之间的差别,那是极端错误的。其实它更可能反映了不同个人对"忍无可忍"、不能不挺身而出的那条道德底线究竟在哪里的定位。不同个人对道德底线的定位之间会有很大的高低幅差。它与这些不同

---

① S. 马塞多《自由主义美德:自由主义宪政中的公民身份、德性与社群》,马万利汉译本,上海:译林出版社,2010 年,页 39、68。

② 《加尔文传》页 219、223。

个人的道德水平的高低当然不是一回事。然而正是无数的像这样分布在一个很大宽幅上的道德底线，为整个社会抵抗邪恶与不公正提供了一条宽阔的道德缓冲带。在这个意义上，充分地保障那些个性特别敏感，甚至在估量道德不正当方面将底线设得过于严苛的人们表达其思想、情感和主张的言论自由，不仅是对他们个人权利的必要尊重，而且也是维持整个社会道德水准的迫切需要。任何人都没有理由认为自己拥有代天立言的权力，因此可以傲慢地藐视和糟蹋这种属于"极少数人"的表达。为捍卫每个人心中的道德底线而发出的每一声警告，都应当受到欢迎、尊重和敬畏。为此迫害发出呐喊的人更是一种赤裸裸的犯罪行为，无论它有什么冠冕堂皇的名义。社会如果没有这样的雅量，它就不可能保有正义和道德。

（本文原载《东方早报》2012 年 1 月 15 日"上海书评"）

另一半东林遗事

——读《虐政集》

　　了解一点中国历史的人,都知道晚明镇压东林诸君子的"党祸"至惨至烈。但若要论到究竟怎样划定"东林党人"的范围,也就是谁该算、谁又不能算"党人"的问题,恐怕又没有什么人真能说得清了。最著名的两桩大狱,即"乙丑(1625)之杀"所涉"六君子"和"丙寅(1626)之杀"所涉"七君子",固然是东林中坚分子。此外,事起之日就曾有过二百四十五人(《同志录》)、三百零九人(魏忠贤所定"东林党人榜")的黑名单。写于清初的《东林列传》,"所载一百八十余人"。而据《虐政集》,从天启四年(1624)到天启七年,受魏珰罗织陷害者,人数更多达五百以上。迫害愈演愈烈。由"缙绅之首祸"而至"变局之始",而"为逮问之始",而"为镇抚打问之始",而至杖毙狱死。处分名目也五花八门,诸如调外任用、降调、革任闲住、致仕、回籍调养、准养病去原任、闲住、着为民当差、养马当差、削秩、削夺、追夺诰命、削秩提问、革职听勘、令抚按提问、着九卿科道、扭解京究问、作速提问、缇骑逮治、着镇抚司打问、着镇抚司逐日追比、着东厂究问、从重议罪、拟徒、拟徒永不叙用、遣戍、发配、拟绞、拟斩、拟斩决不待时。罹其难者群遣辈黜,或拷死或削夺。所谓"朝署一空",所谓"正人君子屠戮殆尽",都已不止是夸张的形容。四库馆臣径以"记东林党人先后被难之事"来概括该书内容。那就差不多把这五百余人都看作是东林党徒了。界限不好划,就因为诸人虽或被列名于"党籍",但革职查处、提拿勘问时却往往是别有罪名的。

几乎一从"虐政"蔓衍之始,便有人意识到,他们正在见证一场与东汉末年的"党锢之祸"相类似的乱局。其实两次党祸有异也有同。

东汉党人活动的一大特点是"处士横议",即未曾做过官的读书人毫无忌惮地抨击朝政。从今日眼光看,自由地表达对天下大事的个人见解,是每个公民本应当平等地拥有的基本政治权利。但身处那个时代的人们不会这样看问题。他们以为,如果说惹出祸来的太学生们亦非全无不是,则"不任其事而与闻其谋",诚为其大弊之一端耳。所以连朱熹也说:"许多节义之士,固是非其位之所当言。宜足以致祸!"而东林党人似乎很少是"处士"。纵然其中有辞官家居或被退休、被"回籍"和被"闲住"者,对国家大事,他们也完全有权利像孔子那样声称:"如有政,虽不吾以,吾其与闻之。"因此,"党锢之祸兴于太学,则尊事孔子者亦岂无弊乎"的指责,是不宜被移用来批评东林之议的。

但在以危言高论刺讥当世方面,前后两次"横议"也确有相似之处,大略可用一个"激"字概言之。因为"激",所以全然不顾"积弊不可以顿革",疾恶太甚而求治太急,终至玉石俱焚。因为"激",于是恣意去触碰皇帝、权阉"所不欲闻者,使其有所指以为病",因而"基坑焚、党锢之祸",以致时人慨叹"祸生于激,何代无之"。因为"激",所以绳人过刻、持论太深,"高自标致、各务夸诩",乃至意气生而门户判,小人得以乘隙,或附倚或中伤,遂使薰莸共器、雅郑同声。

所以有人说,党祸之起,"在正人未为无罪"。这句话自有一定的道理。然则君子之过"虽乖大道,而犹不失正"。如果竟然因此认为明代亡国"由于东林",乃至"已视兴亡如院本,故翻党锢作新题",那就堕落到是非不分的地步上去了。针对这样的议论,早就有人呵斥道:不去声讨屠杀节义者的罪行而一味指责节义之士,不去痛恨陷人于党的黑暗势力而一味怪罪被列入党籍的贤士们,"是何好恶之异于人乎"? 在这个问题上,翻案文章是作不得的。最近几十年以来,我们曾不止一次地以为,对历史地形成的诸多大是大非的界线,应当而且完全做得到把它们颠倒过来。现在看来,这种想法是过于轻率了。

其实,两次党祸还有一个不同之处。及至明代,朝廷对待大臣,已无半点礼貌尊重之心。"着镇抚司打问"之类血淋淋的字眼可以赫然写入诏旨之中。一大批东林党人受酷吏拷掠,死于刑讯逼供。左光斗被折磨得"面额焦烂不可辨"。他想睁眼视物,须用手指扒开眼睑;"左膝以下筋骨尽脱矣"。这段展现最典型的桐城派风格的纪事令人一吟一叹一击筑,至今还被采录在中学语文教科书里。也许可以说,东林中人因党狱而身受毒刑摧残、诛徙禁废,至少部分地是其主观作为的结果;对这样的不幸后果,他们至少部分地是有思想准备的。但是因此而深罹其害的人,显然不止是他们自身而已。那么,东林党人的妻子们呢? 她们在那场疯狂的政治迫害中又会面临什么样的遭际?

带着这个问题重新检阅史料,我们惊奇地发现,传统历史叙事对党人妻子家属们苦难命运的漠视,竟严重到令人难以容忍的程度! 一篇《后汉书·党锢传》,有关党锢中人的家属境遇,除了从"爱及五属""而今党人锢及五族""妻子徙边""宗亲并皆殄灭""诛徙之家皆归故郡"等区区三十字里透露出来的简略讯息外,只为范滂老母留下了一则"子伏其死而母叹其义"的稍见翔实的记载。《后汉书·王章传》对章妻言行的描述,则更是全书文字中舍此难求的例外。党锢诸人甘戮如饴、杀身成仁,尚得以道德英雄的形象流芳于后世。他们的妻子仅因"罪人"家眷的无辜身份而横被祸延,受尽荡产倾家、颠沛流离的困厄,却几乎如同什么也没有发生过那样地一概被历史与后人遗忘。这公平吗?晚明距今尚不足四百年,留下的各色文献可以说是塞屋充楹。所以我才要提出上面的问题:关于东林党的妻子们,它们又说过些什么?盘点手头的资料,大约有以下数端值得胪列绍介。

一是与作为党人的丈夫一起被处分发落。如黄龙光,罪名是"为失陷封疆之臣求脱,目无朝廷,非寻常受财枉法比",因而不但本人被遣发边远充军,并"佥妻着伍",即还要把他的妻子也没入军队服役。再一个受"佥妻着伍"处罚的是毛士龙。由于妻子已被另行征发,他前往流放地时,只好"以一婢自随"。不久又传来要将他重新逮捕的消息。他不等命令到达,"变姓名、易服,转徙江湖"。当局要到他的家乡宜兴"捕其家人",幸因常州府正直官员的阻梗而作罢。那名随身的婢妾破罐子破摔,反以丈夫已被地方官害死为由,披头散发,称冤告诉。"地方无如之何,仅以广捕行缉立案"。直到下一个皇帝即崇祯即位,党祸事稍歇,毛士龙才重新现身,投案自首。由此例已不难推知,党人被遣戍,妻子随行者恐怕不在少数。她们是一个无可奈何地忍受着巨大的恐惧与苦楚、离怨与乡愁,但没有机会发出自己声音的群体。

二是身陷"提家属追赃"的险境。东林党案本来是政治性的案件,但朝廷的追缉,却往往从贪赃受财下手,或者至少把赃罪当作最重要的次罪来究理。所以杨涟、左光斗、袁化中、魏大中、周朝瑞、顾大章等六君子,拿缉之后都被"追赃"。杨涟坐受熊廷弼赃银二万两。他素无积蓄,家里只拿得出千把两银子,"母妻止宿樵楼,二子至乞食以养"。乡邻众人,下至受雇的卖菜人,都争着出资相助。左光斗直到被折磨致死,"赃款"还没有追清。家里有十四人因此受拘。兄长被逼死,"母以哭子死"。全家族终因此案而破产了事。牵涉在同一案件里的赵南星是唯一的幸存者,也被安上赃罪追罚。"六世之业,终朝如洗",还不够追赃额的十分之一。他以七旬的高龄遣戍代州,儿子和外甥则分别流放他所,"相去万里。将行,妻冯氏一恸而死",别妻忧死;幼孙方七岁,"以家难怖死"。本人最后死于流放地。熊廷弼处死后,命家属变卖产业,追赃银十七万两。万燝死于廷杖,贼阉恨犹未已,"复追赃破其家"。这个没有发出自己声音的党人妻母群体,是受"追赃"迫害首当其冲的对象。她们起初怀着缴清"罚赃"款额、救出事主的幻想,忍辱负重,四出奔走,最后落个家破人亡的下场。多赖有"追赃"的虐政,才让我们能略微看见站在"烈士"背后的那一大堆从此直到终生都在默默地泣血饮恨的无辜的女子们!

　　三是面对家难,有些人的行为超过了常人所堪持守,成为那个时代所推崇的烈女节妇式的人物。"丙寅诏狱"七君子之一的高攀龙,在追逮他的"缇骑"(锦衣卫侦骑军士)到达前从容投水而死。侧室张氏"坚志守节",被康熙《常州府志》收入《列女传》。左光斗狱死时,其妾袁氏年方二十七岁,闭户自悬遇救。当局限时追赃,左家卖田鬻屋。"患难之中,饥寒交迫。袁仰侍俯育,惟以织纴资之。教子极严,皆成名。"左氏继妻戴氏当事变之日刚刚四十岁,"痛绝复甦"。左案平反后,她被加封夫人,活到八十六岁。另一名丙寅受难者黄尊素入狱后,妻子姚氏"每夜祈死北辰之下,愿以身代"。魏珰就诛,姚氏受赐章服三品。不料长子黄宗羲后来又因指斥另一拨阉党逮治。姚氏慨然以"岂意章妻滂母萃吾一身耶"为叹。恰遇明亡,遂未及于难,卒时八十七岁。

翻拣这些文字,很难不让人心情沉重。旧式的历史叙事者,几曾有人睁眼直视这些身为要犯人妇的弱女子们的痛苦本身?他们不过是想借重列女们的"贞烈之风"以开示"劝厉之意",来训诫那些"苟生受辱与更适(意即改嫁)而不知愧者"而已!甚至连党人之子如袁勋(乙丑六君子之一袁化中子),在诉说老母"哀毁骨立"、幼弟"呱呱泣吁"之时,想到的也不过是"雪父奇冤",或许还加上要为母亲讨一袭"章服"和一块贞节牌坊。贞烈的道德指令和道德名誉压倒一切,而痛苦本身却变得不再重要。儒家曾郑重地宣称"一人向隅则满堂不乐"、"一人向隅而泣则天子之德有所损"。但是"天子之德"从来就没有如儒家所希望的那样仁慈。我们看见的,倒是以天子,也就是以当日国家的名义一再施行的对于被认为是冒犯它的人们处心积虑的恶毒报复:不但摧残他们的身体、夺取他们的生命,还要败坏他们的名誉,并用株连家人的手段迫使不惧死者就范。所以,人犯妻母的角色,实际更接近"犯妇",而无缘享有被纳入"一人"之范围的幸运。

东林案发前后,正值传统中国的最后一个"全盛"时期。当我们怀着几许骄傲、几许惋惜重温那段日暮前的辉煌时,我们难道不应该竖起耳朵,试着听一听被"未宜细说"的宏大叙事过滤一去的东林党人妻子们无声的哭泣?儒家想用"一人向隅而泣则天子之德有所损"的信条来制约独裁君主制恶性发作的意图固难得逞,但它树立起来的"一个也不应当被虐待"的道义原则如丽日光照千秋。步履蹒跚地走入现代的中国人,回忆起东林党妻子们那些残缺不全的悲惨故事,又该有什么样的感慨?

（本文原载《东方早报》2014 年 3 月 2 日"上海书评"）

想起了《水经注》校勘史上的那桩公案

——读《歧羊斋史论集》①

无论从装帧、书名或体量来看，这本八百多页的厚书都像是三家村老学究为猎取功名而炮制的一块敲门砖。但这丝毫未妨碍它居然登上了"中国高校出版社书榜"，可见中国读者挑食的门槛之"精"，也可见当今天下已无人读书的慨叹其实是有些过虑了。收入书里的专论，大半以发生在日军侵华时期的南京大屠杀为主题。这一灭绝人性的罪行，成为战后东京审判中最令人瞩目的呈堂例证之一。

从1970年代起，日本国内在究竟是否存在过南京大屠杀的问题上，逐渐发展出一场持久的越来越激烈的争论。把争论各家归入"承认"和"否认"两大阵营固然不错，但现在看来又难免有点过于简单化。"承认"派中的绝大部分人，实际上都不接受罹害国对南京大屠杀受难人数的估计。"拒绝"派更是拿捏住上述数字难以被确凿地加以证实来大做文章，以数字的不易确证为理由，从根本上否定南京大屠杀的存在，把它说成是一场"虚构"。在从前陆陆续续地读过书中大部分文章的基础上重新翻阅这个集子时，我禁不住一再想起

---

① 程兆奇《歧羊斋史论集》，上海：上海交通大学出版社，2013年。

《水经注》校勘史上的一桩公案。

《水经》本是大体成书于三国时期的一部水道提纲。经北魏郦道元详加注释,它从原先仅述及一百三十几条河流的一个近万字文本,被扩充为包含三十余万字、记录一千二百多条河流、征引群书多达二百四五十种的有关中古中国区域地理信息的大型著作。《水经注》在宋代即有残缺,并已发生讹舛错简和经、注文字相混淆等问题。迨至明时,字句之夺讹臆改更趋增多。入清后,对《水经注》的文本从事"更正错简""厘定经注""捃补逸文""校定文字"等工作而卓有成绩者,有全祖望、赵一清、戴震等大学问家。使人颇感诡异的是,"戴东原氏成书最后……而其书又最先出"。因有担任四库馆臣、得见宫中秘本的便利,他号称自己以《永乐大典》所录《水经注》作底本,并除含糊其辞地说及"与近代本钩稽校勘"之外,绝口不提全、赵二家书,示人以从未参考过这两部早先写成的校订本之意。所以当赵一清《水经注释》在戴书(殿本《水经注》)刊印十二年之后刻版行世时,就有人因惊讶其书与戴书同,而指责校刻赵书者"以戴改赵"。而全祖望的《水经注》七校本遗稿则更要后此一百多年,方经门人整理出版。当日也有人因其与戴书雷同而摘斥遗稿整理者以戴改全。故而王先谦从事《水经注》的合校工作时,即声称对全氏七校文本"一字不敢阑入"。

但是,戴震竭力想回护的在《水经注》校勘方面超迈同时代所有学者的权威性,其实早在王先谦弃用全氏七校本的半个多世纪前,就开始无可奈何地动摇了。随着《永乐大典》本《水经注》被抄出并流布开来,人们逐渐发现,戴震校勘《水经注》并非全以"大典"本为据。他实际上看到过、而且在很大程度上参照了全、赵二人的校本;惟赖当时人们无由查核《大典》所录《水经注》，他把自己抄自赵、全校本的字句伪托成是来源于《大典》文本。兹后，全祖望《水经注》五校稿本的发现，进一步坐实确然是戴震抄袭了全、赵二家之书，而不是相反。胡适看到全氏这个稿本后，也默默放弃了替他徽州老乡的"窃书"之过翻案的念头。

平心而论，戴震主持校勘的"殿本"作为集诸家校本优胜之大成的一项文献考据学上的总结性成果，本来无须掠人之美，即有它自身的极高价值在。因此王国维才会说"郦书之有善本，自戴氏始可也"。他本着理解的同情揭示出，戴震亦尝独自发现厘定经、注之诸原则，"遂以郦书为己一家之学。后见全、赵书与己同，不以为助，而反以为雠"，"则皆由气矜之一念误之。至于以他人之书以为己有，则实非其本意，而其迹则与之相等"。"气矜之一念"有时真能害死人。出于"气矜之一念"，用虚词求胜或其他不够诚实的方式，把理应受真凭实据严格制约的有限论证推向极端，结果率多欲益反损，乃至于引发对冷静的有限论证之价值和信用本身的怀疑和颠覆性伤害。话未必是说得越过头就越好。这样的教训实在不可以一二数之。

本书作者对南京大屠杀的研究，起步于"没有'不同'意义上的争论"的年头。十多年来，该研究领域内的局面大概已经不能再以上述特征予以概括了。在推动此种变化方面，说本书作者居功甚多，应当不算是溢美之词吧。

写到这里，我又想起由本书作者主持编著的一部最近出版的新书《东京审判研究手册》。这本书的前八十多页，是对有关东京审判的日文和西文已有研究文献的逐篇解说。看上去好像只是一编"经眼录"式的书目题解，但其中非但包含着极大的工作量，而且也使我藉此看到，作者意欲将下一步的前沿性探索放置在何等厚实的既有成果基础之上去展开。这也正是处处体现于《歧羊斋史论集》一书内的学术风格。

最后还有两句多余的话。书里提到十多年前日本出版的《检证南京事件"证据照片"》，那是"歧羊斋"主人和我一起在东京逛书店时发现的。自那以后，我一直建议他把此书翻译出来，而现在我还要再这样向他建议一次。

（本文原载《光明日报》2014 年 7 月 21 日）

读《道教手册》笔记
——以宋金元道教史研究为中心

一

本世纪的头十年,欧美学术界接连出版了三部重要的有关道教的综合性参考资料。离现在最近的是《路特里奇道教百科全书》(*The Routledge Encyclopedia of Taoism*, Routledge Press, 2008),一位评论者称赞本书的写作实在是"把一件不可能〔做成功〕的任务变作了可能"。该书之前冠有一篇长达一百九十六页的"概述",十分适宜于被一般读者当作了解道教的"简明教科书"来读。略早一点的是施舟人(Kristofor Schipper)和傅飞岚(Franciscus Verellen)合编的《道教经文:明道藏文献研究》(*The Taoist Canon: A Study of Taoist Literature in the Daozang of the Ming Dynasty*, Chicago University Press, 2004)。更早几年面世的,便是由任教于波斯顿大学已多历年所的莉苇亚・科恩教授主编的这本厚达九百多页的《道教手册》(Livia Kohn eds., *Daoism Handbook*, Leiden: Brill, 2000)。

除去"导论"之外,本书共有二十八章,大体上按各章所涉主题的年代先后排列,由近三十名相关专家分头撰写。各章的编写都遵照相当一致的体例,依次分为"概说""历史""文献介绍""基本观念""修为实践""参考文献"等节目。兹将各章标题迻译如下。

第一章:《道德经》及其传统;第二章:《庄子》与它的影响;第三章:两汉宇宙论和占卜活动;第四章:养生技术与中国医药;第五章:成仙与升虚;第六章:早期道教运动;第七章:长生不老之药与炼丹术;第八章:上清派;第九章:灵宝学派;第十章:南方天师道;第十一章:北方天师道;第十二章:道教的受度与醮斋科仪;第十三章:唐代道教;第十四章:道教中的妇女;第十五章:科仪改革、神祇增扩及宋元道教的转型;第十六章:内丹;第十七章:符咒与图箓;第十八章:道教的占卜;第十九章:全真道;第二十章:明代道教;第二十一章:清代道教;第二十二章:今日道教科仪;第二十三章:道教圣地;第二十四章:道教艺术;第二十五章:道教科仪音乐;第二十六章:今日中国的道教研究;第二十七章:道教在韩国;第二十八章:道教在日本。

二

在本书主编者看来,"道教乃是这个世界上最少为人所知或最未被人们理解的一种宗教"(页 xi)。这一感慨所反映的是西方学术界非常普遍的看法。有人还说,相比于研究耶稣会士、圣方济各传会、苏菲派伊斯兰教的大量著作论文,西方对道教各派比如全真教的理解,可以说还处在真正起步的阶段。

这种情况的出现,与道教很久以来在中国社会的处境本身以及内在于西方汉学的"启蒙"史观都有重要的关系。中国知识界对道教的认识,一直未能摆脱道教在后期帝制时代以及近现代中国的政治与社会中被边缘化的地位所导致的针对它的种种歧视与偏见(页 xii)。而欧美"维多利亚式汉学"对道教的基本态度,在很大程度上正是在前者的影响下形成的。举一个明显的例证:西方汉学不仅相当正面地看待孔子和儒学传统,而且也表达出对老子和庄子的足够尊重;但是与此同时,它对近现代中国道教却采取漫画式的丑化做法。当然,从它的态度中也可以很明显地看出对于道教的"极端派基督新教"式的想象或构建(页 xiv),于是更容易使西方汉学有关道教的认知与中国观点拥有相当大的重叠部分。

我以为,除以上所述,在西方"汉学"风格支配下的对于道教的传统解释框架,可能还有下面三个相互间有联系的特点。一是把道教和道教史的研究仅仅当作理解和把握中国历史文化的一种切入口,即通过道教和道教史这个特定窗口,去认识作为整体的中国文化。第二,由此产生的话题,往往与外在于道教本身的政治史和文化史相关联。比如道教与帝制国家之间的相互关系,金元全真道与当日"三教合一"思潮之间的关系,乃至它在金元之际的乱世中为流离失所的士人和面临毁灭的汉文化提供保护的作用等等。其三,它也表现出西方汉学的一个非常基本的特征,不但精于"小学"(汉语的音韵训诂、文献考据技巧等),而且强调对国际范围内用各种文字写成的二手研究文献的全方位检阅和回应。西方汉学家的这个长处,惹得有些人把他们善意地嘲讽为经常"使用口齿不清的发音来宣读含有七八种难懂语文的长篇论文的老头们"。

这种被汉学传统所主导的有关道教和道教史研究的文化建构、方法论,乃至受控于它的学术评价体系,产生了大量值得重视的成果,但同时也有显然的局限性,因而限制了人们对道教与道教史的理解。最大问题在于,遵循着此一路径的探究,似乎很难深入到道教作为一种宗教运动本身的历史之中去。以至于在今天,对道教的重新认识,有必要从重新检讨究竟什么才是人们心目中的道教这样一部文化史开始,即认真地反思为什么人们会相信道教就是他们在不同时期所以为的那种事实上并不相同的东西(页 xii)。

在过去很长一个时期里,日本学术对欧美道教研究的影响也越来越大。在本书主编的眼睛里,日本学者在对道教的评价问题上,最能持守两间之际取乎中的平衡立场。这是因为日本社会通常对中国文化中的大多数元素保持着尊重,却避免了帝制时代和近现代中国对道教的迫害所带给它的创伤性破坏。虽然她同时又不忘强调说,我们必须格外小心,日本文化中被标识为 dōkyō("道教")的那一组现象,其内容与中国道教并不全同(页 xii)。难怪有些更为夸张的看法会认为,标志着道教史研究"真正开始"的,乃是蜂屋邦夫的两本著作,即《金代道教的研究:王重道与马丹阳》(1992)及《金元时代的道教》(1998)。

三

约自 1990 年前后始,有一种新面貌在西方道教研究领域中逐渐展开。从与过去不太一样的某些新的认识基点出发,学者们试图对道教历史、思想和宗教实践中很多一向被忽视、被误解的方面,做出或重新做出新的阐释。这里所谓新认识基点,至少包括以下三项(页 xvi、页 xiv)。

首先,"必须放弃作为'哲学'的道家与作为'宗教'的道教这样一种人为的、简单化的两分法,取而代之的,应该是坚持用精确的、恰到好处地辨察纤芥的理解力去看待从漫长的中国历史中演化出来的那些各不相同、但互有联系的形形色色的道教形态"。不但要重视汉唐时期道教的各种亚传统，也应该对产生于公元第二千纪的各种十分不同的道教亚传统予以足够关注。

其次，属于现当代道教的各种形态值得引起我们更多的注意。也就是说，不能把留存于今日中国各类共同体中的诸多"活着的道教形态"看作"迷信"了事，它们至今保留着生存于公元第二千纪的各种道教分支的元素。应当承认它们对于道教研究所具有的重大意义。

第三，北方道教（全真道）和南方道教（正一道）之间的区分，对研究现当代道教依然是极其重要的。

遵循着这样一些认识基点，道教的"中国性"被更加突现出来，它真正是扎根于中国历史与社会之中的一种传统，而不再可以被看成只是一组理想化的崇尚"自然性"的生活态度，如某些西方教科书所主张的"你也可以变成一个道者"那样（页 xiv）。道教也不能再被看成主要属于不识字大众的"民间宗教"，更不是那些站在正常社会秩序之外或者力图从思想上和政治上攻击正常社会秩序的人们的专属信仰（页 xvii）。道教也不再如佛教研究的"传统画面"所宣示的那样，在智识上是如此贫乏，以至于它在自己发展的每一个关口，都不得不从佛教那里借用必需的资源。事情有时候正好相反。不少佛教汉籍其实并不是从原典翻译过来的，而是佛教为回应它身处其中的土生出道教的那片天地而撰造的作品。因此佛、道之间主要还是对话关系，而不是一方剽窃另一方的关系（页 xxii）。

四

根据我有限的阅读体会,近二三十年来西方道教研究的新面貌,似乎还有如下特点值得我们借鉴。

就研究定位而言,道教作为独立的宗教传统,完全值得拥有作为一个独立研究对象的地位,而不应被压缩为只是从总体上理解中国历史、文化和宗教的资料或素材。

在研究方法上,道教研究已经具有广泛采用其他理论视野和方法论的跨学科研究的浓厚色彩。从目前产生的研究成果来衡量,最流行也最成功的对传统切入途径的替代品,似是思想文化史(intellectual history)和比较哲学(以讨论古典道教文本《老子》和《庄子》为主)的取径。

但是更加值得注意的,是比较宗教学的考察已经相当成功地从上述各种取向中突显出来。确实,当历史学视角的、文献考据学视角的、哲学视角的、思想文化史视角的、社会学视角的道教研究纷纷现身的时候,有一个问题就一定会自然而然地被提出来:所有这些,虽然对我们认识道教及其历史都是十分必要的,但是它们可以替代从道教自身视角、从道教内部的演化逻辑来展现的道教和道教史的种种面相吗?

在这方面,学术研究曾面临的一个长期困惑在于,宗教体认具有一种非常特殊的性格,即它往往表现为个体性的精神体验,带有浓烈的神秘主义色彩。因而它要么不可言说,要么说出来也难以被有意与宗教信仰保持距离的研究者所采信。于是在比较宗教学的视域尚未有意识地融入道教研究领域之前,学术讨论事实上回避了对道教有关自我观念、修炼技术、神秘主义体验、救世目标,以及有关上述各话题之间相互关系的一系列重要见解从事分析与讨论的任务。

这就让我们清楚地看到,比较宗教学取向如何给道教和道教史研究带来了一次重要的跨越。因为它开始撤除长期横亘于信仰-修行者叙事和学术叙事之间的天然界隔,从而将修行者叙事也纳入讨论分析的范围。在这样一种跨越背后,我们看到的其实是人类学的基本立场,即力求站在被研究对象的认知背景内部,用被研究者的眼光去感受、理解和解释该研究对象对自我、对自我与其生存环境之间关系的认识。

这种从纯粹宗教性质的各项原因着手去阐释道教的尝试,采用了包括认知心理学、人类学、生理学、精神分析等诸多学科的理论、观念和方法元素。其研究内容聚焦于诸如异常体验、死与成神、生态环境、葬俗、性别问题、医学治疗、精神技术、对自我的观念等现象。新的探索虽然只是刚刚起步,但它无疑可以为今后对道教的深入认识拓展出各种可能的空间。外国学者中因此有人宣称,"我们已经重新发现了遵循一条精神旅程出行的古老技术"。此说或稍过乐观,但要说"我们已经很有希望重新发现"这门古老技术,也许就丝毫不会让人觉得过分了。

五

我个人的专门研究领域是蒙古帝国史和作为中国史一个组成部分的元代史。所以下面主要围绕《道教手册》对宋金元时期道教研究的评论,略作摘要性质的介绍,间或也谈一点很粗浅的读后感。

制度化的道教形成于公元第二世纪。尽管在叙述道教形成史的时候当然还需要追溯到产生于更早先时代的种种元素或迹象,但所有那些都只能看作是被处于形塑时期的道教加以利用的遗产,尚不是足以用于形塑将来的一种业经确立的传统本身(页 xix 至页 xx)。道教在唐代的最主要成就,是完成了对此前数百年间它的各种地区性运动所从事的全方位综合与一体化整理。那时并没有新的重要的道教教义或教派产生,不过有关它的种种信念和修为实践都变得更加精致和充实。道士社会角色的重要性也获得很大提高(页339)。

这种情况在宋金元时期发生了极大的变化。道教在那时逐渐放弃了过去主要面向宗教小团体和贵族阶层的狭隘倾向,而变身为扎根于各地域社会和不同社会群体之中的更丰富多彩的宗教天地的一部分。唐代道教的祷拜仪式系统,以及按原先那套规则、受度及修为方式组织起来的宗教共同体,从而也就不可避免地趋于瓦解。取而代之的,则是从地域社会中诸多乡绅共同体和各种游离人群中产生出来的社会基础更加广泛的一个识字信仰者群体。道教为与其他宗教既相竞争,也相协衬,需要接纳这个新群体,因而也必须适应其成员们更带多样性的宗教行为和神祇崇拜。在刊刻于1445 年的明代道藏中,有超过一半篇幅的经文编成于 12 世纪中叶之后,其内容大多与各种地方性的神祇崇拜及醮斋科仪相关。学者们如今极其重视反映在明道藏经文之中的道教传统的重大变化。这种经过变化的传统至今仍存活于现当代道士们的观念与实践中,而它与唐代道教的传统则已非常之不同(页 413)。

道教在唐宋之间的巨大变化并不是横空出世的一个孤立现象,而是整个"唐宋变革"的组成部分。这个变革可以拿

755年的安史之乱当作它开始的时间界标,而其历史成果则全面地展示在南宋时期的中国南方社会之中。关于这个问题,郝若贝在1982年发表的《750年至1550年中国的人口、政治与社会转型》(刊登于《哈佛亚洲研究杂志》卷42·2)至今仍是值得我们反复咀嚼的经典之作,此处无法细述。离开了这一宏大历史背景,就不可能真正理解道教在此期间所经历的一系列变迁。但与此同时,道教史的解释仍然必须从它自身演变的内在理路去追寻。我们要做的,是用产生于这一特定研究领域中的诸多具体发现和认识去检验、丰富、补正甚或改变既有的宏观历史图景,而不是相反,笼统地把一种针对"历史趋势"的说辞拿来当作可以回答道教在那时因何变化及如何变化的现成答案。

六

自唐中叶至于南宋,由北方陷于全面战乱而引发的华北人口大规模南迁,不但从根本上改变了东半部中国人口分布的空间结构,并最终导致中国人口、经济和文化重心向中国南方的转移,而且有力地推动了中国社会多样化、经济整合和文化重建的进程。中古道教在它的转型过程里,逐渐把更大范围的神祇迎入自己的万神殿,创制出更丰富的科仪形式,并培育出一个社会身份和等级更为多样不同的信众群体。

南迁的北方移民面对富庶而充满环境不确定性的江南,面对他们不熟悉的疫情疾病,面对南方土著人群的巫俗崇拜、新神祇与种种新的民间文化元素,不得不在重估和增补他们带到南方的种种古典的精神性知识,并在它们与南方地域传统的紧张和调适之中,为道教造就一种更有弹性及包容度的宗教服务和神祇结构。因此,尽管北宋朝廷事实上是在继承并继续放大唐代的道教体制,但从 10 世纪起,道教在科仪更张与新创、新神位的产生扩大方面的改革就一直在持续进行中。北宋末的徽宗朝(1101 年至 1125 年)是道教活动中心从宫廷转移到地域社会的分水岭。到接近 13 世纪的南宋中后叶,宋元道教已经以其范围极宽泛的仪式和神祇系统,以其与各地区的地域共同体之间的紧密联系,而呈现出它与唐代道教完全不同的种种面相。另外,至晚到 10 世纪,张天师家族已经形成了以龙虎山为其活动中心的宗教权威。这样的过程得以在南方广大国土上相当顺利地推展开来,与商业把近海航路和内河水道整合为以拥有多样化的不同文化(包括寺观与诸神的节庆文化在内)的城镇作为大小中心的网络系统,乃至与行迹遍布各地的文人们对古典传统与民间文化的重新发现和再创新在其中起到的作用与贡献,是分不开的(页 414 至页 416)。

生活于唐末五代的杜光庭,被认为是将皇室支持下的各种更古旧的中古道教形式与在后来几个世纪里完全改塑了前者的道的新化身联系在一起的枢轴式人物。他关于醮、黄箓斋以及普度科仪的讨论,是推动道教科仪实践转型的最初尝试。本书介绍宋元道教研究的专章提到许多从唐代道教传统转换而来或新出现于本时段内的一些在后世道教中普遍流行的法事仪式,诸如祈祷攘妖去灾的天蓬、雷公法事,天心正法,同天、罗天醮,金箓斋,天蓬咒,火灵符,灵宝大法,玉堂大法等(页 418 至页 423)。作者枚举的重要文献,包括一部未被收入道藏,但广泛体现出宋元道教转型的各关键方面,尤其是关于天师道在本时期道教中之新角色的重要文献

《道藏秘要／旨》(页431)。在"各种特别醮仪传统"的子目下，作者主要讲述了有关天心正法和灵宝大法的许多经书。

体现在唐以后道教科仪以及神祇崇拜的复杂多样性背后的，是对于神界秩序更多样化、更具有伸缩性，而且还无所不包的不同见解系统，以及试图对这些繁杂多重、又互相抵牾的基本见解从事提升、统一和协调的种种努力。而与基本见解的多样性相匹配的，则是宗教实践的多样和复杂。不少科仪公然与所在地的俗神崇拜和民间宗教的元素结合在一起。到南宋末年，道教超度亡灵的科斋仪式在有些地方已经很难与佛教的水陆法会相区别了(页452、455、457)。

后期道教的代表性修炼方式，即所谓内丹还虚术，也从晚唐起进入它的成熟阶段。到接近12世纪之时，在全新的社会文化及宗教背景下，它已经从被它采纳的各式各样来源(包括道教经典、传统宇宙观、易经之学、守一及其他身体方面的养生训练、外丹的宇宙论基础、医药疗疾、佛教救世论、儒家伦理哲学等)的构成元素之中，产生出典籍化的经文、稳定的言说系统、复杂的标准化实践和有关自身的精神谱系。10到14世纪出现了三种内丹派主要传统，即"钟吕"派的"胎息"与"还精补脑"之术、内丹"南宗"，以及"北宗"即全真道(页464—465、469)。

七

以上讨论回顾的，主要是道教从北宋经由南宋、进入元时期中国南方的粗略演变线索。对金元时期北部中国的道教研究，手册另有"全真道"专章予以评说。全真道是现今仅存的道教两个主要流派之一。它是现代"丹鼎派"的代表，而代表现代"符箓派"的就是天师道。在这本手册的出版年代即2000年之后,西方有关金元全真道研究又有若干值得重视的著述相继面世。因此本文的这一部分,拟着重介绍我已经读过的其中不多几种较新近的作品。

2001年,由设在美国的中国宗教研究会和印第安纳大学东亚研究中心共同出版的《中国宗教年刊》(*Journal of Chinese Religions*)第29卷,集中刊登了一组讨论中国道教的文章。作者多为学术界冒出来的后起之秀。论文话题都会聚在下面这个问题上:在界定"何谓全真道"的所谓"宗教认同"的不同形式中,究竟是一些什么样的因素在起最重要的作用? 五篇文章里,有四篇论旨集中在金元之际的早期全真教,还有一篇讨论全真道龙门宗在历史变迁中的延续性和中断性问题。

从12世纪中叶到13世纪上半叶,全真道从最初由很少几个苦行者所推动起来的小群宗教运动,以令人目眩的速度和规模扩张成一个拥有雄厚的宫观经济的强大教团。人们会很自然地以为,全真道所以能在当日信众中产生具有极大影响力的集体身份意识和宗教归属感,一定是因为它具有某些十分坚硬实在的、不同于道教其他宗派的独特要素。但当学者们去仔细检核究竟是什么可以代表全真道这样一种外在于意识的存在物时,却发现全真道其实没有专属自己的醮斋科仪,除《灵宝经》以外,它也使用宋代新形成的天心大法、五雷法,总之与其他道士很少区别。在内丹的理论与实践方面,它也没有只属于本宗的特殊见解和做法。金元全真道祖师们留下的文字,都带有个人作品性质,都未被收入1244年由全真道刊刻的《道藏》。全真祖师经常用神秘体验来标榜自己的宗派,但它事实上很难被一般信徒和道外民众所真正感知。在 1280 年之前，它甚至也没有形成过系统的宫观规则和集体打坐的规程。刊载在上述年刊中的一篇题为《发明一个教团：十三世纪全真道的集体认同》的论文，揭示出全真教认同中的人为构建属性，包括编创历代祖师苦修的传奇，体现在全真道徒法名授予中的象征性整合，道团成员间的游方联络和集会等。换言之，作为这个庞大教团内部成员间自我归属的集体意识和道外民众对它独特性认识的基本依据的，更可能不是这样那样真正客观存在的"事实"，而只是"被人们以为是事实"的一些出于主观的构建。

从类似角度分析早期全真道的其他文章，将事后追叙的全真道祖师传和这些祖师们自己留下的文本放在一起对读，发现"七真"概念其实是在王重阳去世至少半个世纪后才开始形成的。从全真弟子取法名的法则看，与王处一、邱处机、谭处端等人同代的重阳弟子，至少还有史处厚、严处常，此外还有刘通微等。对七真言说贡献最大的人是王处一。此人的字是玉阳，与正阳（钟离权）、纯阳（吕洞宾）、重阳（王喆）、丹阳（马钰）处于同一命名系列。这表明王喆可能有两个地位相当的传人，即分别在陕西和山东传教的马丹阳和王玉阳。邱处机的势力发展起来后，王玉阳的地位和影响被掩盖了。七真名单从王重阳弟子谱中提炼出来，并被人致力于将它标准化，事在 1214 年。但直到 1270 年代初，这个名单仍未完全确定。本文作者把七真和相关叙事看作是通过对全真祖师超常魅力的格式化呈现来推动全真教团集体身份认同的重要组成部分。另一篇讨论《玄风庆会图》的文章，也以全真道对历史叙事的高度重视为主题。从分析仅存四分之一图幅的《玄风庆会图》入手，它证明历史书写（包括图像表达）并非简单地是为了记录过去，历史文本的生产涉及某些个人或群体创建一种认同的意图与努力。过去本身并不负责将自己条理化,它需要书写它的人们来加以构建。

上面的讨论并不意味着全真道在通过重塑历史来建构自身根源性和集体认同方面的作为是独一无二的。它更不意味着,参与重塑自身历史的全真道大师们是在有意识地伪造或虚构历史。他们讲述的,是带有后见之明性质的他们心目中的真实过去。人们对过去的回忆和理解,永远处在这样一种构建——解构——再构建的进程之中。这是我们认识过去时必定身陷其中的宿命。

2007年,孔思奇出版了一部根据博士学位论文修订而成的著作《修真:早期全真道的神秘主义与自我化蜕》(Louis Komjathy, *Cultivating Perfection*: *Mysticism and Self-transformation in Early Quanzhen Doaism*, Leiden: Brill, 2007)。作者力求避免把全真道当作"接纳了退化不纯的佛教成分的宗教混合体,或者披着道教外衣的政治团体"去看待,而要从比较宗教学的角度,从全真道关于自我的认识、它的修炼实践以及其中涉及的主要精神技术、它对神秘体验的认识等三方面切入讨论,去表现以苦行、内丹修炼和化仙作为特征的全真道运动。由于采用这样一个分析框架,本书展示出来的全真道面貌,与我们一般以为它是针对传统道教的一个改革运动的认识有很大差别。实际上,它在关于自我性质和人类生存状况的认识方面,在通过追求神秘体验和成仙化蜕的激进修炼体系方面,都提供了与传统道教明显不同的一种具有挑战性的新模式。

孔思奇对全真道在道教史上的历史定位,从他采用Complete Perfection作为"全真"一名的对译词就可以看得出来。这个名称还有其他一些英文对译词,如Completing of Authenticity、Complete Reality、Perfect Realization、Total Perfection 等。这里的 realization,是从 realize,即 bring into being 或 achieve 派生出来的,意即实现、使产生。选用这个语词来翻译"全真",意思出入较大。而另一个语词 authenticity 在这里的意思与 genuineness 相当,即 inborn、native 或者 of original stock,也就是内在生成的、本真的。因此它与道教中"本来真"的观念比较贴近。但全真道关于自我观念及其修炼目标,并不是像清静派道教那样,要返回到一个本真的自我,并使这个自我融合,或者也可以说就是消融在宇宙之中。全真道要从俗人修炼成仙人,使精神的自我从肉体内化蜕而去,长存于天地之间。因此孔思奇为全真道选择的英文译名,实际上恰是意在说明,它所主张的乃是一种与清静派道教相比要远为激进的转化。

西方学术界在对道教内丹研究方面的突破,这里只能举孔思奇一例。更详细的述评,可参谢世维《当代西方对宋元以后内丹研究之回顾》(新竹:《清华中文学报》卷 10,2013 年 12 月)。

八

本书有专章介绍当代中国的道教研究,但现时代中国道教的基本状况则未当作一个话题被设计进去。因此,发表在《中国季刊》卷 174"今日中国宗教"专号上的《道教在今日中国》(Lai Chi-Tim, Daoism in China Today, 1908-2002, *The China Quarterly*, No. 174, Religion in China Today [Jun. 2003], pp. 413-427)一文,或可作为它的补充材料来阅读。

在通读《道教手册》的过程中,有一个基本想法不断从我的脑海里冒出来。欧美学者每多力求将其研究建立在对于道教原始文献,对于除英、法、德等西方文字之外也包括日文及汉文的研究文献从事全面检阅的基础之上。与此相比,在大陆中国的道教学者中,具有与外部世界同一或相关学科领域内的研究者们进行对话的意识和潜力的人,似乎还算不得太多。手册对中国学术界道教研究的批评,也是说它"没有机会与诸多非汉语的研究互相商榷"(页 xix)。

即使是对一个几乎属于纯粹中国文化的研究主题,关起门来自说自话的做派,也已经不可能再与我们身处的这个时代相适应了。学术讨论讲究追源和溯流。所谓"源"即史源,也可以说就是原始文献。所谓"溯流",一指问题的产生不应该是从天上掉下来的,而必须由能显示它在学术史上来龙去脉的知识地图作为指引;二指必须以全部既有成果作为讨论那个问题时的知识基础。这也就是陈寅恪所谓"预流"的意思。

还有一个如何看待专精于细部考据与把握宏观历史图景之间相互关系的问题。历史研究不能没有细部考据。但历史实相并不是仅靠考据或者对文本的"语文学"讨论就可以求得的。通过考据去还原当时各种不同身份的人们对他们那个时代和生存环境的感受,还原那幅宏观的历史图景,还原人类对价值理性的根本和永恒的关怀,考据才能真正体现它应有的生命活力。

在上述两层意义上,我以为把《道教手册》全书汉译出来,对推进中国的道教和道教史研究将会是大有助益的。

假如海瑞不罢官

　　在中国历史上，恐怕很少有几个官员曾像海瑞那样，在生前和身后再三、再四地发达到举国闻名的地步。他第一次名震天下，事出于他以中下级官员的微贱身份呈递给为求长生不死而沉迷于神仙道术的嘉靖皇帝的那道《治安疏》。与官场中人恪守"天子圣明兮臣罪当诛"的犬儒态度相反，海瑞在上疏里直言不讳地说："天下的人们以为陛下偏离正道已经很久了。"他还用谐音将当朝皇帝的年号"嘉靖"读作"家净"，说它的意思就是"家家户户都被搜刮干净"。他甚至置办好一口棺材，预备为这一番犯颜直谏而领受死罪。这倒反过来将了嘉靖皇帝一军。海瑞被投入"诏狱"，但刑部对他的死刑判决却被皇帝本人搁置。不满一年，嘉靖死去；海瑞被新即位的隆庆帝以先王"遗诏"的名义释放出狱。重入仕途的海瑞，在京城和南京作了两年多闲官后，终于获得一个可以施展抱负的江南巡抚的职位。在苏州，他很快以勒令江南富豪退回被他们侵占的弱户田产等严厉举措而第二次轰动朝野，但因此也在八个月内就被迫离职，回到海南故乡。十多年后，深受万历母太后信用的张居正去世，万历帝把幼年即位以来一直遭受苛刻管束的积怨统统发泄到这位刚刚作古的"老先生"身上。翌年，万历就追夺张居正生前所受官阶，清算朝廷中的张居正余党；于是海瑞被当作受张居正集团排斥的正人君子再次出山，这一年他七十二岁。然而使万历君臣们又一次大吃一惊的是,这个倔老头一点也没有改变他爱捅娄子的脾性。这回他上书要求对贪赃枉法的官吏实行"剥皮囊草"的处罚。无论当局重新起用海瑞的最初动机如何,这封"意真语切而近于憨"的上书,肯定最终决定了海瑞被当局冷落的命运。复出不过两年,他就郁郁不欢地死于南京任上。又过了将近四百年,由于那场揭开十年大乱序幕的对新编历史剧《海瑞罢官》的批判,海瑞再次在中国成为家喻户晓的人物。而最近正在播出的描写他的电视连续剧,是否又会在完全不同的情景中推动新一轮的"海瑞热"?

从"公案"题材的说话故事中发展出来的关于清官的小说、曲艺和戏曲,在民间向来拥有大量的喜爱者。曾经有人说,清官使人们对本应加以仇恨的政权产生幻想,所以他们的危害似乎至少也不比贪官小。这话不能说完全没有道理。但如果换个角度想一想,一个人身染病痛,又没有条件接受手术予以根治(且不说手术"根治"有多少可靠

海瑞

性),那么他就不应该尽可能地找一点止痛药或镇静剂来缓解自己的痛苦?难道我们可以因为病人的伤痛无法根治,便把竭力设法减缓他病情的好心人和往他的创口上撒盐的恶人视同一律吗?

清官有不同的类型。例如包公,虽然也曾为秉公执法而对君上"鲠吭逆心",但总的说来,他"不尚苛刻",因而与海瑞的褊隘执拗形成很大的差别。这里自然有个人秉性的不同,但无疑也有时代背景的影响。与包公相比,海瑞处在时政和

人心都更为败坏的社会环境里。在他看来,政治的颓坏全因为士大夫崇奉口是心非、因循苟且的"乡愿"作风,所以"乡愿去大奸恶不甚远"。他痛恨"医国者只一味甘草",力主用重药来矫治乡愿,结果却被朝廷上下视为乖僻夸诞、不近情理。是那个时代,将更多的悲剧色彩赋予海瑞。

历史拒绝假设。但我们还是禁不住想追问:如果海瑞在嘉靖朝不是被罢官,而是进京做了宰辅,后来的人们将会如何看待他?最可能的是,他会变作第二个刚愎自用的"拗相公"王安石。他力图挽回吏治腐败、社会矛盾日趋尖锐的形势,但是他的那一套治国策,对政治的澄清未必有大效,却会像他所要矫治的病症同样地抑制当日中国的农业和农村手工业中商品经济的扩展,以及社会关系的划时代变迁。海瑞的挫折,成就了一个令人扼腕的悲剧英雄,却也使他得以避免更惨烈的失败和如同王安石所受到的"大奸似忠"一类的恶评。历史在这里充分展现出它"吊诡"的形态。

(本文原载《中学生报》,具体日期未克查核)

漂流异邦的古代中国人

　　如果不把商亡后箕子东奔朝鲜的传说以及对"徐福东渡"结局的猜测算在内,那么今天可以确切地指出的最早漂流到今中国境外的我们的先人,就应当是西汉前期活动在"大宛"国(在今中亚费尔干纳盆地)的"秦人"了。据《史记·大宛传》,当西汉军队围攻大宛的国都时,这些"秦人"在被断绝了水源的围城之中帮助守军"穿井"。从司马迁在另一处提到为大宛等国"铸钱、器"的"汉使、亡卒降"来看,所谓"秦人",很可能也是被匈奴战败俘掠、后来投奔大宛的西汉军人。被匈奴掳获的西汉败军,人数极多;有时一次就达二万余。降军中最有名的自然是李陵。在今俄罗斯境内叶尼塞河上游的阿巴干草原,曾发掘出一处匈奴时代的汉式建筑遗址,出土物中包括刻有"天子千秋万岁常乐未央"等字样的瓦当。虽然尚无充分证据说它就是"李陵宅",但它无疑属于某个投降匈奴的地位很高的汉人所有。华北汉地社会中也有人被掳掠甚至逃亡到匈奴政权下去从事农业生产的。后者成为迄今所知为改变个人生存的经济环境而出走异国的最早的人群;因为在那里他们受到的盘剥较轻。两汉时因国内政治斗争的失败而出奔匈奴者亦时见于记载。自东汉末年以往,日本也逐渐成为中国政治流亡者远走高飞的一方天地。

　　随着隋唐统一帝国的建立,古代中国人寓居他国的活动呈现某种新格局。由于隋唐政权对突厥和中亚国家持续的军事活动,大批士卒及作战辅助人员流失在西域固属难免。在以阿拉伯帝国为敌方的"怛罗斯之战"后,唐军中战败被擒的杜环作为战俘西行中东,回来后写了一部《经行记》,成为汉文史料对穆斯林世界最早的记载。原书虽已佚失,但它的部分文字被作者的族人杜佑抄录在《通典》中,因得保留至今。禁止汉族居民出家为僧的法令废弛后,汉族僧团的大规模膨胀导致西行求法或东渡弘法的高僧大德人数激增。玄奘在西北印度求法十七年后归国。至于那些最终未能回到故土的僧人们,有的扬名异邦,以至于在日本造就了一个所谓"渡来僧的世纪"(指13、14世纪);也有很多就只好永远被尘封在失忆的历史中了。除沿着陆上丝绸之路向西推进的商贾之家,通过海路移居东南亚的"唐人",由唐经宋而入元,也代不乏人。到了元朝,中国移民在南洋群岛已经相当多了。

东南沿海的中国人向外移民,从晚明的1560年代起逐渐形成一个高潮。明政府在这时开放海禁,刺激起私人出海贸易的规模急剧扩大。但在另一方面,由于明政府仍明令禁止移民海外,遂使出门在外多历年所的人们不敢归国,实际上对移民潮起到的是推波助澜的作用。17世纪前后,吕宋马尼拉的华人已有两三万人。清前期为孤立东南抗清力量,重新实行海禁,并对出国归来的人处以死刑,但其收效仍与明末禁止移民海外的政策略同。18世纪初,旅居今泰国的中国移民已有四十四万人。鸦片战争前,东南亚的华人总数高达一百万人。

在19世纪下半叶,中国人向海外移民的范围更扩大到北美。大批中国人被当作"苦力"运送到美国,在西海岸为洋人开采金矿、修筑铁路。目睹他们在那里所受的歧视和悲惨命运,很可能是促使黄遵宪访美回国后力主在外国"设领",并改变了他对美国"民主"看法的重要原因。事实上,他不久后就担任了中国首任驻马六甲领事。

明清两朝政府长期抱持敌视海外华人的立场,把他们当作化外"弃民",视之为"无赖之徒"。海外华人在羁留地区遭遇暴虐或不公正待遇,"天朝"往往置若罔闻。直到清末,这样的政

唐人街

策才获得基本的调整。"华侨"的概念于是进入中国的政治文化。从光绪十九年(1893)"除华侨海禁",到此后在各地设立领事馆,清政府终于对保护海外侨民的正当利益渐有意识。但在西方民族主义思潮的狂澜冲击之下,"满洲"政权的合法性已经无可挽救。海外的华侨成为推翻清统治的一种重要力量。

(本文原载《新民周刊》,具体日期未克查核)

火药的应用

　　大约 10 世纪初叶前后,由硝石、硫黄和木炭混合而成的某种易燃易爆物品,悄然从方术之士的炼丹房进入古代中国的兵器制作场。在世界范围的兵器史上,这是人类从冷兵器时代向使用火器的全新时代过渡的重要开端。但是,生逢其时的两宋文人,虽然作诗时推尚遣词用事"无一字无来处",却似乎没有一个人想到要探究一下这种致爆物究竟是如何被发现的。现代的人们,也只是从"火药"这个名称和几种炼丹书的字里行间,才得以推知它与"服饵"之道的渊源关系。

　　从字面上讲,"火药"的意思,即"会着火燃烧的药"。古人把药分为上、中、下三品。"上药令人身安命延。……中药养性。下药除病。"丹砂之类的上药,因此成为方士们合炼"长生"仙丹的主要用料。他们隐居于名山崇岳,用丹砂、金银、"众芝、五玉、五云"等等,配以其他各色药石,"合金丹之大药,炼八石之气英"。方士们经年累月,有的甚至"养火数十年",企盼着能造出"开炉五彩辉神室,入腹三魂返洞天"的奇效仙药。这种合还丹之术,与追求"点铁成金"的"黄白术"互为发明,于是在对各种药石、金属施以"伏火"(即用一定火候对被试物及其配料加热)等法,使之改变某些性状的过程中,炼士们反复观察到这些物质间相互作用所导致的一系列化学反应。强烈的化学作用时常引起冲天大火,故"以烧炼破家者"代不乏人,丹灶遂被称为"火花娘"。可能正是炼药惹发大火的灾患,将这些充满创造性幻想的中古神秘主义化学家,逐渐推上发现火药的道路。

　　5、6 世纪之际,陶弘景已知道根据点燃后是否呈青紫焰来区别真硝和"朴硝"(硫酸钠)。一百多年后,孙思邈在《丹经内伏硫黄法》里,最先载录以硝石、含炭植物皂角及生、熟木炭为硫黄"伏火"的方法;不过当时人们还不知道自己其实已配成火药。又过了大约一二百年,成于中唐的炼丹书《真元妙道要略》,即以非常确定的口气告诫说,以硝石、雄黄(三硫化二砷)、硫黄和蜜(着火后会释放二氧化碳)相合点燃,会引发强烈的火焰,乃有因此而"烧手、面及烬屋舍者"。这段记载,被认为是已知的第一个"原初火药"的配方单。

　　就是从唐末到宋初之间,这种能引起焰火的药石方子,从术士传到兵器家的手中,并很快就被用于实战;"火药"的名称亦开始广为人知。北宋前期已出现专制火药的制作场,撰写于 1044 年的《武经总要》,记载了当时已投入实战的三种火器的药方。这是现知最早见于文献的真正的火药配方。

　　北宋时火药的含硝量还很低。这时候的火器,主要用来延烧敌阵,及布散烟幕、毒气。到南宋与金王朝对峙期间,爆炸性火器"铁火砲"(又名"震天雷",即掷向敌营的火药铁罐)在双方军队中都渐见普及;用竹管或"敕黄纸"管子填入含硝或不含硝药料,一经点火便"焰出枪前"的管火器"火枪",也在这时投入战争。宋人关注火药火器,不仅由于

《五经总要》书页

它在实战中已发挥一定的杀伤力,而且也因为它对敌方的恫

吓作用。他们对霹雳砲、震天雷之类火器"声如霹雳"、"其声如雷,闻百里外"的效应叹服不已,甚至以为凭爆炸的声音就可以将敌人"惊死"。这种传统的用意影响后来几百年,故元朝后期一具铜手铳上铸有铭文曰:"射穿百孔,声振九天。"火器先声夺人的威慑力,被看得与它的侵彻力同等重要。晚至明朝的军队,还在作战中使用一种"纸糊圆砲,不过震响一声而已"。明末的宋应星也提到过,火药爆炸的"惊声"可以杀人。

火药较大规模地应用于攻坚、野战和火战,大体始于元末明初。撰于明代初叶的兵书《火龙神器阵法》,载录了十余种常用火器的火药方子,其中有些已相当接近于近代黑色火药的配方。用铜铳射出的"飞砲",由实心弹发展为开花的爆炸弹;喷筒、火药筒则成为海上"御寇之切要"。明代前期,重达四五百斤的火铳已颇为常见。但是,这一类火器装填弹药缓慢费时,发射间隙太长;尽管正统年间出现用合成单管铳原理改制而成的两头铳、多管铳,其实作战效力仍很有限。此后直到明朝中后叶西方枪炮传入时,中国火器的形制再未见大的改观。在"以机巧为戒"的普遍文化背景下,个别部门的技术发展,难免要受到心有余而力不足的限制。另外在当时人们的观念里,火器"可以代矢石之施,可以作鼓角之号,可以通斥堠之信。一物而三用俱焉,呜呼神矣"!火器在作战中仅能替代矢石鼓角的认识,是否也局限着进一步设法去提高其战术性能的技术发展?抑或相反,是当时火器战术性能的局限性本身导致了上述认识?更可能的是,二者之间实际上互为因果。

从明嘉靖迄于近代,中国的火器制作差不多一直是在西洋枪炮的影响下发展的。16世纪前期,葡萄牙人使用的"佛朗机铳"传入中国。该机的炮管由子、母二铳套置而成。母铳管长达五六尺;内置可拆卸的子铳,中实药弹。弹发后可将子铳退出,另以预先装填弹药的备用子铳置入母铳,继续点放。子母铳构造正好弥补了中国火器装填、点火缓慢的弱处。明军于是逐渐放弃旧铳,仿造并进而改制佛朗机铳。得自日本的鸟铳,管背有雌雄二臬(准星),用之击鸟,"十发有八九中。即飞鸟在林,皆可射落,由是得名"。鸟铳很快获得推广,成为明军最得力的火器之一。嘉靖年间,为抗御混杂着日本浪人和中国海盗的持有火器的倭寇,戚继光在沿海编练抗倭步兵营、骑兵营和车营,军中配置火器的兵士约占全体战斗员一半弱。明末又获得荷兰的"红夷砲",时人以为它"更为神奇,视佛朗机为笨物",其大者重五千斤。它是清军在征服全国的战争中应用的主要攻城战具。

到清代中叶,中国火器进一步落后于西方。在鸦片战争及后来的一系列对外战争中,脱胎于佛朗机铳、红夷砲之类的清军火器,在面对新式的洋枪洋炮时黯然失色。从同治中叶开始,西洋的后膛式枪炮引入中国。中国军队遂得采用现代枪炮以逐渐地更新自己的火器装备。

明清两代令中国人刮目相看的西洋火器,最初却是由于中国火药的西传而发展起来的。大约13世纪之初,中国的硝石传入西亚,因而在穆斯林世界有关硝石的诸多较早的名称里,有所谓 namak-i chini(波斯语,译言"中国雪")、tha'j al-sin(阿拉伯语,译言"中国盐")者。它起先用于入药,也用作烟火的发药。当地用它配制军事用火药,最早见于1280年以后撰成的一部兵书《马术与战争谋略全书》。蒙古在西征中曾在西亚等地使用他们从中原得到的火药火器。1253年,旭烈兀以皇弟身份领兵征讨阿拉伯帝国,随行军队中就有一支从中原征发的"naft 抛射军"。阿拉伯语词汇 naft 原指美索不达米亚的沥青纯品，后移指以它为主要成分的军用火焰喷射液"希腊火"；硝石西传后，naft 又相继被用以指称硝、烟火发药和爆炸火药。出自华北的这支 naft 抛射军使用的火器，无疑是乌马里在他的《眼历诸国行纪》里提到过的装填火药(bārūd)的"naft 罐子"，也就是另一种穆斯林史料记述的蒙古人在巴格达城下施放的"铁瓶"，亦即中国的"铁火砲"或震天雷。军事上使用火药致爆，是否就是由这支留驻在伊朗的中原 naft 抛射军传授给穆斯林世界的呢？

至于西欧，则应是从穆斯林世界辗转获得火药火器的。欧洲文献有关火药的确切记载，始于 13 世纪晚期；而普遍地应用火药于军事，更是 14 世纪的事情了。

西洋火器后来居上，其精巧锐利超过中国，在很大程度上得益于 18 世纪在资本主义世界开始的工业革命。而清王朝坚持的"骑射乃满洲之根本"的国策，以及曾国藩在所谓"凡兵勇者须有宁拙毋巧、宁故毋新之意，而后可以持久"的典型议论中所代表的正统派士大夫的治军方略，或许也促进着上述差别的扩大。就是在 18 世纪末叶，英使马戛尔尼在广东向清朝封疆大吏演示每分钟响二三十记的火枪。他大出意料地发现，在场的中国官员都反应漠然，"若无足轻重"。于此亦可见中国火器之所以落后的部分原因。

与火药使用于军事几乎同时，它也自然而然地被用于吉日喜庆的娱乐活动。这就是最初出现于北宋年间的爆仗和烟火。

《东京梦华录》载，北宋宫廷中呈演百戏，每一出毕，都"忽作一声如霹雳，谓之'爆仗'"。明人注解说："凡御前供奉皆曰仗。故爆亦曰仗也。"一部南宋时的志书曾提到，爆仗

"以硫黄作爆药,声尤惊"。但是只有硫黄、没有硝石的"爆药",引燃后不可能发生惊人之响。可知爆仗实际上是使用含硝量不高的火药来引爆的。北宋皇宫里玩爆仗,还不止于呈演百戏的场合。据称除夕之夜,"禁中爆竹、山呼,声闻于外"。此处爆竹,其所指当同于爆仗者。

古人每逢正月初一,有"鸡鸣而起,先于庭前爆竹,以辟山臊恶鬼"的风俗。"爆竹"者,即"以竹着火中,烞熚(音朴必)有声",用以惊走会使人染上寒热病的恶鬼"山臊"。此种风俗与除夕之夜的"守岁"之风互相激发,以致人们往往不待当夜更终,便提前爆竹不止。北宋时普通百姓中仍流行以竹着火中来驱鬼辟邪的做法。但在皇宫里,由于有了装火药的爆仗,显然已经用它来取代爆竹的旧形式。禁中爆竹倘若未以爆仗替代,则竹着于火中的声响,恐怕很难会真的声闻于宫墙之外。

正如汉末的"胡风"起于灵帝好胡服、胡帐、胡床、胡乐之类一样,爆仗也从北宋宫廷逐渐流向民间。南宋时一般民户除夕时仍以爆竹求吉利,间或有以爆仗代之者。自元明以往,爆竹就完全被当作火药爆仗的同义词来使用了。此外它还有纸砲、响岁等各种名称。从除夕到元旦,"比户放爆竹彻昼夜"。"天光愈黑,鞭炮益繁……合衣少卧,已至来朝,旭日当窗,爆竹在耳";"满城迭响,如崩瓦裂石"。从前在除夕用以迎送六神的五色钱纸,后来也被包卷在爆竹中;一经点燃爆开,即产生"满地踏金钱"的吉祥景象。燃放爆仗的时节,也逐渐从除夕、元旦扩大到各种吉庆佳日。

烟火也出现于北宋。《东京梦华录》描述了御前演戏时装鬼神者口中吐放的烟火,还有在戏台上就地点放的烟火。它与爆仗同时见于记载,无疑是用火药制作的。烟火先于爆仗而在北宋即流入民间。夏历六月六日崔府君生日,东都庙食之风靡盛,市内表演诸色杂艺,"或竿尖立横木,列于其上,装神鬼吐烟火,甚危险骇人"。元宵灯会时施放烟火似起于南宋。北宋文人咏元夕诗作中亦偶见"烟火""宝焰"之类,仍应是指彩灯的灯火而言。

南宋时禁中元宵观灯,至夜深时即以"宣放烟火百余架"为尾声。京城的显宦大户,除在宅第四周张灯外,亦"间设雅戏、烟火,花边水际,灯烛粲然"。当时烟火种类有起轮、走线、流星、水爆之类,还有燃着后贴地旋窜的地老鼠。宋理宗即位之初,在清燕殿排宴欢度元宵,席间烧烟火于庭。不料点着的地老鼠窜到太后座下,惊得她"拂衣径起",御宴遂为之中辍。临安的"小经纪"商场,设有专卖烟火的摊贩。点放烟火亦已不限于元宵夜,他如元旦、冬至,皇城中行大朝会,"晚筵于庆瑞殿,用烟火、进市食、赏灯并如元夕"。南宋的一个地方官,专门雇有制作和表演烟火的艺人。此公在任期间,动用公款宴客并观赏烟火竟多达二三十次。

明成化年间,以"元夕鳌山烟火"奉皇太后欢心;隆庆时定制每岁举行;后在万历朝罢撤。但在民间,元宵观灯时放烟火之风则愈演愈炽。烟火出售以架以盒,盒有械寿带、葡萄架、珍珠帘、长明塔等。明后期的《宛署杂记》枚举京都烟火种类云:"有声者曰响砲,高起者曰起火,起火中带砲连声者曰三级浪,不响不起、旋绕地上者曰地老鼠;筑打有虚实,份两有多寡,因而有花带人物等形者曰花儿,名几百种;其别以泥函者曰砂锅儿,以纸函者曰花筒,以筐函者曰花盆。总之曰烟火云。勋戚家有集百巧为一架,分四门次第传爇,通宵不尽,一赏而数百金者。"

清朝皇宫和民间都在元宵前后的灯节放烟火。制作烟火的工场称花砲棚子,烟火种类有线穿牡丹、水浇莲金盘、落月葡萄架、旗火二踢脚、飞天十响、五鬼闹判儿、八角子砲打襄阳城等。"富室豪门,争相购买。银树火花,光彩照人。"

在被用于现代工程爆破之前,火药作为一种具有极大摧毁力的主凶之物,却偏偏是由探求生命的长驻不逝之术的炼丹师最先发现的。中国人发明了火药,但它只在欧洲才成为攻破中世纪贵族城堡的有力武器;而在中国军事史上,向火器时代的过渡,反而须依赖于洋枪洋炮的进口和仿制才最终完成。中国古代正统派意识形态反对崇尚"奇技淫巧",但是我们的祖先将火药的作用发挥得最淋漓尽致的方面,又偏偏是烟火和爆仗的制作。凡此种种,似乎都在暗示我们,火药的故事里,或许隐藏着中国文化的某些尚未解开的秘密。

（原文载刘东主编《中华文明》,北京:社会科学文献出版社,1994 年）

假如孔子看见《孔子》

——兼谈我们需要怎样的国学

几个月前,电影《孔子》挟一片鼓吹喧嚣声闪亮登场。紧接着,却又眼见它黯然下线,在与《阿凡达》的 pk 中落荒而逃。关于这件事,最值得注意的是一位赛车新锐写入博客的几篇杂文。对《孔子》的失败,他表现出一种善意的幸灾乐祸态度。他以为,倘若不是如此,定会有人跟着去拍其他一大群的这个子、那个子;结果只能是用大笔金钱换来中国电影业的"大倒退"。

可惜他依然不够老辣。最近听说还是决定,要继续再拍几部这样的"大片"。怕什么? 反正如今有的是钱。一部《孔子》倒下来,会有更多的《孔子》跟上去预备继续卧倒。你说这样的电影应该"抹去",我可以叫你抹不胜抹,一直抹到你自己失去信心。

其实,摆在我们面前的,未必真是要不要拍《孔子》或者《韩非子》,而是你究竟如何去拍的问题。这与我们怎么看待国学的问题很相像:这不是要不要讲国学,而是到底如何讲国学或者讲一种什么样的国学的问题。所以今天我想从电影《孔子》讲到历史上的孔子,接着再说说我们现在需要什么样的国学。

一、"假如《孔子》真的是我,那我只好不是孔子"

——某女史曰:发哥出演孔子,是孔子大幸。

——子曰:假如《孔子》真的是我,那我只好不是孔子。

上面两句话,本是我为这次讲演提供的内容简介。遗憾的是,报告会的组织者没有把它印出来。为什么我要断定,假如孔子看到《孔子》,必会说"那我只好不是孔子"呢?因为电影里的孔子实在不像孔子。说得刻薄一点,影片里的孔子形象,是个四合一的角色。一是丐帮首领,二是半个花痴,三是疑似强迫症患者,四是张冠李戴的改革家。

你看他带着一帮徒弟,衣衫褴褛,前呼后拥,左右有佩刀腰剑的人相随。这样的人物不像孔子,其实更像墨子:一个最早结帮走江湖的老大、秘密社会的始祖。他的小团体纪律严明,徒弟对待大帮主的指令,可以做得到"赴火蹈刃,死不旋踵"。

子见南子,是影片的重头戏之一。贴出来的海报早就已经把它当卖点来渲染,主角们也都演得很投入。虽说孔子大概也不反对"窈窕淑女,君子好逑"(按最宽泛的理解,无非是"英雄恋美女,才子爱佳人"的意思),可他终究不该像电影里那般,跟某个美女(而且名声不大好)初次见面,就恨不得把她抱上床去。这样表现孔子,究竟有什么根据?幸亏他终于控制住自己,没有朝着南子猛扑过去。所以我说他总算还没有整个儿地变成十足的花痴。

电影里的孔子老是有很多稀奇古怪的动作。如那一套僵硬的抱拳作拱的姿势;或者去见国君,还没有进门,就开始磕头。就因为影片根本没有告诉我们孔子为什么要坚持这样做,因此在观众的眼睛里,除了怪僻和矫揉造作,还能对他留下什么别的印象?

影片还让这个老头声称要"变古改制"。实际上,真孔子的政治主张恰恰是克己复礼,也就是要复古,恢复他想象当中由周公制定的那一整套礼乐制度。"变古改制"是后来法家的主张。孔子要往后退,法家则要朝前走。把克己复礼说成变古改制,就硬把孔子的理想扭了个一百八十度的大转弯。他要退,可也没想退得像老子主张的那般远。首先用"大同"来概括远古人类"黄金时代"的,确实是儒家;但儒家并不以"大同"为他们的政治理想。康有为早就揭明,"孔子言礼,不及大同,专言小康"。影片却把"礼制大同"这样根本不通的话塞在孔子嘴里。拍片子的人对孔子到底是想往前走,还是朝后退,如果朝后退,又要退到哪一步,压根儿没有一点概念。所以他们才会张冠李戴地按改革政治家的形象来塑造孔子。

对历史题材的文艺作品,当然不应该按历史学科所追究的那种历史真实性尺度去加以衡量;但这绝不意味着,它因此就可以完全不受历史真实的规定性制约。"人生识字糊涂始",是说光会念书本上的字,犹难免糊涂。可这句话不好反说。不能以为不识字就不会犯糊涂,或者不识字也照样拍得好孔子!

那么孔子究竟伟大在哪里呢?

二、孤独的价值理性守护者

孔子生活在从春秋到战国的转型时期。那时,自西周以来延续了几百年的制度体系,连同与它相匹配的贵族文化,陷入急剧瓦解的局面。教科书告诉我们,这是一个从生产力、生产关系到上层建筑都发生重大变革的时代。它的主旋律,是新兴的社会力量排除腐朽的贵族势力及其文化,从而推动历史的进步。因此我们理所当然地应该肯定和欢迎这种"礼崩乐坏"的大变局。

可是事实上它并不代表历史上大多数人们曾有过的看法。比如从顾炎武到钱穆,就都不这么看。顾炎武用"礼"和"信"两个字来概述春秋的时代精神。而战国的时代精神,则更一致地被人们标示为"力"和"诈"。

从遵礼讲信到崇奉力、诈的风气演变,很集中地体现在顾炎武概括的"车战废而首功兴"这七个字里。车战是华夏社会一种古老的战争形式。当时的礼制对不同等级的国家理应拥有多少乘战车有严格规定,因此有所谓"万乘之国"、五千乘、五百乘之国等,不允许随便扩军。作战主力是站在战车上的贵族武士。一辆车上最多三个人,尽管每辆车后还会配置若干协同作战的"徒卒",军队的规模仍极有限。交战也要严守规则。双方战斗员站在各自的战车上,如果面对面,相隔两匹马以上的长度,如何互相搏击?所以两军必须在十分开阔的战场上斜错列阵,战车先由对角线的两端相向行驶,在它们互相接近前再各自"左旋"。就这样,当交战的两辆战车分别作逆时针圆周运动时,车上的武士便能在战车侧身相错而过的一刻交手过招。一个回合叫"一伐"。至多转上三四圈,也就是打到"三伐""四伐",即使车上的人尚未头昏,也往往轮飞轴裂,车翻马仰。故而不足一两个时辰,战争也就结束了,简直有点像游戏。

直到春秋中后叶,人们依然还在遵守礼制。公元前638

年,宋、楚在泓水边会战。宋襄公一方先到达战场,列好阵形。他的部下在楚军未完全渡河,以及虽已渡河而未完成布阵时,先后两次建议宋襄公提前出击,但都被宋襄公拒绝了。交战结果是宋军被打败,襄公因为受伤而在次年死去。对他恪守"不鼓不成列"的礼制,汉代人评价说:"于古为义,于今为笑。"是知他的行为被嘲笑为"蠢猪式的仁义",固非自今日始。可是换一个角度想想,连打仗也毫不动心地把规则放在第一位,那是一个多好的时代啊!中国人不讲规矩,或许正是从那时候开始的。时移世迁,此风竟渐如江河之泻,积重难返,直到如今!

到战国时,战争的目标、规模乃至酷烈程度都大幅度提高。为打仗而倾一国之力,争以机诈相比高。对方即使投降还无法放心,结果只有把降卒全都活埋了事。中国历史上最大的活埋事件就发生在那时。奖励战功,被形象地比喻为以斩获首级多少为请赏凭据,此即所谓"车战废而首功兴"。凡此种种,在春秋时候都是绝不可想象的!对这样的"礼崩乐坏"乃至唯"耕战"(耕是为了战)是求的军国主义政策,难道我们也能够以"历史进步"的名义而举起双手去拥护吗?

可见历史的考察越是深入到真实的层面,我们就越是难以用一种黑白分明、是非分明、对错分明、好坏分明的简单立场去看待它们。从春秋到战国的历史变迁,可能体现了一种非变不可、谁也无法阻拦的趋势。这其中确实存在某种正当性。可是问题也许还有另外一面。凡属重大变革的时代,当社会秩序发生大规模解体与重建,当社会正经历着根本性转型之时,我们经常看到工具理性的全面膨胀。这时候,绝大多数的人们根本无暇顾及价值理性。包含在旧传统中的具有正面属性的价值理性,总是连同旧传统一起,被满心眼追求现实利益的人们不屑一顾。因此与工具理性极端膨胀同时,价值理性往往处于普遍的失落和衰微。对正当或不正当的思索,会被对于是否有利或有用、能不能行得通的直接而现实的利害算计所遮蔽。而孔子的伟大,恰在于他身处实用主义弥漫的乱世,却孤独地坚守着他心中的价值理性。

三、有时候坚持很重要

克己复礼这句古话,被孔子拿来表达他最基本的政治主张。所谓复礼,就是要恢复西周那一套礼仪和行为规范,从而复兴正在迅速败落的过去时代的精神。不过孔子自己也知道,一种业已衰退的文化秩序,是不可能光靠对外在行为规范的强调就能让它重生的。复礼还得通过克己才能实现。西周礼制本有一种内在约束,它是从统治家族的血缘关系中派生出来的。到春秋末,世代传承了几百年的血缘关系变得非常疏远,所以"礼制"再也维持不下去了。孔子要通过克己实现复礼,又无法重建西周时那种强烈的血缘意识。他必须找到另外一种东西,作为克己的内在依据或约束。

这个东西就是"仁"。在古代中国思想史上,孔子第一次把用"仁"来标榜的道德意识自觉和道德自主,作为人必须有的一种明确追求提出来。这就是他之所以伟大的地方!

"仁"这个字,在孔子以前显然已经存在。《诗经》以"洵美且仁""洵美且武"形容一个人。这里的仁,应该已包含和悦或爱人的意思。但只有在孔子那里,"仁"才获得一种系统的意义提升,被赋予全新的内涵。正因为如此,《论语》中才会留下那么多条孔子门人向老师问仁的记载。

儒家的仁,其最基本的含义是"爱人"。爱人的基本原

理,就是将心比心,由己及人。从正面推己及人,即"己欲立
而立人,己欲达而达人";其反命题则为"己所不欲,勿施于
人"。对这些信条,切勿以其平易而简慢之。正像一个著名
学者说过的,从它们中间可以展开"全部人性"。人类各文明
曾不约而同地发现过有关伦理的下述"黄金法则":"你们要
人怎样待你们,你们就要怎样待人。"(《新约·马太福音》)孔
子是最早用他自己的语言表述这一法则的思想家。

就政治上的业绩而言,孔子是彻底的失败者。据司马迁
讲,孔子一生"干七十余君"。可是几乎没有一个君主听得进
他的那些复古主张。他因此而自称是一条"丧家犬"。但这
并不是孔子之所以成为孔子的缘故。有时候,坚持真的很重
要。孔子给中国文化打上不可磨灭的印记,正在于他的坚
持,在于他身处工具理性如沧海横流的乱世而坚韧地恪守着
经过他提升而照耀千古的中国文化的价值理性。

四、国学应该是开放的

电影《孔子》又一次训示我们:在一个太过肤浅的商品文
化时代,吆喝什么往往就意味着糟蹋什么。那么,"国学"也
会遇到由孔子褪变为《孔子》的命运吗?

我们确实应该警惕。

如同一开始说到过的那样,基本上这不是要不要提倡国
学的问题。关键在我们究竟需要一种什么样的国学。所以
最后讨论两个与此相关的问题:究竟什么叫国学? 今天所需
要的国学,应该具有什么样的基本特征?

我觉得国学具有两个带根本性的属性。首先,它是围绕
着中国文化的那些中心观念之如何形成、发育和变迁的问题

而展开的对中国历史文化的研究。这一属性并没有为国学划定一条清楚的知识边界;它只能提供一个聚焦的点,然后由此辐射出去,可能涉及文史哲各领域,涉及各门相关社会科学,还涉及中医、武术、美术、建筑等等。因为这个道理,国学注定只能是一个跨学科的研究领域,它不能以囊括一切的傲慢立场去取代所有那些学科领域的存在,以及它们各自的知识体系和专业建设。

其次,国学是中国人从中国文化内部对自身传统所从事的反省和创造性转换。这样的反省既使它有别于洋人的"中国学研究",又可以为在传统的宅基上重建当代中国文明廓清它必不可少的厚实资源。任何成功的现代化,都不能缺少本土资源的接引与接榫。关于这一点,说来话长;现在只好按下不表。

上面所说的国学这两项属性,决定了我们真正需要的,必须是开放的国学。它的开放性至少包含以下三层意思。

国学既然是中国人自己的学问,当然要从中国出发去解释中国。但这绝不意味着国学是一种自我封闭的学问,可以对中国以外的学术界所从事的中国研究置若罔闻。

在重建中国文化和中国价值体系的过程中,必须承认国学不是自足的。中国历史文化不曾独立地孕育出中国自己的现代性来。无论怎样清醒地认识到,现代性并不是一种全然正面的东西,认识到中国文化完成其现代化转型的任务需要有传统作为榫接的基础,我们依然无法否认,由于在现代性方面的不具足,中国文化无法拒绝向外部世界取经。国学不应该被当作抵斥外来现代文化的盾牌。

国学不应该只有一个标准的、唯一正确的、终极真理式的、因而也必是僵化的版本。我们绝不可指望:真能有一帮代天立言的专家或别的什么人,可以向我们发布一种叫作国学的美好无比的东西;而我们一般大众,则只需将它接过来生吞活剥,照说照做即可。当国学变成宣传,它的前景,必定与孔子变作《孔子》相仿佛。国学只能活在有关它的各种见解的争论和融会之中,活在自由思想和自由交流的原创性思维之中,活在由它所属于的整个人群主动地与全体地参与的生命体验之中。

今天要说的就是这些。谢谢各位!

(2010 年 4 月 13 日晚在复旦大学讲,修改稿原载《南方周末》2010 年 5 月 25 日)

贯通于周秦、晚清之间

——悼念朱维铮教授

在悼念朱维铮先生的这些日子里，我不止一次想到他为自己最后一本书《重读近代史》所写的序。大约一年前，他在病中与我闲聊时曾说起，那篇序文是在住院接受手术治疗的前一夜写成的。当时全书已经完稿，只待写出序言即可付印。出版社想赶书展，又不敢对他催得太猛，私下里急得团团转。所以他决定在入院前的最后一刻把它赶出来。从晚上九十点钟铺纸陈笔，他彻夜工作到次日早上七点多。讲到这里，他的夫人王医生在一旁插话说："早上我走进这间书房，满屋子云雾缭绕，全是香烟味。"那时我还没有意识到，这篇序文竟会成为朱先生的绝笔！它娓娓追述数十年来作者的学术关注领域几次转移的缘由和过程，口气平和，却如同他一贯的风格，言说里充满思想的张力。序言不足两千字，以朱先生的才情功力，依然要熬一整个夜晚才得以成篇。可见只要胸中存有一种敬畏，学问无论如何是不可以急就的。2010年7月走进病房前的最后一次通宵伏案，成为他一生勤读的最生动感人的写照。

朱先生治学的最大特点，是兼通先秦经典和清学。就研究中国文化史、经学史而言，此点的重要性似还不能只从一般所谓"叩两端而竭焉"的意义加以理解。在大部分编成于春秋战国这个所谓"轴心时代"的先秦典籍之中，蕴藏着其后两千多年内汉文明发育、成长的核心的精神与价值资源。先秦经典博大精深,对于已经远离自幼年起便"记诵经传、句读文义"的传统教育方式的现代人们,本来就已是哪怕用一辈子也难以充分把握的对象。与此同时,要想真正透彻地读懂先秦经典,又无法绕过清学,绕过清儒尤其是乾嘉汉学家们对中国传统文献所从事的篇幅庞大、功夫精湛而几乎无所不包蕴的清理、考订和辨析工作。两端中缺少任何一端,必会极大地影响对另一端的准确认识。兼通两端,表面看来好像是一个过于吃力、不易达成的目标,其实反倒有点像是一条下决心肯花死工夫的人可能走得通的捷径。朱先生以他的毕生心血所昭示我们的,正是这样一条艰辛的捷径。他力图把清代经学中那些不容易使人理解的主张或说法,尤其是出自同一人物的那些前后变易不定的说法,放置在当日政争与政局的特定背景中去加以分辨和定位,从而揭示出中国经学史所具有的"学随术变"的特别性格。他在解析晚清民初的政治与社会时所透露出来的如炬眼光,正是遵循这一路径在求索历史实相的长时期独立思考中练就的。

他一直强调自己从事的是经学史研究,而不是在简单地接续经学这门早已过时的学问。他又把中国经学史当作"中世纪统治学说史"来加以考察。对于这一点,现在有很多人不太同意。我以为,朱先生锋利而毫不妥协的批判所指向的,无疑属于"中世纪统治学说史"的诸重要面相之一,尽管不是它的全部。在历史上,褒扬崇高的道德理想和忠臣孝子的经学,难道不是又同时在竭力襄赞那样一种政治制度,它以合法但不正当的暴力无情地虐杀那些献身于它所力主的道德理想的忠臣孝子吗?朱先生的研究在相当长的时期内聚焦于经学史的上述特定面相,不仅不是多余、过分的,而且作为清理与激活中国传统文化的一种必不可少的基础性工作,至今仍有其积极意义在。

所谓清理与激活,讲得俗套一点,也就是批判地继承。延续于经学传统里的儒家文化或者说中国传统文化,在最广泛的意义上可以说是汉文明理解世界的一种方式、一种特定思维路径。它渗透在该文明成员们思想意识的极深层面。其实你无法连根拔除它,只有通过批判性的扬弃,使它适合于崭新的历史环境,同时为接纳它自身所不能生成或转换出来的那些来自域外文化的、有用的现代因素创造健康和良性的榫接基础。面对人类深陷其中的种种现代困境,儒家文化资源拥有自己独特的优势。比如面对着个体主义和民族主义过度扩张地强调一己之私和一国利益的极端主张与狭隘立场,儒家把个人、家庭、国家、天下看作是由一连串同心圆构成的既互相分别、又互相包融的一系列共同体的基本见解,显然是一剂解蔽救偏的良方。但另一方面,恰恰就在上述同心圆的言说里,儒家把支配国家治理的原则看作只是家庭治理原则的简单扩展或延伸,这种立场显然也带有极大的局限性。在有关统治权力的合法来源乃至国家治理的政治框架和制度安排方面,儒家学说充其量也只能说是一脉贫矿。连它竭力维持的外儒内法的专制君主官僚制本身,事实上也不是它自己的发明。正因为如此,清末的那些深谙国学的政治改革家,才会或则对儒家政治学说持批评态度,或则至多只认定儒家的价值主要在其"内圣的全部",至于外王之说,仅"一小部分"才有超越时代的意义,或则欲援引经学为改革张本而终陷于"非常异义可怪之论"。甚至像熊十力这样新儒学阵营内的支柱,也曾认为孔子的外王之学自秦汉后已"根本毁绝",主张取中国文化之"偶然性质",弃其"主要性质"，并与西方文化的"主要性质"相融合，从而推动它"自一类入另一类"的转换。时至今日，当我们有点太晚地想到要赶快开发儒学的现代意义时，依然不应忘记儒家传统的固有局限性和它的消极面。朱先生强调经学在传统中国担负着官方意识形态，或者说统治学说的功能，不论从学术上还是从现实意义上看，都是极有价值的。

辛亥革命前后的数十年，是大师辈出的中国学术现代转型时代。虽然比朱先生再晚一辈的后生们，其中有些人作为大师级的业师们最后的弟子，也多少还与个别大师有那么几年的接触，但总的说来，朱先生这一辈，可以说是有幸长期目睹学术大师们风采的最后一代。朱先生一代人的逐渐故去，意味着学术大师们最后的风采正在无可挽回地离我们远去。如果借用孔子把春秋将近二百五十年历史由近到远划分为所见、所闻和所传闻三个阶段的说法，那么朱先生这一代，尚能广泛接触第一流的学术大师群体，亲受他们耳提面命的熏育，他们还处在"所见"的末端。到我们这一代，就只能靠聆听这些"所见"者们的讲述，藉"所闻"来遥想大师们当年的英姿了。也许已意识到自己作为最后的"所见"者所理应承当的特殊义务，晚年的朱先生以极大的精力投入到策划、指导上海电视台"纪实"频道的专题电视文献纪录片《大师》的创作和摄制工作中。这是他遗留给我们的一份弥足珍贵的精神财富。

我说朱先生属于见证过大师时代的最末一代人，而没有将大师这顶高帽子硬罩在他本人头上，这样说绝无任何贬低他或对他不敬的意思。他的学术盛年期从1950年代一直延续到他离开人世之时。这期间他经历的，先是根本不需要大师、就连此前早已奠定了大师地位的人也多被搞得灰头土脸的时代,后来则是在文化重创之后时断时续地重聚元气的时代。很正常,这样的时代不会有属于它们自己的大师。如果有,那也只能是山寨版一类的。

我们正在缓慢地走近必须把复兴中国文化的任务郑重提上议事日程的时代,走近为促使中国文明在未来的复兴而首先必须尊重和培育我们的思想与学术原创力的时代。为了实现这一期待,我们需要在自己的岗位上尽职尽心地努力工作,尽快促成一个良好的学术环境、学术生态的产生,使新一代的大师能从我们将来的后辈或者后辈的后辈中间产生出来。这是我们肩负的重大责任。我想这也是已逝去的朱先生所冀望于我们的。

（原文发表于《文汇报》2012 年 3 月 19 日）

人去书在念犹深
——夜读朱维铮

　　按照大众化佛教的观念，离开我们的朱维铮先生，现在也许已喝过"孟婆茶"、跨越"忘川"，全然褪除了对自己七十六年生涯的记忆。但是昨天晚上，在为准备今日追思会上的发言而重新翻阅朱先生送给我的近十种著述时，我强烈地感受到，这位已经自我忘却的勤奋的思想者，却很难被别人忘记。他还会不断地活下去，活在他留下来的那些文字中间。

　　为什么他的文字会保有如此撞击人心的生命力呢？我以为，其中一个重要原因，是因为他总在指引读者窥出"历史与现实联系的某种消息"。要把握这样的联系，存在一个非常难的平衡点。一方面，在他后半世的三十多年里，朱先生是"以史为鉴"主张最坚决的质疑者。他多次引用马克思关于历史只是"一个灰色的影子，怎能限制现实的生动和自由"的论断，来批评借古讽今的"影射史学"，并且毫不动摇地坚持从历史本身解释历史的严谨学术立场。另一方面，正像他的老师周予同，一个五四时火烧赵家楼的积极参与者，一个宣称经学早已死亡、把北洋政府恢复学校读经科目怒斥为"僵尸的出祟"的人，却用毕生精力去从事经学史的研究一样，朱先生"求索真文明"的学术历程，总是内在地与他割舍不去的对现实的关怀融化在一起。用他自己的话说，他观照现实时的如炬目光，来自"历史能使人变得聪明"的无用之用。因为站立在这样一个平衡点上,他的境界要远远高出于墨守被污染的"古为今用"教条的人们。我曾经半开玩笑地对他说:"你在课堂上横议时政与讲论学术的时间差不多是对半开,但二者同样精彩。"他微笑着回答:"说过分了吧,最多是三分之一比三分之二。"

或许正是出于这种现实关怀,朱先生接续着他座师的治学路径,着重把中国经学史当作中世纪的"统治学说史",当作一个"学随术变"的历史过程来加以考察。被他牢牢瞄住的,无疑是这部统治学说史最基本的几个面相之一,尽管不能说就是它的全部内容。如果说那些不适当地夸大儒学功能、以为靠它就能够自足地解决全部中国问题,并力图以儒学和"传统文化"的名义来拒斥人类价值共识的人不赞成朱先生的立场,那么需要为此加以检讨的,恐怕不应该是朱先生。

说到这里,很值得回顾一下他对所谓"康乾盛世"的评论。看来朱先生极不赞同将几亿中国人以含辛茹苦,甚至是忍辱负重的血泪作为代价换来的晚期中华帝国在这个时期的经济、社会与大众文化的高度繁荣,与在高压下残酷无情地劫夺和滥用社会财富的清朝国家机器混为一谈,也就是不赞同把当日的繁荣等同于那个专制"强国"的成就和功绩。朱先生问道:"腰斩康乾",将雍正朝十三年从康熙、乾隆之间剥离出去,是否为了掩盖雍正把清朝君主专制推上"独裁的极端",掩盖雍正、乾隆父子"将中国中世纪的君主专制和民族压迫都推向高峰"的事实?他把这个被一些人赞美不止的"盛世"叫作"戮心的盛世",恰与一个著名作家哀叹"信仰的鲜血在乾隆盛世的底层汹涌地流",与一个著名历史学家用"到处表现出以冤冤相报为形式的敌意"来刻画乾隆朝社会氛围的论断可以互训。朱先生指出,像这样的"戮心"政策危害极大,晚清时局的积重难返,正是"近百年将言者有罪的原则推向极端的恶果"。从这一点出发,在他看来,"百年盛世"的"底蕴","不过是'鱼烂'的过程"。他因而断然否认把晚清中国受列强宰割的原因简单地归咎于"落后就要挨打"的经济决定论和技术至上主义训诫。他毫不含糊地声言:清朝的危机来自"经济繁荣与社会腐败、政治黑暗的落差";清朝的失败,"不败在军事,不败在技术,败在满清专制体制的腐朽",败在君心总与民心背道而驰,败在"恐怖政治的女儿",即蔓延到全部知识界的"政治冷淡症"。他忧心忡忡地问:专制主义统治作为一种拥有三百年有效形态的强大惰性力量,"它会变形吗? 它会借尸还魂吗? 它会超越清史而进入新的轮回吗"?

这一组排比式疑问,似乎很容易被人误解,以为朱先生把曾经发生在现代中国的专制政治理解为仅仅是中世纪专制统治体制在现代的"残余"或延续。我自己就听见过有人当面问朱先生,他的书以"走出中世纪"为题,是否意指中国"走不出中世纪"? 阿伦特早在《集权主义的起源》这部名著里,用她充满感性和发散性风格的叙述向世人揭示出,现代集权主义对个人的摧残和对社会的窒息性危害,远远超过此前的任何历史时代。它不是将传统体制延伸入现代的结果,而具有特定的现代起源。朱先生曾很机智地说:"后现代是什么东西? 不就是现代的屁股?"不应该把这句话理解为只是一个"脑筋急转弯"式的谑语。后现代主义对现代性的解构或挪揄式批判,实际上是针对现代性带给当代社会的各种消极因素所进行的排废、排污、排毒处理。朱先生一向把中国现代专制政治看成是一种"中外混血产品"。阿伦特书的汉译本出版后,他几次对我提起过这本书,指出他过去所说的外国因素,就是指来自俄国、日本和德国的"现代化"的集权式观念与体制的影响。显然是出于比常人丰富得多的历史经验,他对现代性向来保持着一种格外冷静的辩证认识和高度警惕。

如果我们不必再恪守"为尊者讳"的陈规,那么我还想说,朱维铮先生的这些深沉见解,并不是从一开始就天然地生成在他思想之中的。他没有讳言自己参加过罗思鼎写作小组,还好几次略带感慨地回忆起,他曾是《上海人民公社成立宣言》的起草者之一。他崇拜过如太阳神般辉煌的领袖人物,甚至还很可能像后来遭他批评的康有为那样,曾经抱有出入于权力中心,"一二人谋之、天下率而从之"的用世志向。朱先生的与众不同之处,不在于他对这些念头生来具有天然的辨析力和抵抗力,而在于他能从自己的经历和观察中逐渐看清迷局的真相与实像,并且从此数十年一贯地持守住一个真正知识分子所必须无比珍视的基本立场。呜呼!这样的知识分子,在现当代中国实在是太少了。

对清代学者在整理中国历史文化方面的巨大贡献,无论怎样估价似都不会过分。用朱先生的话来讲:"且不谈十八世纪汉学家关于先秦两汉诸子学和历史学的工作,单看他们考释儒家经传的著作,仅收录于《皇清经解》之内的,便达二千七百二十卷……即使日阅一卷,全部读毕也得七年又一个半月。况且还有《经解》未收的作品,还有录入《经解》'续编'或者《皇清经世文编》之类总集内的作品。"朱先生治清代经学史用功最勤,对乾嘉汉学那一套精密的文本考证技术熟谙于心胸。现代中国的学问之道,一直有"京派"和"海派"之分。"海派"一称,又有褒义和贬义两种意思。褒义的海派,是指能兼通京派考据学传统、同时又对各种新鲜时髦的学说保持着敏锐观察力和吸收力的南方学者。如果可以说朱先生属于海派，那他就一定是正面意义上的海派。以兼通京、海两派的基础与功底，去从事在各种互相冲突的陈述中厘清那条逼近实相的线索，就历史本身说明历史的讨论，使他能游刃有余地出入于各色各样当事者或亲历者们的叙事之际，不但真切地"看见"原先只是呈现在那些叙事者各自眼前的有关过去的图景，而且由此得以"剔除记叙者掺入的主观因素"。

都说历史学研究的目标是要还原过去。但是与其说人们可以如兰克宣称的那样客观地还原或再现"真实地发生过的往事"，还不如说历史学家讲述的，其实只是"我们以为发生过的事情"。这个令人失望的发现，曾令一部分历史学家从这一极端跳跃到另一个极端，就像柯林伍德批评过的，索性主张依靠"同情的洞见"或"想象的理解"，把历史过程纯粹主观地封闭在"思想家的心灵之内"。对此，美国的中亚史专家费耐生（R. N. Fryer）写道，更合乎情理的应该是介乎二者之间的"中庸"立场：历史就是"人们认为往事曾应当如何发生"。我以为，他所说的"人们"，首先是指作为"我们"的历史学家所面对的有关过去的最原初的叙事者们，也就是曾亲身参与及经历过那些往事的人们。这就是说，我们只有透过亲历者们"认为往事应当如何发生"的叙事，去尽可能详细立体地感知、触摸甚至闭起眼睛能够"看见"过去，才有可能让"我们以为发生过的事情"最大程度地接近"真实地发生过的往事"。这正是朱维铮先生在他的历史研究中长期追求和实践的原则。

在历史学究竟要"还原"什么的问题上，朱先生还为我们树立起另一层意义上的表率。他绝不甘心于把精审密致的细部研究功夫浪费为仅仅展示自己考据技艺的饾饤之学。他总要从极细部的考订中抽绎出带全局性的大看法。的确，即使是在最专门化的学术圈内，恐怕也很难遇到被许多人同时关注或产生兴趣的具体细节问题。因此，学术交流总是要在带宏观性格的总体历史图景这一层面上才能有效地展开。如何把细部研究的成果还原到一幅相关历史的总图景之中，从而使那幅总图景获得某些修正，或变得更丰富、更立体，于此最可反映出一个历史学家的史识水准。朱先生的历史感，总是鲜活地涌动跳跃在他写下的字里行间，常常使读者有一种呼之欲出的感受。这是他的读者群能够远远溢出于学术界小圈子之外的重要原因之一。把朱先生的这种本领理解为仅仅是他高超的"普及"意识与技术，其实是很不准确的。中国历史学界有不少作品既不够宏观，也不够微观，恰恰都停留在乏善可陈的"中观"层面。究其缘由，只怕与研究者缺乏把自己的研究成果还原到相关历史的总图景中去的足够意识有很大关系。

　　在诸多属于他晚辈后学的人中间，我至少是蒙他辱知最厚的少数人之一。在我无法忍受以量化标准将人分九等的不公正待遇而准备调离复旦的时候，朱先生曾利用他特有的资源给予我宝贵的帮助。也许我不应该在这个公共场合过多地谈论属于我们之间的私人关系问题。但我还是想对现在盛行的这套科研项目化、评价数量化、育人明星化、棋艺盘外化的规制说几句话。项目化的学术研究管理模式已经深刻地制约了学术研究本身的从事方式，以至于学者们都越来越习惯于像鞋匠那样，可以在事先胸有成竹地制订生产计划，接受主顾的预约和定金，按部就班地投入制作，然后如期交货并结清余款。像这样地把学术研究活动压缩在执行"项目"的空间内,实际上是完全漠视以下事实,即在课题研究后期的"成果产出"阶段之前,研究者还需要一个更长期的用于自身技能提高、知识更新、素材积累、思想酝酿等方面的必不可少的学术准备阶段。在量化考核压力下接二连三地认领和实施这样的项目研究,尤其不利于青年学者的健康成长。不少地方在对学者进行比较考评时,把他们各自的学术成果统统折合成"工分"加以衡量。多发表一篇文章就多得两分;某甲的书比某乙的书早出版一年,也可以因此多得两分。但是,一个发表过八篇文章的人,就一定比只发表了六篇的人水平更高吗?一本书早出两年,其评价是否就必定应当高于晚出的那本书?青年学者当然不能长期不从事科研实践活动,长期没有必要的学术表现。但对他们来说,究竟是写得越多就越好,还是需要顾及其他,例如巩固或提高甚至再新学一门对他十分有用的外文?由于掺进了太多的"人情"关系,在对于学术成果品质的任何权威评定都已不再具有权威性的情况下,人们只好越来越依赖于科研产出以及获得科研经费的数量指标,乃至由此延伸出来的各种荒唐不堪的"可显示度",如大部头、多卷本、系列著作等等,作为评价一个人学术水准的基本根据。这种局面若不改变,必将贻患无穷。据我知道,受朱先生善待的不适应数量考核的后辈学者不止我一个。现在他故去了。复旦今后还能有像他一样眼光的老先生来爱护顾惜我们这些弱势、但其实并不弱智的边缘人吗?

　　在当前中国,文化重建正越来越成为一件备受全国关注的事情。中国缺乏应有的文化软实力,是否主要因为我们还没有让别人充分了解我们?软实力能像水泥大厦和高速公路一样用金钱堆就吗?各国软实力之间的竞争,究竟是一场你赢了、我就必然会输的"相抵为零"的争夺,或是也可能将它变成一场双赢的游戏? 在各个不同人群之间究竟是否存在一系列基本的价值共识? 面对事关中国文化重建的这些重大问题,当前最需要的是通过公开的正当性论辩(public justification),而不应该靠来自某个一言堂的自上而下的训示予以决定。在最需要像朱先生这样敢言并且能言的学者就上述一类大是大非问题发表真知灼见的时候,他走了。这是很无奈的事。因此,我们应当有挑起这副担子的主人翁精神和责任感。虽然我们不如他敢言,更不如他能言,但我们要有向他学习的志气,以敢言来撑大自由、正当地表达每个人看法的空间,同时也在被越撑越宽松的舆论及思想空间里使自己变得更能言。

(原载《读书》2012 年 6 月号)

我们有可能丢弃传统吗？

在受教于各位学者精彩发言的同时，从我心底里浮现出来一个问题：朱维铮先生对经学所持有的严厉批评态度是我们大家都知道的，那么他还爱中国传统文化吗？

我以为他其实是热爱的。他生平最乐意于从事的或最能让他醉心于其中的事情，不就是一遍一遍地翻阅那些古书，反反复复地去品嚼内中的言说与意义吗？

不过我觉得他对待传统文化的基本立场，已经超越了爱或者恨的感情的境界。我想，无论是传统文化的激烈批判者，还是被称为"文化保守主义者"的儒学的当代粉丝们，恐怕都不能不承认，事实上我们根本做不到彻底地把儒家传统丢弃掉，哪怕我们主观上一心一意想这么去做。因此，"清理传统"，按朱先生非常喜欢使用的说法，从更为根本的意义上说，并不是因为我们太喜欢它，或者有太多值得我们今天珍视和宝贵的东西蕴含于其中，而是因为我们根本不可能彻底地将它抛弃。那就必须去清理它，利用其中那些对今天有积极意义的东西，为接纳本土传统所不具备、但又是建设一个现代国家和现代社会所不可或缺的观念或制度方面的舶来成分，造就一个良性榫接的基础。榫接不可避免，而榫接所必须的基础只能是中国传统文化，因此对它的清理也是必须的。这不是一个可以取决于我们喜欢或不喜欢如此做的问题。

朱先生对经学史的研究，聚焦于"中世纪统治学说史"最黑暗的那个层面。这一点受到不少人的批评。经学，或者更笼统地说，儒家传统有没有扮演君王南面之术教唆者和辩护者的角色呢？回答当然是肯定的。在这一点上，朱先生并没有错。另一方面，据我所知，朱先生也从来没有认为，粉饰专制、用软刀子割人头颅就是经学唯一的、全部的属性。一个学者穷其毕生精力对中世纪统治学说的此一最黑暗层面加以分析、批判乃至鞭挞，这样做有错吗？我以为没有错；非但没有错，而且还是十分必要的。这是因为，所谓"中世纪统治学说"，至今仍可能以各种各样的潜在方式影响当今中国的政治和政治制度。

现在有很多不适当地美化儒家传统的人们坚持认为，儒家所竭力推行和维护的制度体系，并不是专制体制。汉语历史文献中确实几乎不使用"专制"、"独裁"这样的字眼来界定传统皇权的性质。再者，手握最高统治权力的皇帝当然也做不到、不必要、并且还根本不乐意于绝对地事事独揽。因此他需要有一个官僚化机构，按各种既定制度、法规及惯行体例来处理日常的、常规性的治理事务。而这个官僚体系一经形成并逐渐臻于完善，也会对专制君主产生一定的约束和反制。然而所有这些事实仍都不足以否定，中国前现代在皇权控制之下的官僚制具有专制君主官僚制的根本属性。因为从权力结构分析，专制君主显然拥有根据个人意愿或变化不定的想法来实施国家治理的权力。余英时《朱熹的历史世界》一书对理学家们将无限痴情与愿景投向"得君行道"之机缘的生动描述，是专制君主高踞于官僚制之上、臣下"行道"必须以"得君"为先决条件的明证。就此种意义而言，本书是对一个不成功的政治家群体的不成功业绩的刻画。在我看来,作者用他特有的繁复精致的笔力所展现的那幅政治图景,只能让读者感同身受般地认识到,儒家传统难以为它的信奉者和实践者提供什么使他们得以超越专制体系的思想或制度资源。

从权力来源的角度看问题,皇权以世袭血统及天授神权作为自己合法性论证的基础,因而与经人民授予国家治理权的民主政体完全不同。在这个意义上,它当然只能被划入专制政体的类别。现代政治学对政体的分类,与孟德斯鸠时代的分类已大不相同。在《法的精神》中,他把政体分三种,即共和制、君主制和专制君主制(despotism)。后者实际上是指他想象中的暴君统治的亚洲国家,其官僚制度是为暴君意欲服务的。其实孟德斯鸠自己没有真正经验过专制君主制。他所在的当日欧洲,除了英国和意大利城邦外绝大部分都是君主制的,不过保留在那些君主手中的行政权和立法权,都已经相当有限。因此,在孟德斯鸠那里,共和制和君主制的差别,似乎只在于名义上的最高领袖是否世袭。相对于世袭和神权的君主制,孟德斯鸠把寡头共和制、贵族共和制连同民主共和制一起归入称为"共和制"的同一类政体内。而现代政治学则曾经将除了民主制之外的所有其他政体都归入专制政体的类别。正是基于这样的分类概念,胡克断言说:"对于具有所有那些缺点的民主政治,究竟有哪些其他的可行办法呢?所有其他的可行办法,对之一加分析就表明是包含某种仁慈的专制形式——不论是一种个人的、阶级的或党的专政。"

到 1960 年代,政治学家林茨(Juan J. Linz)把"权威主义"体制当作从专制走向民主制度过程中的一种长期持续并具有相对稳定特性的制度体系区分出来。此即中国后来所谓"新权威主义"主张的渊源所自。1990年代，眼见集权主义制度的解体，他又在哈维尔最先提出对"后集权主义"的感性界定之后，从理论上对后集权主义政体作出概括。除了集权制度、后集权体制、权威主义体制、民主制度之外，现代政治学对国家政治制度的性质分类，还有同样是由林茨提出的"苏丹主义体制"，以及集权制度可能在当代条件下衍生而成的新集权主义体制。以上制度谱系可以说反映了人类建构国家政治制度的全部历史实践与经验。到现在为止，我们没有看见还有什么国家治理体制不能被概括在这样一个谱系内。如果我们果真想坚持"实践是检验真理的唯一标准"这一立场，那就必须在这样一个制度谱系里去对"中国模式"进行定位。而如果以此作为认识前提，就需要很好地回答如何使中国模式充分彰显其民主属性的问题。

否认中国模式应当具有民主性质的人们，大概不会很多。因为我想人民不会同意说，适合于中国国情的，竟然是上述制度谱系内除民主制度之外的其他任何一种政治制度。在这个问题上最有说服力的提法是，中国模式实际上是实现民主的各种不同模式之一。

在这个世界上，实现民主从来就不是只有一种模式。每个国家在建构各自民主制度的过程中，差不多都形成了只属于自己的独特模式。但是所有那些五花八门的民主模式，都具有某些共同的理想目标，尽管它们在实践中远未完善，甚至还很不成功。按现代政治学的说法，那就是"人民能够选择政府，人民能自由地反对他们曾经选择的政府，以及所有权力的竞争者都明白地懂得，他们获得的权力必不能被滥用"。就此目标而言，人民是否幸福，不是以政府给予他们多少幸福，而要以他们能否自由地选择政府来衡量。不仅如此,为实现上述理想目标,各种具体的民主制度都含有若干带共同性的轨则或法度,如保障人民的表达自由、司法与行政分开、产生于自由选举的政府等。民主不是只有一种"模式",但是民主确实具有某些规定性,包括它的理想目标以及制度设计所必须遵循的基本原则等等。离开它们,民主就会蜕变成胡克所谓"不可分析"的"恶性抽象概念"。用他的话来说,当有人宣称希特勒德国是一个"更高意义上的民主国家"时,他就已经把民主变成了"恶性抽象概念",因为他是"在最空泛的意义上使用民主这个词"。

在中国的政治发展问题越变越重要的今天,中国模式能否超越上面所说的有关民主的那些规定性,而仍然使它焕发民主的光芒? 我们能否成功地激活一种冷战中的共产主义阵营已经尝试过,但因为它的种种失误而招致挫折的往日实践? 如何在型塑中国模式的过程中更有效地抵制传统中国的专制君主官僚制与中世纪统治学说残留在现代中国政治中的那些负面遗产? 正是在这个意义上,阅读朱维铮,对今后很长一个时期内的我们,仍然十分有益、十分重要、十分必须!

（在 2013 年 3 月 22 日朱维铮先生周年祭讨论会上的发言）

古人怎样读书

　　这几年中国大陆的图书，真是繁荣得出奇。借用我的一个朋友的话，书摊上从"天王巨霸、黑枪红血"到"丰乳肥臀"，差不多已经应有尽有。读书在当代中国人日常生活或文化消费中的地位，似乎在变得越来越重要。

　　这当然是好事情。但是中间也隐然存在一些问题。总的来说，在大多数的人们中间，流行着两种占支配地位的读书方式，一是应试读书的方式，另一种则是休闲快餐式的随意阅读。后者不但正在日甚一日地支配着已经没有应试压力的成人读书活动，即使是对仍然在校的大学生来说，因为与中学阶段相比较，应试压力已大大减轻，所以一头栽进休闲阅读状态的人，也绝对不在少数。

　　举个例子，如果你要历史系的学生说出一两种最使他们印象深刻的书，那么他们中间十有八九会举《万历十五年》作为回答。如果你追问这本书好在哪里，他们往往会答复说，它与他们所读过的大多数历史论著都很不一样。但如果你再进一步要求他们具体地谈谈这种"很不一样"，或者要他们回答下面的问题，即本书蓄意围绕着 1587 年这样一个"无足轻重"的年份（作者把它称为 the year of non-significant），去叙述崇祯帝、申时行、张居正、海瑞、戚继光、李贽等等著名历史人物的所作所为，它究竟是想告诉读者什么？这时候，他们的回答大多会变成一堆不得要领的含糊言辞。说阅读只在他们脑海里留下一片十分浮泛的印象,或许还不能算是太过头。

为了有效地抵制阅读与理解中的"印象派"和"朦胧派",我感到有一种必要,在读书活动中提倡一种既使人赏心悦目、又高度能动的专注阅读。它与应试式的读书方法很不相同,却完全可以促进应试能力的提高。但在另一方面,它还可以帮助我们克服应试阅读所可能产生的各种负效应,比如灌输教育带来的被动学习,成绩优秀但逐渐丧失学习兴趣,僵化的应对模式,只注重表达技巧而欠缺思考的深度等等。这是人们应当更长久地坚持的、更可靠的读书方法。从这一点出发,很值得回过头去,看一看古人怎样读书。今天的人已经不可能,也不必要完全恢复古人读书的方法。但是古人的读书经验,对于如何才能在阅读中做到最大限度地去贴近文本,从文本中挖掘出尽可能多的内在涵义,还是具有非常值得重视的启发意义的。这就是我今日讲这个题目的原因。

我想从六个方面,谈谈古人读书的方式。它们是:诵、录、校、疑、入味、"大其心"而"使自得"。兹分述如下。

"诵"字的原意即大声背诵。古人的背诵能力,今天看来很让我们大吃一惊。下面举几个随手摘抄出来的例子。

宋朝著名的文学家和书法家黄庭坚五岁时,已经能够背诵五经。有一天他问老师说:"从来都称六经,为什么只读五种?"他的老师回答:"《春秋》不足读也。"这在当时人中是很流行的一种看法,最典型地反映在王安石把《春秋》称作"断烂朝报"的评语中。可是黄庭坚说:"是何言也。既曰经矣,何得不读?"据说他于是"十日成诵,无一字或遗"(王暐《道山清话》)。

另一个故事是关于苏东坡的。他曾经被人检举；罪名是利用诗歌和"谢恩表"之类的文章攻击政府，因此还吃过一顿冤枉官司。他的对头后来承认，在被审讯的过程中，苏轼对二三十年前所作文字、诗句，乃至引证经典和关于它们的传注，都能"随问即答，无一字差舛"（王巩《甲申杂记》）。古史中经常会有某人"千言过目，成诵不遗"，"一览即诵，不一字差"，"举书传常连卷，不遗一字"之类的描述。还有些人，据说才把《汉书》看过两三遍，便能熟知全书，随口加以引证。这在当时虽然也令人佩服，却还远远算不得是一种"特异功能"。当然，"一字不差"云云或许有一点夸大。苏轼就有过把孔子弟子的话当乃师言论来引述的情况。古书中引文的字句常与原文小有出入，原因之一，便是作者习惯于不经查对原来文本，径直根据自己的记忆来称引经典。

我还想讲一段反映古人"强记绝人"的奇闻轶事，宋代江阴有一个姓葛的秀才。有一次，他去拜见地方官。在候见厅里，他碰到另一名"意象轩骜"的士人先已等在那儿。这位葛君便很恭敬地向他作揖问候。对方见葛君穿戴贫寒，有点看不起他，一副爱理不理的样子。葛君非常不满意。坐了一会，他便问道："你来见地方官，有没有'衔袖之文'？"这是指古代士人为求长官、前辈的赏识，而在见面时向后者呈献的代表作品，也叫作"行卷"。那人自然没有忘记带着它。葛君便向他要求看一看。此人素来自负，于是很得意地把自己的行卷出示给葛君。葛君接过来"疾读一过"，口称"大好"，当即交还。不一会儿，两人一起见地方官。眼看谈话就要结束，葛君突然说："我这些不成样子的文章（自谦之辞），都被这位老兄占为己有。刚刚他呈献的那些篇章，就都是我写的。我可以当场把它们背一遍，以作证明。"然后他就高声背诵起来，居然"不差一字"。在座的人们都信以为真，纷纷责备那个真正的作者。"其人出不意，无以自解，仓皇却退。归而惭恚，得疾几死。"

但故事还没有说完。这位葛秀才的住家邻近有一个经营染布业的铺子。一天晚上发生火灾，把整个店铺、连同记录着客户所交付的托染布匹的品种、数量等事的账簿一起都烧掉了。客户们乘店主没有凭据，都加倍索要赔偿。店主急得团团转。他的儿子忽然想到，失火前一天，葛秀才正好路过店铺，曾经在柜台上顺手翻阅过那本账簿。于是店主准备了酒菜，去找葛君商量。"葛饮毕，命取纸笔，为疏某月某日某人染某物若干，凡数百条，所书日月、姓氏、名色、丈尺，无毫发差。"店主拿着它，"呼物主，读以示之，皆叩头骇伏"（《梁溪漫志》）。

有关葛秀才的传闻之词，未必完全真实。稍晚的元人笔记，也提到为试验某人记忆力，让他诵读染铺营业簿的事。看来它更像是用来形容某人记忆力出众时的一种套话。但是，当时人们的记诵能力强过现代人无数倍，则肯定是事实。在印刷术普及之前，更不用说在纸张取代竹帛成为最基本的书写材料之前（此种取代之完全实现要晚至两晋之际），也就是当人们在一生中只有很珍贵、很稀少的几次机会能够接触到典籍的时候，人记诵文本的潜在能力就被最大限度地发挥出来了。这种能力不但在少数人身上表现得特别突出，同时对很大一部分读书人来说，它也是一种必须掌握的基本技能。

证据呢？只要回忆一下唐人所谓"三十老明经，五十少进士"，宋人所谓"焚香礼进士，嗔目待经生"，个中的道理便可看作最硬朗的证据。人们对科举的两个主要科目的重视程度大不一样。进士的取录标准是文学创作的才能,所以进士科成为展示读书人才华的主要竞争科目。考的人多,录取难,中选者也更受社会的尊敬。明经科考的是记诵,可谓"手抄义疏,口诵集解,心熟笺注",所以被当时人看作是一条"舍精就简,去难从易"的进身之路。可见记诵已经变成古代士人的寻常技能。因此可以断言,古人的记诵能力普遍地优越于今天的人们。

记诵潜力的发挥固然与典籍难求有一定的关系。但是在中国古人的读书传统中,记诵又远远超出了用以机械地保存典籍文本的一种方法或手段的意义。朱熹说:"读书须成诵,方精熟",就是这个意思。即使手中有了书面文本,还是强调"成诵"的原则。

在这里,我们还要举苏东坡为例。有一个夜晚,他在《赤壁赋》中提到过的"雪堂"内,再三再四地诵读《阿房宫赋》。每读完一遍,即反复咨嗟叹息,至夜深时分还不肯罢休。这就苦了在外间侍候的两名陕西籍老兵。主人不就寝,他们当然也只好干等着。其中一人长叹说:"知他有甚好处!夜久寒甚,不肯睡,连作冤苦声。"另一人说:"也有两句好。"先说话的这位大怒道:"你又理会得甚底?"答曰:"我爱他道:'天下人不敢言,而敢怒。'"原来他是将杜牧的这两句话,当作了宣泄自己怨气的寄托(《道山清话》)。

所以,成诵的目的,主要还不是为了简单地复制一个文本,而是为了在"精熟"的程度上去充分地对它加以解读。它不是一种储存书籍的方法,而是一种读书的方法。

"录"就是抄书。书籍难得,靠抄书保存文本,这与记诵类似。明朝的"开国文臣第一人"宋濂,写过一篇很有名的文章,题为《送东阳马生序》。在那篇文章里,他回忆自己幼年的经历说:"余幼时即嗜书。家贫,无从致书以观。每假借于藏书之家。手自笔录,计日以还。天大寒,砚冰坚,手指不可屈伸,弗之怠。录毕,走送之。不敢稍逾约。以是人多以书假余,余因得遍观群书。"为什么说"不敢稍逾约"? 当时人有"三痴"的说法,其中之一便是"借书与人曰痴"。意思是借书不还的事太多,所以书不可以轻易借予人。正因为如此,宋濂不敢逾约,否则再借就难了。

另一个例子,说的是金末元初人王思渊。此人"闻一异书,惟恐弗及。……志气精强,目览手笔,日且万字。不十年,得书数千卷"(《王氏藏书目录序》,《秋涧集》)。

与记诵同样,录书也不仅是保存文本的方法而已,它本身即是一种读书方法。所以古人有"一录则胜数过"的说法,意思是抄录一遍,其效果远胜于从头到尾地读上好几遍。司马光在位于洛阳的"独乐园"里有一个著名的"读书堂",堂内藏书万卷。但他仍然经常动手抄书。除了整篇整本地抄录,摘录、笔记也是通过"录"来加深对文本理解的一种途径。所谓"不动笔墨不翻书",就是这个意思,这也是"录"的一义。

"校"即校勘。在印刷术投入使用前,古书都曾经历过以记诵文本和抄本形式流传的阶段,记诵或抄录过程中不可避免的差错,致使同一典籍的文本在辗转流传之中变得差异极大。这种情况即使在印刷书籍出现之后仍大量存在。一是印刷本所依据的底本原有差异,二是刻板印刷过程中又可能出现新的错误。所以古人读书,在诵、录之前,第一步是先作文字上的校对,以便尽可能地保持文本的准确性。

这里有两层很不容易做到的地方。首先,照本改字,要做到不错不漏,本身即是一件说来容易做来难的事情。校书如扫落叶。院子里的落叶,绝不可能一遍就打扫干净。校书也是这样。书中的增衍错漏之处,即使有反复多次的过细功夫,也是难得一网打尽的。其次,要在不同文本的字句差异之间作出一种准确的判断与取舍,更是一件显现真功夫、硬功夫的难事。所以段玉裁曾说:"校书之难,非照本改字不伪不漏之难,定其是非之难。"钱大昕读《后汉书》卷六十八《郭泰传》,在传文末尾处发现有七十四字"词句不伦",于是举出不依前文避讳体例称字而称名、叙事重出、书字而不书名、词意重沓等"四疑",推测此七十四字本非《后汉书》中的原文。他的这一见解发表之后,人们发现了一部嘉靖年间的福建版《后汉书》,是当时根据一种宋代刊本来翻刻的。检阅这个刊本中的《郭泰传》,果然如钱氏所言,没有那七十四字。这才断定,上述七十四字原属唐太子李贤的注文,是宋代之后才窜入《后汉书》的正文当中去的。

古人高度重视诵、录、校的基本功;但他们读书,又绝不仅止于诵、录、校。宋朝的谢良佐,最初以为学问不过就是强记博闻而已。他在见程颢的时候,"举史书成篇,不遗一字",自以为表现非常出色。想不到程颢并不欣赏,对他说:"贤(对交谈中另一方的尊称)却记得许多,可谓玩物丧志。"谢良佐听到这样的评价,当场窘得汗流浃背,满脸通红。但等他看到程颢读书,"又却逐行看过,不磋(失误)一字"。他一开始很不服气,后来却终于省悟过来,并且拿自己的这个认识过程作"话头",去开导其他"以记闻为学"的后生(《近思录》)。这就是说,读书不可不始于诵、录、校,但光做到"逐行看过,不磋一字",仍然是远远不够的。

"疑"是指一种积极追问的精神。元朝的大教育家许衡,就最喜欢善于"疑"的学生。他的传记有曰:"诸生或有疑问,则为之喜见颜面。因语之曰:'书中无疑,能以为有疑;有疑,能使之无疑。学斯有得矣。'"(《元列传二首·许衡》,《王忠文集》)这个意思并非他自己的发明;比他早一点的朱熹,已经说过类似的话了。许衡不过是在炒朱熹的冷饭而已。

所谓"疑",当然不是在提倡不管三七二十一地怀疑一切,或者蛮不讲理、吹毛求疵地去否定别人。清朝有个学者叫毛奇龄,平生不喜欢苏东坡。一次在京师中,有人问他:你说苏轼的诗文不好,那么,"竹外桃花三两枝,春江水暖鸭先知"难道也写得不好吗?想不到这一招没有难倒毛奇龄。他当即愤愤然地回答:"鹅也先知,怎只说鸭?"在场的朋友无不为之捧腹(《居易录》)。"疑"不是指这种毛奇龄式的强辩。相反,中国学术传统所推崇的最高境界倒是"平实",即所谓"极于高远,而卒反就于平实"。追问应当一直追到平实之处,而不是靠危言耸听、巧言令色,使人蒙蔽于一时。

我们都知道唐玄宗与杨贵妃的故事。白居易的诗篇《长恨歌》,其中有两句写道:"七月七日长生殿,夜半无人私语时。"有人说,长生殿是祭神的宫殿,绝非"私语"之处,当改作飞霜殿才符合情理。清代的考据家阎若璩指出,这种见解的根据出于《长安志》。据该书,天宝六载改温泉宫为华清宫,重新命名其中专用于洗浴的宫室为九龙殿,寝宫为飞霜殿,祭神的宫殿则名为长生殿(据《唐会要》,该祭神殿此前名为集灵台)。这样说来,唐明皇和杨贵妃夜半私语的地方,似乎应当在供他们休寝的飞霜殿才是。那么,白居易错了吗?

阎氏接着征引《资治通鉴》卷九〇七中胡三省的一条注文指出,唐代皇帝寝殿亦可通称长生殿。洛阳、长安、骊山都有长生殿。故此阎氏以为,长生殿实有两义。一为专名,华清宫祭神宫殿是也;二为通名,唐宫中的寝殿是也。白诗所谓长生殿,即以该名的后一义言之,指"华清宫之寝殿也"。

针对上述见解,陈寅恪又提出他的不同看法。他说,华清池是温泉。唐皇华清宫之行,实乃继承北朝贵族以温汤疗疾来除寒祛风的旧俗而已,而这只能发生在冬春之际寒风料峭的时节。事实上,细检史书,可知唐皇驻跸温泉,确实也多在冬末春初,未见以夏日炎暑临幸骊山之例。白居易不谙内宫规制,"长生殿夜半私语"的文学描写,殊不必看作就是史实。考据家的失误之处,恰在于过分认真地把白诗与记录史实的文献等同对待了。中国古典文献学及隋唐史专家黄永年更在以上说法的基础上指出,白诗如此描写,非因"常识之不足,盖实有其苦心在也"。这番"苦心"便是:诗人必欲合并当时已流行民间的七夕牛女故事、玄宗宴乐最典型的背景华清宫,以及汉武帝与李夫人故事的蓝本为一体。也就是说,这篇文学作品的背景既须为骊山华清宫,其中心复须为七夕。"鱼与熊掌,必欲兼得,此'七月七日长生殿'故事之所以产生也。"

从引出对白诗的质疑,到否定此一质疑,再到对质疑的否定之否定。经过这一番反复,阅读者的理解,就可能比过去又前进了那么一小步。疑的过程,实际上就是一个由约而博、又反博归约的思考过程。有疑故而要发问,有问然后才有学。"疑"的态度,就这样推动着我们读书的深入和学问的长进。

所谓"入味",是我从古人的以下这些话中间概括出来的一个说法:"读书须到不忍舍处,方是见得真味"(朱熹);"弄书册而游息时，书味犹在胸中"（黄庭坚）；"睡余书味在胸中"
（陆游，诸说俱见《潜邱札记》引）。

关于读书读到"见得真味"，在这里略举一两个有趣的例
子。13世纪中叶，华北有一个名叫刘德渊的士人，某夜与另
一个读书人"对榻学馆"。半夜三更，他突然起床，把同屋者
摇醒，说："我对汉朝诸葛亮的言论忽然产生一种不同看法。
可惜未能与他生在同时。否则一定要当面向他指出来。"
（《刘德渊墓表》，《秋涧集》）这大概就是陆游所谓"睡余书味
在胸中"的境界。否则他怎么会在半夜三更这么激动地从床
上爬起来？

另一个是司马光的故事。这位老先生罢官退居洛阳的
时候，成天用读书打发日子。一天早晨，有一个学生去拜访
他。老先生见面后兴奋地向学生宣布曰："昨夕看《三国志》，
识破一事。"于是叫学生搬出《三国志》和《文选》，当场检阅有
关魏武帝曹操《遗令》的记载。我们知道，人既然要在临死时
留下遗嘱，必定会选择最紧要的事情来交代后人。曹操的
《遗令》有数百言之多，对他死后如何处置曹氏与东汉王室的
关系问题（或者说是否以魏代汉的问题），却一字不曾提及。
对于怎么样分配家里储存的香料（在当日中国，高级的香料
多为外国进口货，算是一种很贵重的物品），对众多妻妾应靠
织履卖钱而自食其力一类琐细的事情，他反而说得再详细不
过。老先生曰："遗令之意为何？"他的学生回答："曹公一生
奸诈，死到临头，总算说出了几句有点人情味的话。"司马光
大不以为然，他说："此乃操之微意也。……操身后之事，有
大于禅代者乎？今操之遗令，谆谆百言，下至分香卖履之事，
家人婢妾，无不处置详尽，无一语语及禅代之事。其意若曰：
禅代之事，自是子孙所为，吾未尝教为之。是实以天下遗子

孙而身享汉臣之名。"他对窥破了曹操虽"蓄无君之心久矣",
然固畏于"名义",仍欲保全自己"汉臣"身份的"微意"颇为得
意,说道:"此遗令之意,历千百年无人识得。昨夕偶窥破
之。"接着,他又郑重其事地告诫学生:"非有识之士,不足以
语之。"这位被老师视为"有识之士"的客人真是受宠若惊,连
忙反过来恭维老师说:"非温公识高,不能至此。"(《元城语
录解》)吹捧归吹捧,司马光的如炬目光,不能不使我们佩服。
这种眼光,与他"见得真味"的读书法当然是息息相关的。

提倡读书要存"疑"、要"入味",不等于说就可以对文本
作任情随意的主观发挥。毫无约束的"疑",会变成"疑心生
浪鬼";毫无规定性的"入味",会引得人走火入魔。为此,在
读书时保持一种"大其心"而"使自得"的精神状态,也就显得
特别重要。

"大其心"而"使自得",是说读书"当玩味大意,就自己分
上实着体验。不须细碎计较一两字异同。学问之道无它,求
其放心而已"(朱熹)。或者如程颐所说:"读书当平其心,易
其气,阙其疑,则圣人之意见矣。"(俱见《秋涧集·玉堂嘉话》
引)

疑与入味,都应当避免过分的、刻意的人为操作成分,尽
可能追求一种自然而然的认识过程。完美实现这一过程,关
键在于要保持一种平心易气(即气度舒坦、平易)的精神境
界。平心易气,换一个说法,即"须放心、宽快、公平以求之";
或曰"须是大其心,使开阔"。"大其心"之所以必要,因为"心
大则百物皆通,心小则百物皆满"(俱见《近思录》引)。心大
则能看得百物皆通,对世间万物的理解自然达成,这叫"优游
涵善,使自得"。所以宋儒认为"大抵学不言而自得,乃自得

也。有安排布置者,皆非自得也"(《近思录》)。这里所谓"安排布置",指挖空心思的纯主观臆测,指过分地依赖于各种人为技巧或手段,对文本作牵强附会的过度解释,指拿某种绝对的、主观的、一成不变的尺度去衡量人间和自然世界。

如果允许我略微离开一点本题,那么我要强调,平心易气,或者"大其心",不仅是一种读书态度,在宋儒那里,它也是一种更广泛意义上的为人处世的态度。古人说:"士大夫视天下不平之事,不当怀不平之意。平居愤愤,切齿扼腕,诚非为已。一旦当事而发之,如决江河,其可御耶?必有过甚覆溺之至。"(《玉堂嘉话》,《秋涧集》)持此种心态的人,宋朝就有一个典型在,那就是王安石。可以说,这就是宋朝以及后来诸多中国政治家与王安石的根本对立之处。儒家讲"视天下不平之事,不当怀不平之意",是就"身有所忿懥,则不得其正"而言,而不是说人不应该有是非好恶的基本立场或基本态度。儒家追求自己的政治和道德理想,态度是很执著的。但他们反对通过激烈的、颠覆性的社会动员手段去达成自己的政治主张。他们向来对革命所天生带有的偏激性质保持着高度的警觉。当然,革命在有些历史场合很难避免。在这时候,儒家的立场就显得有点保守。但当革命出现"如决江河"、"矫枉过正"的局面时,儒家立场的合理性就较容易被人们认识了。这自然是另一个话题。因为提到《大学》中"身有所忿懥,则不得其正"一段话,所以顺便说几句。

"贵自得"还有一个意思,即强调通过直接地接触文本去感知和体察它的丰富涵义,而不须经过有些不必要的中介环节隔靴搔痒。在这方面,章学诚有一段话已经讲得极透彻。他说,文章的佳胜,只有靠读者自己去体悟,是他人无法代劳的。"如饮食甘苦,衣服轻暖,衣且食者领受,各自知之,而难以告人。如欲告人衣食之道,当指脍炙而令其自尝,可得旨甘;指狐貉而令其自被,可得轻暖,则有是道矣。必吐己之所尝而哺人以授之甘,搂人之身而置怀以授之暖,则无是理也。"(《文史通义》)。

现在再分成两点说几句,算是简单的结束语。

这里说的古人读书的方法,对于我们今天从事"精读"特别有启发作用。当然,无论是谁,一辈子能够精读的书籍,其品种和数量都总是很有限的。我们做不到、事实上也不必用精读的方法来对待每一本需要看的书。很多书,只要大体翻一翻就可以了。但是,根据各人的不同需要,选择几种或十几种最重要的书籍来精读,我想对任何一个人都是十分必要的。只有具备了起码的精读经验,你的泛读、速读,甚至"随便翻翻",才可能取得更好的效果。从这个角度来说,缺少了对精读的体验,也就很难说真正学会读书。

近五十年来,世界上对中国历史文化的研究,从方法上说,经历了两次大变化。一次发生在 1960 年代,社会科学的概念、理论、思考方法向中国历史文化的研究领域全面渗透,传统的西方"汉学"易帜为"中国研究"。这个风气的变化,是在西方社会科学向人文学科全面渗透的二三十年后发生的。晚到的范式转变,使得"中国研究"在蔚为风气时,西方学术界已经开始普遍怀疑人文学科是否应当全面向社会科学靠拢或受其支配的问题。因此,1970 年代以来,宏大理论(grand theories)在西方人文学科领域又趋于复苏,由阿尔都塞、年鉴学派、德里达、福科、迦达默尔、哈贝马斯、库恩、列维·斯特劳斯、罗尔斯等学者所阐扬的各种社会哲学理论,受到人们广泛的关注。这一趋势大约在 1980 年代以后也很快影响到西方的中国研究领域。这样两波冲击，即 1960 年代的社会科学与 1980 年代的社会哲学对中国历史文化研究领域的冲击，为中国大陆学术界有所了解，基本上是在 1990 年代的事情。面对这样密集和大量体的信息，中国学者深刻地感觉到，理论对中国历史文化研究的意义变得极其重要。但对这一点的过度估计，也很可能会导致另一方面的误解，以至于人们对掌握原始文本重要性的认识变得严重不足。在大学生、研究生中间，对原始文本的忽略更成为普遍的现象。他们往往会以为理论是金钥匙，是打开解决一切问题的大门。至于如何从原始文本中"榨取"出尽可能多的历史信息，则似乎不大为他们所关心。然而，历史文化研究的魅力，恰恰就要从解读形形色色的原始文本开始，方能寻得来。正因为如此，中国古人的读书传统，对我们今天的人仍然是一份重要、丰富并且永远也不会过时的宝贵遗产。

最后，我还想送给各位一篇不太长的阅读材料，题目是"朱熹论读书法"。这是我从《朱子语类》里选辑出来的有关怎样读书的数十条语录。初读时，你或许会觉得它们都太过平易而无甚高明之论。但若真的照着实行起来，你就会知道，诚如朱熹所言，其实要"到那平易处极难"！

附录：朱熹论读书法（选自《朱子语类》）

一、书贵熟读

书只贵读，读多自然晓。今即思量得，写在纸上底，也不济事，终非我有，只贵乎读。这个不知如何，自然心与气合，舒畅发越，自是记得牢。纵饶熟看过，心里思量过，也不如读。读来读去，少间晓不得底，自然晓得；已晓得者，越有滋味。若是读不熟，都没这般滋味。而今未说读得注，且只熟读正经，行住坐卧，心常在此，自然晓得。尝思之，读便是学。夫子说"学而不思则罔，思而不学则殆"，学便是读。读了又思，思了又读，自然有意。若读而不思，又不知其意味；思而不读，纵使晓得，终是虺尩不安。一似倩得人来守屋相似，不是自家人，终不属自家使唤。若读得熟，而又思得精，自然心与理一，永远不忘。某旧苦记文字不得，后来只是读。今之记得者，皆读之功也。老苏只取孟子论语韩子与诸圣人之书，安坐而读之者七八年，后来做出许多文字如此好。他资质固不可及，然亦须著如此读。只是他读时，便只要模写他言语，做文章。若移此心与这样资质去讲究义理，那里及得来！是知书只贵熟读，别无方法。

大凡读书，须是熟读。熟读了，自精熟；精熟后，理自见得。如吃果子一般，劈头方咬开，未见滋味，便吃了。须是细嚼教烂，则滋味自出，方始识得这个是甜是苦是甘是辛，始为知味。

园夫灌园，善灌之夫，随其蔬果，株株而灌之。少间灌溉既足，则泥水相和，而物得其润，自然生长。不善灌者，忙急而治之，担一担之水，浇满园之蔬。人见其治园矣，而物未尝沾足也。读书之道，用力愈多，收功愈远。先难而后获，先事而后得，皆是此理。

读书之法，须是用工去看。先一书费许多工夫，后则无许多矣。始初一书费十分工夫，后一书费八九分，后则费六七分，又后则费四五分矣。

读书之法，先要熟读。须是正看背看，左看右看。看得是了，未可便说道是，更须反覆玩味。

学者贪做工夫，便看得义理不精。读书须是子细，逐句逐字要见着落。若用工粗卤，不务精思，只道无可疑处。非无可疑，理会未到，不知有疑尔。大抵为学老少不同：年少精力有余，须用无书不读，无不究竟其义。若年齿向晚，却须择要用功，读一书，便觉后来难得工夫再去理会；须沉潜玩索，究极至处，可也。盖天下义理只有一个，是与非而已。是便是是，非便是非。既有着落，虽不再读，自然道理浃洽，省记不忘。譬如饮食，从容咀嚼，其味必长；大嚼大咽，终不知味也。

读书，理会一件，便要精这一件；看得不精，其他文字便亦都草草看了。一件看得精，其他亦易看。

学者观书，先须读得正文，记得注解，成诵精熟。注中训释文意、事物、名义，发明经指，相穿纽处，一一认得，如自己做出来底一般，方能玩味反覆，向上有透处。若不如此，只是虚设议论，如举业一般，非为己之学也。曾见有人说诗，问他关雎篇，于其训诂名物全未晓，便说：“乐而不淫，哀而不伤。”某因说与他道：“公而今说诗，只消这八字，更添‘思无邪’三字，共成十一字，便是一部毛诗了。其他三百篇，皆成渣滓矣！”因忆顷年见汪端明说：“沈元用问和靖：‘伊川易传何处是切要？’尹云：‘“体用一源，显微无间。”此是切要处。’”后举似李先生，先生曰：“尹说固好。然须是看得六十四卦、三百八十四爻都有下落，方始说得此话。若学者未曾子细理会，便与他如此说，岂不误他！”某闻之悚然！始知前日空言无实，不济事，自此读书益加详细云。

书须熟读。所谓书，只是一般。然读十遍时，与读一遍时终别；读百遍时，与读十遍又自不同也。

温公答一学者书，说为学之法，举荀子四句云：“诵数以贯之，思索以通之，为其人以处之，除其害以持养之。”荀子此说亦好。"诵数"云者,想是古人诵书亦记遍数。"贯"字训熟,如"习贯如自然";又训"通",诵得熟,方能通晓。若诵不熟,亦无可得思索。

诵数以贯之。古人读书,亦必是记遍数,所以贯通也。

凡读书,且从一条正路直去。四面虽有好看处,不妨一看,然非是要紧。

二、泛观博取,不若精于一

少看熟读,反覆体验,不必想像计获。只此三事,守之有常。

太凡看文字:少看熟读,一也;不要钻研立说,但要反覆体验,二也;埋头理会,不要求效,三也。三者,学者当守此。

书宜少看,要极熟。小儿读书记得,大人多记不得者,只为小儿心专。一日授一百字,则只是一百字;二百字,则只是二百字。大人一日或看百板,不恁精专。人多看一分之十,今宜看十分之一。宽著期限,紧著课程。

读书,小作课程,大施功力。如会读得二百字,只读得一百字,却于百字中猛施工夫,理会子细,读诵教熟。如此,不会记性人自记得,无识性人亦理会得。若泛泛然念多,只是皆无益耳。读书,不可以兼看未读者,却当兼看已读者。

读书不可贪多,且要精熟。如今日看得一板,且看半板,将那精力来更看前半板,两边如此,方看得熟。直须看得古人意思出,方好。

读书不可贪多,常使自家力量有余。正淳云:"欲将诸书循环看。"曰:不可如此,须看得一书彻了,方再看一书。若杂然并进,却反为所困。如射弓,有五斗力,且用四斗弓,便可挖满,已力欺得他过。今举者不忖自己力量去观书,恐自家照管他不过。

今人所以读书苟简者，缘书皆有印本多了。如古人皆用竹简，除非大段有力底人方做得。若一介之士，如何置？所以后汉吴恢欲杀青以写汉书，其子吴祐谏曰："此书若成，则载之车两。昔马援以薏苡兴谤，王阳以衣囊徽名，正此谓也。"如黄霸在狱中从夏侯胜受书，凡再逾冬而后传。盖古人无本，除非首尾熟背得方得。至于讲诵者，也是都背得，然后从师受学。如东坡作李氏山房藏书记，那时书犹自难得。晁以道尝欲得公、穀传，遍求无之，后得一本，方传写得。今人连写也自厌烦了，所以读书苟简。

山谷与李几仲帖云："不审诸经、诸史，何者最熟？大率学者喜博，而常病不精。汎滥百书，不若精于一也。有余力，然后及诸书，则涉猎诸篇亦得其精。盖以我观书，则处处得益；以书博我，则释卷而茫然。"先生深喜之，以为有补于学者。

读书须是专一。读这一句，且理会这一句；读这一章，且理会这一章。须是见得此一章彻了，方可看别章，未要思量别章别句。只是平心定气在这边看，亦不可用心思索太过，少间却损了精神。前辈云："读书不可不敬。"敬便精专，不走了这心。

泛观博取，不若熟读而精思。

读书，只看一个册子，每日只读一段，方始是自家底。若看此又看彼，虽从眼边过得一遍，终是不熟。

三、耐烦仔细

圣人言语如千花，远望都见好。须端的真见好处，始得。须着力子细看。工夫只在子细看上，别无术。

圣人言语皆枝枝相对，叶叶相当，不知怎生排得恁地齐整。今人只是心粗，不子细穷究。若子细穷究来，皆字字有着落。

看文字有两般病：有一等性钝底人，向来未曾看，看得生，卒急看不出，固是病。又有一等敏锐底人，多不肯子细，易得有忽略之意，不可不戒。

为学读书，须是耐烦细意去理会，切不可粗心。若曰何必读书，自有个捷径法，便是误人底深坑也。未见道理时，恰如数重物色包裹在里许，无缘可以便见得。须是今日去了一重，又见得一重；明日又去了一重，又见得一重。去尽皮，方见肉；去尽肉，方见骨；去尽骨，方见髓。使粗心大气不得。

今人读书，看未到这里，心已在后面；才看到这里，便欲舍去。如今，只是不求自家晓解。须是徘徊顾恋，如不欲舍去，方能体认得。

读书者譬如观此屋，若在外面见有此屋，便谓见了，即无缘识得。须是入去里面，逐一看过，是几多间架，几多窗櫺。看了一遍，又重重看过，一齐记得，方是。

四、专心入在里面

人做功课若不专一，东看西看，则此心先已散漫了，如何看得道理出？须是看论语，专只看论语；看孟子，专只看孟子。读这一章，更不看后章；读这一句，更不得看后句；这一字理会未得，更不得看下字。如此，则专一而功可成。若所看不一，汎滥无统，虽卒岁穷年，无有透彻之期。某旧时文字，只是守此拙法，以至于今。思之，只有此法，更无他法。

看文字，须大段著精彩看。耸起精神，树起筋骨，不要困，如有刀剑在后一般！就一段中，须要透。击其首则尾应，击其尾则首应,方始是。不可按册子便在,掩了册子便忘却;看注时便忘了正文,看正文又忘了注。须这一段透了,方看后板。

今人读书,看未到这里,心已在后面;才看到这里,便欲舍去了。如今,只是不求自家晓解。须是徘徊顾恋,如不欲去,方会认得。

看文字,须要入在里面,猛滚一番。要透彻,方能得脱离。若只略略地看过,恐终久不能得脱离,此心又自不能放下也。

先生谓徐容父曰:为学,须是裂破藩篱,痛底做去,所谓"一杖一条痕,一掴一掌血"。使之历历落落,分明开去,莫要含糊。

须是一棒一条痕!一掴一掌血!看人文字,要当如此,岂可忽略!

看文字,正如酷吏之用法深刻,都没人情,直要做到底。若只恁地等闲看过了,有甚滋味!大凡文字有未晓处,须下死工夫,直要见得道理是自家底,方住。

读书,须是要身心都入在这一段里面,更不问外面有何事,方见得一段道理出。如"博学而笃志,切问而近思",如何却说个"仁在其中"?盖自家能常常存得此心,莫教走作,则理自然在其中。今人却一边去看文字,一边去思量外事,只是枉费了工夫。不如放下了文字,待打叠教意思静了,却去看。

学者读书,多缘心不在,故不见道理。圣贤言语本自分晓,只略略加意,自见得。若是专心,岂有不见!

心不定,故见理不得。今且要读书,须先定其心,使之如止水,如明镜。暗镜如何照物?

读书有个法，只是刷刮净了那心后去看。若不晓得，又且放下；待他意思好时，又将来看。而今却说要虚心，心如何解虚得。而今正要将心在那上面。

五、从缝罅处寻透彻

学者初看文字，只见得个浑沦物事。久久看作三两片，以至于十数片，方是长进。如庖丁解牛，目视无全牛，是也。

若只是握得一个鹘仑底果子，不知里面是酸，是咸，是苦，是涩。须是与他嚼破，便见滋味。

读书须是看着他缝罅处，方寻得道理透彻。若不见得缝罅，无由入得。看见缝罅时，脉络自开。

看文字，且依本句，不要添字。那里元有缝罅，如合子相似。自家只去抉开，不是浑沦底物，硬去凿；亦不可先立说，牵古人意来凑。且如"逆诈、亿不信"与"先觉"之辨：逆诈，是那人不曾诈我，先去揣摩道，那人必是诈我；亿不信，是那人未有不信底意，便道那人必是不信；先觉，则分明见得那人已诈我，不信我。如高祖知人善任使，亦是分明见其才耳。

六、须教有疑

读书无疑者，须教有疑；有疑者，却要无疑，到这里方是长进。

问：看理多有疑处。如百氏之言，或疑其为非，又疑其为是，当如何断之？曰：不可强断，姑置之可也。

人之病，只知他人之说可疑，而不知己说之可疑。试以诘难他人者以自诘难，庶几自见得失。

看书不可将自己见硬参入去。须是除了自己所见，看他册子上古人意思如何。如程先生解"直方大",乃引孟子。虽是程先生言,毕竟迫切。

看文字先有意见,恐只是私意。谓如粗厉者观书,必以勇果强毅为主;柔善者观书,必以慈祥宽厚为主,书中何所不有!

读书如问人事一般。欲知彼事,须问彼人。今却不问其人,只以己意料度,谓必是如此。

学者不可只管守从前所见,须除了,方见新意。如去了浊水,然后清者出焉。

到理会不得处,便当"濯去旧见,以来新意",仍且只就本文看之。

某向时与朋友说读书,也教他去思索,求所疑。近方见得,读书只是且恁地虚心就上面熟读,久之自有所得,亦自有疑处。盖熟读后,自有窒碍,不通处是自然有疑,方好较量。今若先去寻个疑,便不得。

这般也有时候。旧日看论语,合下便有疑。盖自有一样事,被诸先生说成数样,所以便着疑。今却有集注了,且可傍本看,教心熟。少间或有说不通处,自见得疑,只是今未可先去疑着。

大抵观书先须熟读,使其言皆若出于吾之口;继以精思,使其意皆若出于吾之心,然后可以有得尔。然熟读精思既晓得后,又须疑不止如此,庶几有进。若以为止如此矣,则终不复有进也。

七、平易广大

观书当平心以观之。大抵看书不可穿凿,看从分明处,不可寻从隐僻处去。圣贤之言,多是与人说话。若是峣崎,却教当时人如何晓。

观书须静着心，宽着意思，沉潜反覆，将久自会晓得去。

放宽心，以他说看他说。以物观物，无以己观物。

读书放宽着心，道理自会出来。若忧愁迫切，道理终无缘得出来。

凡读书，先须晓得他底言词了，然后看其说于理当否。当于理则是，背于理则非。今人多是心下先有一个意思了，却将他人说话来说自家底意思；其有不合者，则硬穿凿之使合。

读书若有所见，未必便是，不可便执著。且放在一边，益更读书，以来新见。若执著一见，则此心便被此见遮蔽了。譬如一片净洁田地，若上面才安一物，便须有遮蔽了处。圣人七通八达，事事说到极致处。学者须是多读书，使互相发明，事事穷到极致处。所谓"本诸身，微诸庶民，考诸三王而不缪，建诸天地而不悖，质诸鬼神而无疑，百世以俟圣人而不惑"。直到这个田地，方是。语云："执德不弘。"易云："宽以居之。"圣人多说个广大宽洪之意，学者要须体之。

学者观书，病在只要向前，不肯退步看。愈向前，愈看得不分晓。不若退步，却看得审。大概病在执著，不肯放下。正如听讼：心先有主张乙底意思，便只寻甲底不是；先有主张甲底意思，便只见乙底不是。不若姑置甲乙之说，徐徐观之，方能辨其曲直。横渠云："濯去旧见，以来新意。"此说甚当。若不濯去旧见，何处得新意来。今学者有二种病，一是主私意，一是旧有先入之说，虽欲摆脱，亦被他自来相寻。

读书须是知贯通处，东边西边，都触着这关捩子，方得。只认下着头去做，莫要思前算后，自有至处。而今说已前不曾做得，又怕迟晚，又怕做不及，又怕那个难，又怕性格迟钝，又怕记不起，都是闲说。只认下着头去做，莫问迟速，少间自有至处。既是已前不曾做得，今便用下工夫去补填。莫要瞻前顾后，思量东西，少间担阁一生，不知年岁之老！

读书须是遍布周满。某尝以为宁详毋略，宁下毋高，宁拙毋巧，宁近毋远。

今人言道理，说要平易，不知到那平易处极难。被那旧习缠绕，如何便摆脱得去！譬如作文一般，那个新巧者易作，要平淡便难。然须还他新巧，然后造于平淡。

自高险处移下平易处，甚难。

"故事"在历史研究中的意义

讲故事跟所谓"讲历史"之间究竟有没有区别？很多人以为讲历史无非就是讲历史上发生过的那些故事。现在讲历史故事的电视节目很受欢迎。那么从事历史研究的人就是能讲故事的人吗？我认为这门学科的复杂性，说得夸张一点，它的学术品格和学术尊严，在这样一种相当普遍的看法里是被严重低估了。我们曾听见很多人讲：等我老了，在我退休以后，想研究研究历史。但你恐怕不大会听见"让我在退休后去研究研究天文学"这样的话。因为人们都很容易明白，研究天文学需要许多非常专门化的知识。而历史学却被看成是一门无需何等专业根底的学问，如果它还勉强算是学问的话。只要会写回忆录，或者还能对他所经历过的当代史谈一点认识或体会，甚至是只要肚子里有故事的人，就有能力来研究历史。历史学就这样变成为几乎任何一个具有一点生活经历的人在退休以后都可以从事的一门学科。

但实际上历史研究并非如此简单容易。历史研究不是讲故事，也不是为讲故事做准备。如果要顺着讲历史和讲故事之间究竟有什么样的关系这个问题往下讨论，那么我也可以说，历史研究是一门向讲故事提问的学科。那当然不是"后来事情怎么样"一类的提问，它们可以是各式各样、五花八门的。以下分别就故事在历史研究中的三层不同意义，谈谈历史专业的研究到底是如何进行的。

　　关于故事在历史研究中的第一层意义,我想举一个自己碰到过的例子来说明。12世纪的蒙古人是由很多部落构成的一个相当大的人群,其中包括着一个叫"札剌亦儿"的部落。该部落有一个首领,在成吉思汗时代非常著名,名叫木华黎。他在很长时间中担任蒙古人对华北进行军事征服的最高军事统帅。所以木华黎的后人们在整个元代都贵为最显赫的皇家亲信之列。拿元代汉语说,他们属于"有根脚"的官人。

　　归木华黎家族统领的札剌亦儿部最初驻扎在蒙古草原北部。成吉思汗统一蒙古高原后,对草原各部的游牧地盘进行调整。也可能为便于木华黎指挥对整个华北的军事行动,他曾把札剌亦儿部南迁到比较靠近汉地的今内蒙古草原某处驻牧。到忽必烈建立元王朝的时候,该部的游牧地域又被迁移到辽西。史料对札剌亦儿部后一次迁移所至的牧地有相对明确的记载,但对前一次的移牧地点却少有提及。那么这个地方到底会在内蒙古的什么方位呢?

　　有两条材料从不同侧面向我们暗示出这个问题的答案。其中之一在言及木华黎的一个五世孙死后的安葬问题时说:"公先茔在兴和。辽阳道远,弗克以昭穆序葬,遂⋯⋯奉柩葬澶州仁丰乡。"此公去世时,札剌亦儿部已迁往辽西久矣。所以已经无法把他的遗体运到祖宗墓地去安葬,而只能就近营建坟墓于澶州,即在紧邻辽西的河北长城沿线地段。这段话提供给我们的一条很重要的讯息是,木华黎家族南迁初期的祖宗墓地是在"兴和",即今天河北的张北。祖宗墓地不会离开当时该部驻牧的地方太远。这就是说,札剌亦儿部曾经驻扎的地方可能离张北不远。这样我们需要进一步搜寻的范围就大大缩小了。

另外一条材料讲到,在他们还没有搬到辽西地区的时候,札剌亦儿部首领曾在"上京之西阿儿查秃置营",这应该就是木华黎当年指挥中原战事时的司令部所在地。所谓"上京"就是元上都,在今天的赤峰附近。用"上京之西"来标注"阿儿查秃"所在的位置,地理范围还不太明确。但我们既然知道该部的驻牧地距离张北不会太远,所以就有理由在张北附近去寻访这个"阿尔查秃"。

根据元朝时编写的一本供汉译蒙古语之用的字书,"阿尔查"在蒙古语里是柏树的意思。后面加一个后缀"-秃",即"有……"之谓。阿儿查秃的意思即"有柏树处"。蒙古草原上树木很少见,所以如果有一片树木甚至一棵大树,它就会被拿来做这个地方的地名。蒙文里经常用于称呼柏树的名词是 mayilasu。但柏树有不止一个品种。在一个叫科瓦列夫斯基的俄国人编写的蒙-俄-法字典里,阿儿查是指的杜松或者刺柏。所以阿尔查秃意即"有刺柏之地"。现在的问题是:在张北附近,是否能找到生长刺柏的地方呢?

真是说不巧也巧。明代方志里恰恰就提到过,在长城的张北境内有个关口叫"洗马林",元代写作"荨麻林",其关外东北有"桂柏山",土人又以"怪柏山"名之。桂柏也好,怪柏也罢,其实都应当是"桧柏"的别名。桧柏的树叶有两种,其中一种正是刺形的!这种树叶呈刺形的桧柏,不就是刺柏,也就是阿儿查吗?所以被蒙古人称为阿尔查秃的那个地方,极有可能就是位于洗马林口外东北方向的用汉语称作桂柏山的去处!

关于这一点,还有另外一条旁证值得一提。清朝的顾祖禹写过一部考证天下险要形胜之地的《读史方舆纪要》。这部书说，洗马林边堡之外，有"大谎堆、桂栢山，皆部长（游牧部落头领）驻牧"。这里的"大谎堆"，即"大荒堆"；"桂栢山"即"桂柏山"，也就是阿尔查秃。可见直到清代，这里仍是蒙古游牧部落驻扎的地方。

所以，在今后对《中国历史地图集》进行修订时，或许就可以把"阿尔查秃"作为一个非定点的记注加入到相关图幅里去。写进历史地图的所有地名，几乎都是像这样经过有根有据的考证，再被采录到图上面去的。一部《中国历史地图集》，就这样凝聚着历经几代甚至更多世代学者群体的辛勤劳动和汗水心血。作为一个读书人，如果能在其中再增加两三条贡献，就应该心满意足了。学问就是这样，靠一代接一代或紧或慢的积累与扬弃，才得以形成它今天向我们呈现的那个样子。对此要常持一种敬畏之心，千万不可轻易视之。

说到故事在历史研究中的第二层意义，我想从季羡林的两篇文章讲起。第一篇文章叫《浮屠与佛》，写于 1947 年。文章虽然发表了，但作者心里始终存着一个疙瘩，觉得这个问题实际上还没有完全解决好。又过了四十年，他觉得这个问题现在有可能妥善解决了，于是再写一篇文章。这回的题目叫《再谈浮屠与佛》。

这两篇文章讨论的是什么问题呢？讨论两个词，关于佛的两种名称。我们知道中国古典文献对于佛祖有两个不同的称呼。一个是"佛"，再一个是"浮屠"。"浮屠"一词是从梵文，或者从非常接近梵文的印度各种俗语里的原词，也就是Buddha 音译过来的，在我们专业里面有时叫做汉字音写，就是利用汉字的音读把一个非汉语词汇的语音记录下来。当佛教从古代西北印度传播到说东伊朗语各支中亚语言的人群里时,原先的 Buddha 变成了 Bod。而另外那个叫"佛"的语词,正是对上述各中亚语言里 Bod 的名称的汉字音写。季羡林前后相隔四十年所写的那两篇文章,都是用来讨论浮屠与佛这两个词语的。下面分三点来把这个问题说清楚。

首先,无论是"佛"字也好,"浮屠"的"浮"也好,其首辅音在今天都是 f-。可是在古代,二者的首辅音都属于"並"声母,发的是 b-的音。古汉语里不存在唇齿擦音 f-。著名的清代考据学家钱大昕说"古无轻唇音",就是说的这个意思。诗人杜甫,有些人读作 dù-pǔ。甫、浦本属同音字;不过"浦"字至今仍读 pǔ,没有人会把它念成 fǔ 的。不但如此,"佛"字在 12 世纪前的中古汉语里还是一个带着收声尾辅音-t 的"入声字",它的读音大致接近于 bot。而"浮屠"两字的读音则接近于 bu-da。所以当它们被用来记录 Bod 与 Buddha 的语音时,其发音与外来词原音的确是很近似的,尽管依今日汉字的读音来衡量,二者间的差距好像比之从前变大了。

其次,问题还不止如此简单。不然的话,为什么前后相隔四十年,季羡林还需要再写一篇文章来讨论它?困难在于,在他写第一篇论文的当时,所能看到的中亚文献中间,其实未见 Bod 字。在应当读作 Bod 的地方出现的,都是 Pod,或者 Pot 字。在古汉语里,除了 b-以外,还有 p-、pʻ-这样两个双唇塞音声母,古人分别以"並"(不送气浊音)、"帮"(不送气清音)、"滂"(送气清音)这样三个"字母"来表示。现在的问题就在于:正如刚刚已经讲到过的,"佛"字的声母属于"並"母(b-),而不属"帮"母(p-);古人想记录的那个外来字如果是 pod 或 pot,那他们为什么不选用一个声母属"帮"的汉字,而竟然选一个"並"声母的字来记录它的语音?要知道,虽然对今人,特别是说普通话的人们来说,已经难以明了"帮"

"並"两声母之间的区别为何,但古人对此是很容易分得清楚的。可是为什么他们会在这里把二者搞混淆了呢?这就是使季羡林百思而未能得其解的问题。他虽然写成了前一篇文章,讨教了当时已经很著名的汉语史专家周祖谟,采用十分复杂的方法,很勉强地证明了为什么古人用属于"並"声母的"佛"字去记录 pod 或是 pot 这样一个外来词的语音,但在他自己心里,实际上一直苦恼于这个问题。直到四十年以后,大量的中亚新文献陆续被发现介绍出来,他终于找到了许多例证,表明在中亚文献里确实存在把佛陀的名称写作Bot 或 Bod 的。这就用不着再绕圈子去讨论汉文译名中"帮"、"並"两声母之间何以转变的问题了!中亚文献中原本就存在 bod 这样的拼写法,它不正是汉语文献用"並"声母的"佛"字去记录的那个读音吗?所以他觉得很有重新写一篇文章,把四十年前遗留的一个老问题拿出来说说清楚的必要。

这里说到的涉及汉语语音历史演变的一些知识,可能较难让一般人都读得十分明白。那就再举一个更容易懂的例子。为什么很多人明明不是广东人,却喜欢用广东话来唱歌?因为广东粤语还保留着中古汉语的入声调;它的声调总数大概有八九个之多。当今普通话就只有阴平、阳平、上声和去声四个声调了。特别是由于所谓"入派四声",入声在汉语北方方言里几乎完全消失,从语音丰富动听的角度考虑,这真是北方汉语的一大损失!声调越多,当然表现力就越强。用八九个声调唱出来的歌,当然就会比用四个声调的普通话来唱歌要好听得多。这是人们喜欢粤语歌曲的一个重要原因。

第三,季羡林写这两篇文章,不仅仅是为解释"浮屠"与

"佛"这两个名称的来源。他要对从"浮屠"和"佛"的词语分析入手,切入到对以下两个更大问题的讨论里去:一是佛教传入汉地社会的不同路线及其传入时间的先后,另外一个是《四十二章经》,即最早被翻译或编译而成的汉语佛经之一,它所据以传译的原始文本究竟是用什么语言写成的?

他的基本设想是:既然"浮屠"之名来源于西北印度和犍陀罗地区的梵文及俗语,而"佛"的名称则来源于大夏语以及属于东伊朗语的其他各种中亚语言,那么从汉末以前传入汉地的佛教称佛祖为浮屠的事实,便可以推知它来自于佛教的西北印度-犍陀罗类型。三国以往以佛称呼佛祖日益流行,它表明有另一种经过中亚各绿洲城市的文化过滤与文化融合的中亚佛教类型在汉地传播。事实上,从汉末一直到三国,到汉地社会来译经的外国和尚,绝大部分不是从西北印度-犍陀罗,而是从更靠近汉地的中亚、包括新疆各绿洲城市东来的。这样,根据浮屠与佛的名称出现在汉地社会的时间先后,佛教东传的历史就可以被划分成汉末之前和之后两个阶段;在这两个阶段里传入的佛教也不一样,前者为来自印度本土的佛教,而后者则是中亚化的佛教。根据这个认识,他再进一步去讨论《四十二章经》所根据的原始文本究竟是何种语言的问题。他认为,"佛"的名称最先来源于类似《四十二章经》的大夏文佛经。我在这里就不细讲了。

现在我不得不说,季羡林的这些主要结论未必靠得住。事实上,早期佛教经典,包括在中亚形成书面文本的早期佛教经典,都是用印度俗语写成的。中亚考古文献学的丰富发现并不支持这样的事实,即中亚存在着季羡林想象当中那种用当地诸语文比如大夏文来书写的佛经。或许可以说,他从一个中亚化的"佛"字推绎出一种足以全面区别于印度佛教的佛教中亚类型,也许走得有点过远了。早期中亚佛教和印度佛教在寺院组织、所使用的经典等方面,其实不存在太大的区别;尤其是大部分寺院的"律",始终是相似远多于相异。更重要的差别产生在大乘佛教和上座部等南传佛教各部派之间,但那就应当放在另一个话题中予以讨论了。

由浮屠与佛的不同名称所引发出来的基本主张既然已不可从,为什么还要在这里提说两论呢?我觉得,季先生遵照"循名责实"的探求路径做出来的敏锐判断,仍有超越他的具体结论而给我们以深刻启发的价值。这就是他让我们注意到,佛教在传播过程中不可能始终保持它的原模原样,而会被不断地掺入其所流经之地的文化因素。虽然大乘佛教的起源可以上推到阿育王时代,虽然它确实具有不可否认的印度文化本土渊源,但它形成一种系统学说,却是在中亚人入侵犍陀罗而建立起来的贵霜王朝时代,它的若干重要经典,尤其是诸如《法华经》《华严经》等对汉传佛教发生重大影响的经典,很可能是较晚才在中亚形成今天这样的书面文本的。至于弥勒信仰,我们就更能从其中看到显著的中亚佛教痕迹了。所以中亚文化对大乘佛教的影响,确是我们必须用心加以观照的一个要紧的事实。关于这一点,季先生非但没有看错,而且看得很精准。

现在,我们大概可以看得出讲故事和从事历史研究之间的区别究竟在哪里了。做历史研究,或者把它的结果表达出来,不同于讲述一个现成的故事,哪怕你讲故事时采用的是自己的语言,你对情节作了某些调整处理,并能把它讲得比它原先的形态更生动有趣、更感人。研究历史时,你是受一个问题或一组问题的引导,于是把相关的那些现成故事拿来拆解分析,从中提取出若干有用的要素,经过比较、考量与综合,找到问题的答案。根据性质不同的提问,答案可以有几个类型。一种具有纯粹和简单明确的事实性质,如何物、何人、何时、何地之类,就是新闻学里说的 What、Who、When、Where 这样四个 W。札剌亦儿部迁往辽西之前的游牧地在哪里?在古人用"浮屠"和"佛"来音译佛祖的名称之时,这几个汉字的读音若何?它们是从什么语言翻译过来,其源词又是什么样子的?这些问题,都可以被纳入到四个 W 的范围之内。如果说那也是在讲故事,那么它所成就的便是一个新故事,从旧故事的信息里发掘出来的崭新故事。但是季羡林在他的两论里讨论的,还有超出上述范围的问题。佛教是如何经过两条不同的路线传入汉地的?这个问题的答案,不完全是一种"纯粹和简单明确的事实",它需要通过对一组事实进行分析、综合和概括,形成一种更复杂的"叙事"。它要回答的,基本上是有关如何和为(去声)何,即新闻学里另外两个 W(How、Why)的提问。故事对历史研究的前两层意义,可以根据故事被用来应答的提问是属于前四个 W 还是属于后两个 W 来予以区分。

故事对历史研究的第三层意义在于,它们还可以用来回答某些更带宏观性和理论性、可以被定位在更大分析框架之中的提问,尽管问题性质仍未超出后两个 W 的范围。讲得通俗一点,就是故事所回应的问题,看起来离开故事本身更远、更少直接关联度。

有一本书很值得推荐。它的题目叫《叫魂:1768 年中国妖术大恐慌》,是一位名叫孔飞力的美国历史学家写的。书里说的是"盛世"中的乾隆三十三年,由发生在当日中国经济最富庶的江南地区的连锁妖术案所牵引出来的一桩全国性大冤狱。现在先让我把这个事件的始末简单地介绍一下。

1768年春初，发生在浙江省内两个相邻县城里的两桩寻常而互不相关的魇魅未遂案，意外地经由传言流播而发酵成为蔓延到江南诸多大小城镇的社会歇斯底里。尽管毫无切实证据，但出于对妖术的恐慌，各地民众都在对被怀疑为魇魅执行者的僧俗流亡者滥施私刑。这一系列带有极大盲目性、手段与目的都含混不清的无组织集体暴力，透过非公开的特殊信息渠道被乾隆帝侦知。地方行政当局在来自皇帝的勘查令压力下，开始对疑犯酷刑逼供，以求追缉被皇帝认为还躲在幕后的妖术指使者。根据屈打成招的虚假口供四出抓捕，堂讯对供自然要破绽百出，于是又导致反复的反供、改供。

随着有意无意、主动或被迫的旁牵蔓引，案件越查就变得越大。再加上魇魅的方式之一恰恰是以剪去受害人的辫梢来勾摄其灵魂，乾隆开始怀疑这是一场由某个反满的主谋集团在背后策划的严重政治案件。追查的廷训也变得越来越严厉。到该年秋冬之际，剪辫案发展成一件牵涉到江苏、安徽、山东、直隶、热河、河南、陕西、山西、湖北等十数省的政治大案。几十个无辜的人因刑讯而毙命或致残。年末，在北京复审涉及此案的所有还活着的疑犯，当局终于在越积越多的破绽漏洞面前被迫承认，此案完全系罗织所致。这桩大冤狱的真正原告和起诉者乾隆帝，不得已停止追查，并用对"栽赃刑求"的枉法官员不予追究的浩荡圣恩，来显示专制君主的一贯正确和无比英明。

孔飞力确实讲了一个精彩的故事。但它不是现成的。这需要在中国历史档案馆把那一年前后的刑部档和宫中档都调出来，还需要阅读可能与此案具有不同程度关系的各种各样的文献材料,把埋藏其中的千头万绪的各种线索一一理清楚。这需要极大的工作量才做得到。那么,孔飞力想告诉我们的,仅仅就是乾隆年间这样一个侦探故事吗?

专门讲故事的人也许会把它当作一个非常曲折生动的故事,讲完也就完事了。可是孔飞力没有到此为止。用他自己的话来讲:"我很快就发现,叫魂案所揭示的一些历史问题值得更为深入地探讨。"实际上,他要通过这个故事回答两大问题。其中一个问题关涉到专制君主官僚制下君臣关系之间的张力问题,即"专制权力如何凌驾于法律之上而不是受到法律的限制;官僚机制如何试图通过操纵通讯体系来控制最高统治者;最高统治者如何试图摆脱这种控制"。

另外一个问题,跟这个案子的发生背景联系在一起。它不是发生在中国一个全盛时代的经济最发达地区吗?处在这样一个全盛时代,并且又生活在当日中国经济最发达地区的老百姓们,为什么会如此容易地受一两个谣传引起的风吹草动影响,并由此诱发出如此巨大的集体恐慌?在这样的集体恐慌背后,一定存在某种深刻的社会性不安全感。所以孔飞力想追问,在一个持续繁荣和经济高度发达的社会里,究竟是什么原因使民众产生不安全的集体心理?这本身就是一个很有良心的提问:盛世对于一般的老百姓究竟意味着什么?今天看来,历史上的盛世总是我们民族的骄傲。但我们很少想到过,盛世当年的老百姓,必定有跟我们今天一样的感受吗?盛世对那个时代的一般民众也是一种骄傲、一种幸福吗?他们会不会有别样于我们的感受?不能不承认,"民众意识中的盛世"实在是一个非常有眼光、非常好的问题。

我并不是说,《叫魂》是一本尽善尽美的书。作者针对第二个问题给出的答案,在我看来是难以成立的。他认为:清代中国在 1740 年代和 1750 年代连续二十年白银进口量的压缩,在货币白银化程度最高的江南造成了因银根紧缺而引发的通货膨胀;粮价的腾跃威胁到大部分民众的日常生活,一种普遍的不安全感由此泛滥于社会,成为那次集体恐慌之所以会发生的社会心理基础。西方的中国历史专家在解释中国历史上某些重大事件时,常常会有一种"白银情结",即不适当地夸大那些历史事件与白银供应对中国经济所产生的影响之间的相互联系。另外,叫魂一类魔魅行为,在中国社会里更可能是一种零星多发但互相孤立的事件。江南当年真的像孔飞力所说,有过那样一阵集体恐慌的狂潮吗?换句话说,正像一篇美国书评曾经指出的,在批评乾隆帝过于敏感地夸大了本案意义的同时,作者本人是否也可能因沉迷于叫魂案的动人魅力而过分估计了该案的解释价值?这些问题在本书里都没有获得很完美的解决,是值得进一步探讨的。

我说这些的意思是,一本好书,未必就是一本应该让你觉得完全同意它的见解的书。好书的价值,可以超出书里提出来的那些具体结论本身的对错是非。不懂得这一点,意味着读者其实还没有真正学会怎样去欣赏一部好书。

最后很简短地把上面讲过的意思小结一下。

历史研究所面对、所要处理的故事可以有三种类型。如何处理这三种不同类型的故事?有一点是共同的,它反映出历史研究的一个特别性格:那就是它必须呈现出具有充分学术张力的细部研究。采用考据方法来展开的细部研究非常重要。在听故事的场合,能听到像这样的考据式细部研究吗?回答是否定的。如果没有这些专门化的细部研究,历史学的写作就没有办法把自己跟新闻综述、跟报告文学、跟讲故事、跟撰写回忆录等等叙事性写作区分开来。尽管现代人的历史研究也需要叙事，但它基本不采纳纯粹叙事，或一般性夹叙夹议的体裁。也正因为有了这些专门化的细部研究，历史研究的结论才能跟一般人们对过去某段经历的回忆、感想，甚至跟非常深刻和有创意的感想区别开来。感悟没有细部研究的支持也能成立，并且也能打动人。但是好的历史研究，不能没有精彩、足够的细部研究作为它立论的依据和基础。

故事在历史研究中的意义可能被体现在故事本身，也可能远远超越那个故事的意义本身。如果其意义只在那故事本身，有关研究就更接近于纯粹的考据。纯粹考据的提问聚焦于事件本身较为单纯的意义。但超越出故事本身那个意义层面的提问，仍然要靠由考据所揭示的某些过去未经认识的基本事实作为铺垫与支撑。不需要考据的课题，绝不是历史研究的好课题。怎样才能找到一个研究课题，它既需要精深的考据功夫，又能在考据基础之上搭建出一个具有原创性的叙事框架，从而得以充分地展示故事之外的深层意义？这本身就是对历史学家的眼光和史识的考验。

但是我们千万不要以为，历史研究或者说历史学的思考，是可以截然地被分为先讲述新故事、再追寻它的意义这样两步走的。实际情况正相反。历史学的提问在本质上应当是意义的提问。因为有了提问，所以才会有为此发掘新的事实、新的故事，并赋予它们以生命力的需要。当我们说我们都很熟悉自己生活于其中的这个社会时，那意思是说，我们了解在这个社会里发生着的每一件事情、每一个故事吗？显然不是这样。任何人都不可能穷尽任何一个时代的故事和事实。那么哪些故事对我们才是重要的？是对意义的追寻，才使我们选择这些事实而不是那些事实来加以了解和认识，是意义赋予故事以生命力。历史上的事实太多了，你为什么会对这个问题感兴趣而对另外一个问题不感兴趣？这背后就有意义的追求与选择，所以故事和意义并不是可以分开的。并不是意义产生在故事之外、之后，可以任由我附加上去的。

总之，历史研究当然离不开故事。但它又不同于讲故事。它是融合了从旧故事里发掘新故事、细部研究和意义追寻这三者为一体而形成的一个思考人类过去的专业学科。

（本文据周竑喆整理的讲演记录稿修改而成，原载《书城》2014年6月号）

漂染不净的人间真情
——忆高中时代的老师们

在时过境迁几十年后温习当日的报章杂志,今天的我们也许仍深感惊慄于"文化大革命"的红色恐怖,以及在这之前早已把"你死我活"的阶级斗争烈火烧到每个人"灵魂深处"的红色文化。可是,作为一个"老三届"人,我有时又禁不住扪心自问:在那些年岁里,假如我们的青春与灵魂果真已完全被这种火一般的"宏大叙事"所劫持,为什么我还经常会带着一种留恋的心情,回想起那时在南模的高中生活?

这时候,最先从脑海里浮现出来的,总是我的那些老师们的形象。

高中一年级教我们"三角"的,是陶心培老师和班主任曹为亚老师。我至今还清楚地记得陶老师一个最经典的动作:双臂向身体两侧平展、手心朝天,使略有微曲的左臂缓缓上抬,右臂则同时微曲下滑,由此定格为一条"正切"曲线;再让两臂保持着原先的弯曲,分别反向移动,从而又形成"余切"曲线。函数与函数关系就被他这样生动地刻印到学生们的心眼里。数学在陶老师的讲述中变成了一种"简单的美"。真的,他向我们展开数学的世界,如同在展开一部艺术史!

曹老师的课是另一种风格。她不会像陶老师那样,每堂课上总要设法让我们大笑一两回。她力图教会我们的,是中规中矩地一步接着一步审慎推演,逐渐逼近隐藏在条件中的答案。

她实在,从没有虚言假语。临离开上海去云南插队落户的两三个月前,我在校园里遇见她。"你是要去云南,对吗?"她问。我向她说起将要被分派去的具体地点,以及一起动身的其他同学们。"大概不会再给你们发毕业证了",她突然转换话题说,接着好像有点沮丧地低下头去。但她很快又抬起头来,用眼睛盯着我说道:"到那里就好好劳动,还要抓紧学习。知识总归是国家需要的。"她的祝愿惆怅无力,却又饱含深情。此后三十余年,我们未曾联系。但这期间发生的一件事,让我知道曹老师依然保持着对自己学生的深情与厚望。

大约是在1980年代中期,我就读博士研究生的南京大学历史学系向南模发函,询问我在"文革"中的政治表现。几年以后,我成为当时中国最年轻的系主任。一个很偶然的机会,系里的人事干部问起我:"你高中的班主任是叫曹为亚吗?"我问她怎么知道的,她于是向我讲起这件事。原来从南模发回的信是由曹老师撰写的。人事干部告诉我,她很少看见"外调材料"如此肯定和称赞被调查者。

在南模度过的"文革"岁月里,我没有参加过造反组织,一直是不折不扣的"逍遥派"。只在后来为减轻"当逍遥派最不革命"的舆论压力,曾约另外一两名同学在教室黑板上出过几期"斗批改"的壁报而已。曹老师不需要对我曲加袒护。但这件事让我一辈子为老师对学生的珍爱和深切期望而感动,尽管我从来不知道她"肯定和称赞"的具体内容到底是什么。

像这样爱护学生的不止曹老师。我又想起教我们语文课的刘继林老师在公布"上山下乡一片红"的政策后不久,站立在操场一角对我们几个学生说过的一番话。他是贵州人,竭力想劝我们到贵州去。他说自己了解贵州,那儿的土地环境很少有发展农业的优势,但由于"地势隐蔽",最有可能变成"三线建设"的重点区。那时候,我们一伙人选择下乡的地方,主要着眼点是"好玩"。在农村的几年,为我们背起沉重的经济和思想负担的,是我们的家庭和当地父老乡亲。而我们自己却玩得很痛快,甚至都没怎么劳动过。所以当时的我们并不太在意刘老师的话。现在想起来,其实他是在婉转地建议我们选择一个有最大机会从农村进厂的地区去落户。对学生说那样的话,即使说得再小心翼翼,在当时仍是有风险的。但为了我们,他依然没有阻拦自己对我们这样地苦口婆心!

　　敬业尽职也是高中许多老师们留给我们最突出的集体印象。王洪兴老师教我们物理。很少看得见他的笑容,他的眉头永远皱着。他的表扬总是含蓄到冷淡的程度:"嗯,不错。不过还要再努力。"虽然严厉,他的课却是我们极喜欢的。王老师用拖得很长的腔调念出来的"加——速度"一词,差不多成了我们送给他的外号。教英语的徐樑老师是华侨,有一辆簇新的"蓝芩"脚踏车,但不敢骑到学校来。每天上班,都把它寄放在学校附近的国泰新村,然后步行到学校。有一次,师生集体看纪录影片《陈毅外交部长答外国记者问》。第二天的英文课上,在安排我们各自默读课文的那个时间单元,他走到我的课桌边,轻声向我说起昨日的电影。我们那时很难有机会目睹有即席翻译的国际交流场面,徐老师对此尤其兴奋。他特别提到,在把陈毅称联合国"是一盘大杂烩"之语口译为英语时,译员先是愣了一小下,然后才嗍出 hotchpotch 这个词来。他讲得那么投入,以致我不再好意思对他说,其实我根本没听懂从口译嘴里说出来的几乎任何一个单词!

当日南模还流传着不少在学生间一代代口耳相传的校园轶事。它们往往体现出这个学校独特的品格与魅力。下面这段真实的传说,就来自从初中起就在这里读书的"老生"们。

有很长一段时间,初中语文教研室位于"红楼"的一楼,与初中某个班的主教室相邻。该班的班主任就是教语文的李中柱老师。这个教室与语文教研室相隔的那堵墙上有一扇门;它从不开启,但用以拼合门面的木板接缝处留有一道豁开的口子。这道缝隙经常成为坐在教研室里备课、办公的李老师监督本班课堂纪律的瞭望口。每当课堂里传出的窃窃私语声变得闹哄哄地不可容忍时,李老师就从这里向隔壁张望。接着,教室里的某个或某几个学生便会收到经由同一孔道传递过来的纸条,关照他们"课后留一留"。为了逃避那双从背后盯住他们的眼睛,不时会有学生用纸团去堵塞门上的缝隙。但过不了多久,那纸团子又会被重新捅掉,这条缝隙于是再度变成发布"留一留"指示的信息口。

现在做老师的人们或许不太赞同李老师管束学生的具体方式。可是作为当年的学生,我们在回想起这一切时,充满在心中的只能是无尽的温暖和感激!

我们的老师们都太好了。甚至在我们因为懵懂和轻信而严重地伤害过他们之后,他们依旧宽恕了我们。现在,当我们自己也身为人师、为人父母的时候,我们才比过去更深刻地懂得,他们是如何地不容易!

我珍视记忆中的这些片段。它们并不煽情,但折射出蕴含在平常心之中的伟大真情;任凭雨打风吹,它们一直顽强地被保留在老师们做人的底色里。也正是靠这一类看似零碎散淡的脉脉温情积聚在一起,才让我们的心灵免于被当年的霸权话语完全压碎。在这个意义上,由母校老师们所分予我们的人间温情,是永存于我们精神遗产中的一个宝贵的组成部分。

言温心殷切,写入一封书

接获台湾同仁寄发的著名蒙元史学家萧启庆教授讣闻后,在我的脑海中便不断影现出萧老师身高体癯的形象。我与他联系不多,不过还经常能听到有关他的消息。前不久闻知,虽然动过手术,但他的身体状况尚安好。所以噩讯传来,感到很突然。悲切和思念之余,翻出他二十多年前写给我的一封信。重读至再,慨叹万千! 俗话说"文如其人"。萧老师的这封五纸书信,活生生地展现的,正是他特有的那种语温气霭、真诚周到而又颇淡漠于世故的修为与风度。

我是在 1986 年底通过博士学位论文答辩的。次年暮春,萧老师从他任教的国立新加坡大学访问京宁等地。我把博士论文打印稿呈送给他,并要求他提出批评意见。几个月后,他就从星洲写了这封信给我。信里对论文的赞许,主要反映了师长一辈人对初入学术垣墙的后学充满期待的激励与希望;而提出的批评则具体入微、切中弊隐。正因为里面谈及很多有关论文修改的重要意见,所以我一直把它珍藏着。现在发表出来,也是对逝者的一种纪念。

中国治蒙元史的学术圈,在韩儒林、翁独健、杨志玖等老一辈人引领下,一直保持着一种特别能吸引人的风气。他们在彼此间并没有十分深密的个人关系,而宁愿恪守"君子之交淡如水"的原则,但与此同时又保持着非常默契并无私的相互信任与支持。他们在争论学术问题时总是直率而无保留的;这不叫"不讲情面",因为在他们看来,学术见解与个人"情面"本来就略无牵连。他们大多直到七八十岁高龄仍在不断写作高质量的专题著述,而没有走"年轻时卖命,年老了卖名"的俗路。萧老师长年在海外读书、海外教书,但在我的感觉里,他在所有这些方面都与上面说到的那种风气深相契合。我不知道这是否与他的业师、哈佛大学的柯立夫(Francis Cleaves)和韩儒林出于同一师门有什么关系。真的,柯立夫的学生们与我们之间总好像有一种特殊的亲和力。在美国时曾随柯立夫的另一个学生、威尔斯利学院教授蓝元珠一同拜访柯立夫。当我更习惯地称他"Professor Cleaves"时,他总要纠正我:"不!叫我Francis。"

如今,即使是在履行书写各种各样的学术审评意见的职责时,我们还有几个人能像萧老师这样恳切认真、诲人不倦地写上几页纸?在此一意义上,他的这封信,难道不是对后辈的鞭策乃至问责吗?

大力兄:

金陵一别,忽忽已经三月。回星以后,又忙于各种工作,以致最近始读毕尊著,有劳远盼为歉。

尊著确为一 tour de force(译言"力作"——录者),优点甚多,值得庆贺:

(一)视界宽度:本文将蒙古的政制置于欧亚草原游牧社会史的 context(译言"环境")里加以检讨,极能发现此一主题的历史意义。东西五千里,上下三千年,远眺近览,难度甚大,创获也多。

(二)取材广泛:本文对各国学者的研究,广征博引,足见吾兄对研究行情,瞭如指掌,而且又能汲取精义,熔为一炉。国内史学界,在此方面,有此功力者,恐不多见。

（三）组织严密,而且对重要的问题,皆加详尽之探讨。

整个说来,本文用力最多的是千户、百户制度部分,创获也最多。“内部结构”各节尤见精彩。而私属人口的讨论,极具原创性。

不过因限于材料,或因限于篇幅,有些问题未能详加论证而成定论。例如,Soyurghal 究竟是否为一制度性的名辞? Soyurghal 与 qubi 究竟有无区别? 千户长是否仅有统率权而不享有“主权”——不是领主,恐仍须细加探讨（村上先生治学极有 insights［译言“眼光”］及 originality［译言“原创性”］,但往往有证据不足支持其观点的问题）。

分封制一章中关于成吉思汗的分封部分似失之简略,东道诸王分地何在? 诸王的权利与义务为何? 大汗如何控制诸王（如设王傅）? 或皆应讨论。关于诸王与城郭地区的关系亦仅引 Barthold 及 Vladimirtsov 而未论证。（此点日本爱宕松南曾加论证。）

关于“家产制国家”定义的问题,记得在南京时已面谈过。尊著中此辞的涵义是指全部蒙古国臣民皆属黄金氏族所共有。这与 Max Weber 所说 patrimanialism 的定义不同。Weber 认为家产制为家长制的扩大,政府为皇室家政机构的延伸,官员多具家臣身份。你所说的家产制或可以“族产制”表之。

另有劄记二页,为阅读时发现的小问题,供你参考。

总之,尊著总结数十年来中外有关成吉思汗时代蒙古政制研究的成果,加之以自己研究的发现,成就极大。我有两点希望:

（1）本论文经修改后,即应出版。

（2）继续本文的脉络，研究 Schurmann 所说的第二、第三时期的蒙元政制。

请转告魏老师，黄彰健先生当年校明实录时，编有索引，但未加整理，故未出版。

近几个月来，大陆苦热，尚望室（此指南京大学元史研究室）中同仁多自珍摄。星洲虽处赤道，但气温总在 28°——32°之间，尚可容忍也。

吾兄去留问题是否已解决？至念。作为一个海外的元史工作者，我十分希望你不去上海。两年前在元史国际会议上，我曾说过，中国年轻一代元史研究者人才辈出，未来元史研究的重心应在中国大陆。这次回国后，看到国内学界聪明人极多，但为生计所迫，常做一些并非自愿的事，是学术上重大损失。希望你能克服家庭并学术上的两难之局，求得两全。祝

近佳

启庆

七月卅日

（原载《东方早报》2012 年 12 月 2 日"上海书评"）

不相忘于江海

同学们,

　　每年的初夏,总是全校的师生员工在一起收获多年耕耘的快乐季节,但也总是我们依依惜别的时光。今天,三千八百多名毕业生又要从复旦校园放飞,开始你们人生跋涉中另一段更精彩的旅程了。想不起是哪一个作家写过:"纵然别离后久无音讯,我们从今便心心相印。"四年来教学相长、朝夕相处的经历,已经在此生此世把我们的心与"复旦"这两个字紧紧编织在一起!

　　在准备这篇讲话稿的时候,有一个问题反复浮上我的脑海:"复旦"到底意味着什么,对它的老师和学生们? 回答可能是多种多样的,而我将会选择的答案是:复旦是培育国家队的地方。这就是说,不仅它的教师们应该成为中国各学科领域内的国家队员和运动健将,而且复旦的毕业生也理应在自己的工作实践中一批又一批地跻身各行各业国家队的行列。大学不可能把你们毕生所需要的全部知识都传授给你们。但是,经过四年严格的专业训练,相信你们都已经懂得,为了把自己造就成出色的人才,你们还需要如何地通过再学习,继续去完善和更新各自的知识结构,去拓展富有生命力的洞见和开放的心智,去深化对全人类社会及其普遍价值的真诚关怀。一句话,希望你们始终保持一股雄浑厚实的底气和充足的后劲,不断逼近中国学术传统和文化传统所孜孜追求的最高境界,那就是"极于高远而卒反就于平实"。同学们,请不要说,这是生命中一种不可承受之重。"人能弘道,非道弘人。"我们应该有这样的志气。

在座的本届毕业生里,也有我自己的孩子。作为一个学生家长,我衷心感谢复旦大学辛勤培养了我们的儿女。师恩至深至隆,将使全体毕业生和他们的父母亲一辈子牢记在心。作为家长,眼看儿女们终于脱去学生装,真正跨入成人的世界,我们充满了满足和喜悦,感受到一种久违的轻松。但与此同时,我们也真还有点不敢完全放心。在校园外面,五光十色的人生世界太精彩,但也有太多的不安全;青年人面临着太多、太辉煌的机会,但也存在太多、太阴暗的诱惑。千万不要幻想会有奇迹降临。不要以为少劳多获是运气和捷径;到头来,它只能是一段令人后悔不尽的弯路。人类知识会无限制地增长,但智慧却好像是一个常数。因此,切莫轻易地把已被日常经验反复证实的那些颠覆不破的真理看作过了时的训条。愿你们能切实地把握住自己,始终对生活中最基本、最普遍的善和快乐保持新鲜感,让灵魂永远正直、光明、波澜不惊。

中国古代的伟大智者庄子曾经写道:"相呴以湿、相濡以沫,何若相忘于江湖。"他说的是两条奄奄一息的鱼,躺在即将干枯的泥地上,互相用吐出的唾沫星为对方提供维持生命的湿气。在庄子看来,这虽然很令人感动;但他宁可看到它们在宽阔的江海中互相忘却。庄子这段话的本意是说,生命的源泉在于体察并遵循天地万物的最高法则;只有做到这一步,人才能超越善恶、聚散和死生的制约。现在,我想反庄子之意而借用他的话说:让我们不相忘于江海。让我们珍藏这四年间的共同记忆,把它化作激励我们投身于改造中国的伟大事业的精神动力。

"不相忘于江海",这是一个多么美好的承诺! 同学们,欢迎你们在方便的时候再回母校来看看。我们盼望分享你们的骄傲与光荣。我特别还想对那些可能在自我发展的过程中不那么如意或者甚至还可能遭遇这样那样挫折的同学们说,走入谷底,常常就是峰回路转的前奏;在这样的关头,母校同样深情地盼望你们回来歇一歇脚、喘一口气,调整一下自己的情感和思路,好以新的姿态回到追求成功的路上去。

话别的时刻总是要结束的;而且我猜想,你们中的很多人都已经吃过不止一次的"散伙饭"。既然相约"散伙"而不散心,离别而不相忘于江海,那么从现在起,就让我们期待那不太长久之后的重聚,期待着在那一天共享来自五湖四海的诉说不尽的话题、动人心弦的奋斗经历和曲折优美的人生故事。同学们,请记住今天的约定。敬祝你们在千帆竞发的大江大海中激流勇进。

谢谢各位!

（在 2006 年 7 月复旦大学本科毕业典礼上的发言）

带着"文化主体性"的警觉加入全球

　　刘东今天带来的书,名字叫《再造传统》。这确是当下一个非常紧迫的话题。如果我们不能培育出一种健康旺盛的传统,我们的民族和国家就会在全球化的大漩涡里面无立身之处、立足之地,而且最后会被吞没在这个大漩涡之中。

　　照理说,只要是活着的传统,本身就总是处于再造自身的生理过程中,正如同循环中的血液总是不断在再造自己一样。但是当今中国面临的,并不是这种一般意义上的再造传统的任务,而是要在既有传统已经发生严重的功能障碍,甚至可能已经奄奄一息的局面下,接续它的旧命脉,重开一片民族生命的源头活水。

　　我应该属于这本书被印出来之后的最早读者之一。读它的时候,我脑海中总是禁不住想起刘东三十多年前开始主持编译的一套丛书,即江苏人民出版社的"海外中国研究丛书"——如今它很快就要出到两百种了。这套丛书有一篇不太长的总序,印在每种书的最前面。我是从他交给我的一份要我修改的手写稿上第一次读到序文的。那时他为筹办丛书第二次从北京来到南京,我在南京大学读书。他要回北京却买不到票,临时托人买到票后,我像救火一样地把他送上月台。列车启动的一刹那,我忽然想起这篇稿子还在我裤兜里,匆忙从车窗外把已经被我揉得皱巴巴的那几页纸塞到他手里。我在原稿上做了十来处小改动。

当年他还是挺谦虚的。要是到现在,他也许就不大能接受别人这么做了。

丛书才出了两三种,就因故停了一年多,后来重新上马继续出书。但那篇序却不见了,换上的是出版社另写的"出版说明"。这个"说明"很有意思。它小心翼翼地强调外国人的见解"同我们的认识有着原则的分歧",提醒读者对此必须格外警惕。整篇文章的腔调,就像是在大嚼蛇肉宴之前,必须先把"别有用心"的蛇蝎心肠狠狠诅咒一通那样。这虽是多年前一篇毫不出彩的应景之作,并且写得远不及眼下有的奇文来得好,但我们今天读它,仍然有一种觉得很眼熟、很好笑却又有一点心酸的感觉。

非常有意思的是,这套丛书的第一种,书名就叫"中国的现代化"。"现代化"是那时风头最健的主题词。三十年后,我们今天讨论中国文化的时候,引领思想的主题词已经从现代化变成了"全球化"。那么,从主题词的变化中,我们能不能追寻出某些内在涵义来呢?

我觉得,中国现代化的愿景所针对的,主要是一个前现代的,至少是不够现代的中国。因此,被"现代化"这个主题突显出来的主要也是中国的过去时与中国的将来时,或者是与中国的正在进行时之间的张力。很凑巧,当时确有另外一部非常著名的丛书,名字就叫"走向未来"。

中国和外部世界之间的关系,并不是完全没有进入那时人们的视野。或许正因为中国当时还不够现代,因此"走向未来"或者走向现代化的正在进行时就只能从外部世界寻找参照系。所以那时还有一套影响极大的丛书,叫"文化:中国与世界"。刘东主编的"海外中国研究丛书"也提出要"放眼海外来重新认识中国",要"借别人的眼光去获得自知之明",

从而找到中国文明"进入现代形态的入口"。然而我们也应当承认,有关中国文化的主体性这个问题,在那时候的人们眼中,似乎不是一个需要郑重地加以考虑的重大问题。既然缠斗是发生在两个时态的中国,即过去时的中国和正在进行时的中国之间,那还有什么中国文化主体性的失落问题?非但如此,在缺乏对文化主体性问题的充分意识的情况下,理应拿过来作为参照的外部世界文化模式,甚至被我们很多人看成了现代中国的必然归宿。从传统中国走向现代中国的历程,于是很容易被误判为就是对传统中国从事"西化"改造的历程。中国需要的,是用"蓝色"来取代"黄色"的"颜色革命",这是当日一部广泛传播的电视片的论述主题。

而"全球化"的主题就完全不是一回事了。它突显出来的,直接就是中国与外部世界的人群和国家之间的张力的问题。全球化主题所身置其中的,是自我与他者直接面对面的形势,于是主体性意识也就不能不被人们加以认知和强调。现在讨论的这本书《再造传统》,它的副标题叫"带着警觉加入全球"。作者想强调的到底是什么样一种"警觉"呢?我以为就是那种对无意或有意地忽略与放弃本土文化主体意识的警觉。在这个意义上,我们甚至可以用"文化主体性"来修饰这个副标题中的"警觉"一词,把副标题改写成"带着保持文化主体意识的警觉加入全球"。我相信,这样做是不会使这本书的主题走样的。

那么,这种"文化主体性"究竟是从哪里来的呢?它只能根基于本民族的传统之中。本书形式上分为五章,其中有一章特别长,占了全书分量的一半。特别长的这一章,作者称之为"展开性的一章八节",通过八例个案——文化遗产和自然遗产申报、语言(主要是汉语)、建筑、电影、熊胆(不是蛇胆)、体育(主要讲了足球)、通识教育,以及家庭——很具体地向我们展示出,面对全球化给中国文化带来的——用作者的话说是"险象环生的"全方位的冲击,再造传统这件事对我们有何等的重要性。

这一章里充满了富有启发性的有趣的观察和评论。比如说佛教为脱离肉体而设计的"由定生慧"的禅法训练("禅"这个词本身即来自于梵文),怎样在中国文化的场域中转化为依赖内向性意念的修炼而变得健康长寿的各种佛教气功门派;如科学大还是文明大,我们应不应该以从属于西方文明的科学作为评判标准,去衡量其他众多的文明?又如贾樟柯略带一点刻意而营造出来的与张艺谋的一连串对立,诸如表现农村还是表现城市,讲一个完整的故事还是只表现很多片断,突出几个横空盖世的英雄还是一堆木讷的群像,讲传奇还是讲日常生活,偏爱蒙太奇还是多用长镜头,强调场面的好看还是彰显画面的枯燥,是构造不知所云的古代还是描述观众身边的现代,迎合权力还是某种程度的反权力取向等等。

所以,对那些还不太熟悉纯理论讨论的读者,我的建议是,他们也许可以先跳过前两章,就从讲这八例个案的第三章读起。一直读完了再回过头来读头上的那两章。

八例个案有没有共同性呢?我认为是有的。这就是在充满了不确定性的全球化大漩涡里,我们必须拥有一个能够赖以锚定或把持自己的文化基盘。只有立定在这样一个文化基盘之上,我们才能在多项选择的困境中通过左右前后反复迂回移位,从而找寻到最合适的应对支点,并对它进行随时调整。找到那个支点还不行,这个支点还得随时移动。

这个文化基盘,在书里面有时被刘东称为"革新的主体性",有时被称为"转型的根基",或者"社会共识的地基"等等。它们都是指一个东西,即本民族的文化与精神传统,这是一个民族的文化主体性赖以扎根的唯一可靠的场所。所以我们要再造传统。

正是基于这样一种坚定的认识,本书把有关中体西用的另外一种未曾受到足够注意的解释重新召回到我们的思考之中。我们知道,"中学为体,西学为用"是张之洞提出来的著名主张。对于这个口号的最流行的阐释,认为张之洞是想用西方的"器用"之学,即西方的技术,来补中国的旧式政治统治体制的天。因此张之洞一向被我们主流的思想界认为是在维护一种陈旧的"封建学问",他的立场连对"封建主义文化"持妥协立场的"改良主义的主张"(康、梁)也不如。

但是假如我们这样理解张之洞,那就同另外一个非常著名的人物关于张之洞的看法完全不相融了。此人就是陈寅恪。我们都知道,他曾说自己的"思想囿于咸丰、同治之世(即指克复太平天国的同治中兴),议论近乎湘乡、南皮之间(也就是曾国藩、张之洞之间)"。为什么像他这样一个留洋十几年、饱读西学之书的人,要把自己的立场与所谓"中兴名臣"曾国藩和"封建余孽"张之洞相提并论呢?

本书引述了有关张之洞的一种还较少引起别人注目的见解,可以从根本上化解上面提到的疑惑。其实张之洞自己在他著名的《劝学篇》里,对中体西用中的"西用"概念早就作出过十分明确的界定。他的原话是:"西学亦有别,西艺(就是器用之学)非要,西政(政治体制和政治学说)最要。"

由此看来,张之洞并不反对参照和借鉴西方的现代政治体制和政治学说。而他所谓的"中体",意思就是以中国文化为本体,在中国传统的健康基盘之上,去学习西方,包括西方的政治学说和政治制度。从这样一种认识出发,我们也许应当重新评估近现代一批坚守儒学传统的大学问家和政治家的基本立场。他们在坚挺中国传统的文化主体性的同时,大多对以下观点抱有非常清醒的看法:尽管儒家传统在有关政治现代化的问题上充其量只是一脉贫矿,但儒家的价值理性本身与现代政治的理念和实现这一理念的制度框架不相冲突。事实上,大部分"新儒家"对政治现代化也都是持欢迎态度的。例子太多了,我在这里只举徐复观一人为证。他有时说,中国文化精神是"可真正培植民主自由的基础",有时候又惋惜儒家没有能构建出与实现民主政治的目的"相适应的手段",甚至把这一点看成是"东方人的良心呈现所受的最大的限制",是中国文化中"最大的污点"。把他的两种不同说法综合在一起,他要表达的意思正是,从儒家文化中推衍不出现代民主政治的观念和制度体系设计,但儒家传统及其根本价值与现代民主政治的观念和制度设计非但不相冲突,而且是可以相得益彰的。

本书的最后一章也是非常耐人寻味的。有些话,写出来、印出来,也就写出来印出来了,再要在这里横加议论,就可能变作无事生非。但其中有些说法还是可以、而且值得在这里讨论的。那就是要把我们今日再造传统时已无所逃于其中的基本语境,也就是全球化的既定情势"当成宿命"来承当的问题。

全球化是一种宿命。但是宿命并不是只有一种可能前途的单线演进。我们应当在将它"当成宿命去承担"的积极作为中,使我们的宿命能够指向最好的一种未来。

所以书里说的"宿命",有以下几层不同的意思。

第一,全球化本身就是一种"宿命"。或许你可以通过闭关锁国把自己与这个正在变得越来越小的世界相隔绝,就像1970年代和1980年代的"依附理论"所主张的那样,或者就像我们的某个邻国一直在做的那样。但是在今天,依附理论已经被最近几十年的世界形势证明是完全站不住脚的。而当今发生在半岛北部的那些悲惨的笑话,只是让我们为自己总算走出了类似的体制而感到庆幸。

第二,全球化又是这样一种"宿命",即使你没有多少积极主动的作为而随波逐流,你仍然会看到我们这方水土最终被"全球化",而且它依然会保留着很多中国特性,肯定不会变成东亚的美国或者印度。但那还会是怎样一个中国呢?可能是一个由全球化的各种负面属性和中国文化中的糟粕糅合而成的丑陋而没有尊严的中国。

第三,因此我们必须积极地有所作为。通过清理自己的文化遗产,也就是再造传统,为采纳中国传统所缺少的那些外部世界的现代性成分准备一个良性榫接的基盘。

第四,全球化既是一种宿命,又是具有高度可塑性的一种未完成形态。中国人带着警觉,也就是带着保持自身文化主体性的警觉加入全球,并不是要消极地接纳某种定型的、纯粹外在的全球模式,而是要带着我们拥有的独特资源,积极地参与全球化未来形态的塑造。

说到底,我们正面临着全面清理传统的急迫任务。这不仅仅是因为传统里面有太多的被我们舍不得扔掉的东西,更重要的是因为,我们实际上不可能真正做到完全彻底地扔掉传统。如果不去积极地清理它,传统里面那些坏的东西在现代化过程里就会变得更坏。另一方面,当我们想尽可能多地吸收外来的各种各样的中国文化自己所不具备的东西时,我们也仍然要把这些东西激活在一个健康的文化基盘之上。

而这个健康旺盛的文化基盘也只能通过对中国传统自身的
更新,才能建树起来。

我在这次对话中为自己设定的,是一个"捧哏"的角色。
但是刘东口若悬河,只要开始张嘴发言就会一发而不可收,
所以我还得先争取机会把我的读书体会在这里讲一讲。谢
谢各位。

（在 2014 年夏上海书展一个对话式讲演会上的发言）

像"肌肤触碰般"地感知过去

　　2009 年 11 月,清华大学恢复 1920 年代的国学研究院建制,显然是希望藉此更全面地接续这所百年老学堂曾有过的浑灏焕然的人文学术传统。有意思的是,新国学院的五名特聘专、兼任教授中,三位有南京大学的学历背景。这当中,来自复旦大学中国历史地理研究所的兼职教授姚大力,很可能是上世纪 80 年代以来读博士时间最长的一人。从 1981 年硕士研究生毕业后直升博士研究生,他竟一直读到 1986 年底! 姚大力先生回忆说,那是一段拼命读书的时光,每天都感觉自己在进步,每天都过得充实快乐,可就是没怎么想到如何尽快把学位论文写出来。直到老师们觉得他不能再这样读下去了,这才赶快毕业。

　　1997 年,姚大力先生从南京大学调往复旦大学,依然从事蒙元史和边疆史地的教学与研究。按照目前盛行的学术评价标准,他的成果真是少得可怜。不仅没有专著,连论文也极少。在他看来,在一篇好的论文里被作者完美、成熟地表达出来的一得之见,只有在数量上巨大得多,但也许还不那么成熟和完善的诸多艰深思考与探究的基础上才能产生。这就像浮出水面的那一角冰山须靠水下大七八倍的冰体来支撑一样。专业工作者不但要以极大的耐心将细节研究推进到极致,而且还理应有责任将这些成果还原到相关的宏观叙事图景里去,使那幅图景更带层次性、立体感和复杂度。

这要求研究者对基本史料既烂熟于胸,又始终保持某种新鲜感,由此激活不间断的、个人化的思索、体察和感悟。他总是说,虽然产出少,但在这个问题上向未感觉吃亏。

在学术研究的同时,他也从未放弃对当下的关怀。在清华国学研究院主办的《清华元史》发刊词中,他这样写道:"我们当然不应该奢望,边疆史地之学可能直接回答未来的中国民族关系将会提出在我们面前的任何现实问题,但它理应使我们对现实的关怀臻于某种更平衡、更理性,也更加智慧的思想境界!"

您的学术经历很有意思。在南京大学历史系您担任过四年系主任,到 1991 年卸任时却还是个副教授。这么多年以来,您从没有出版一部个人专著;已出版的《北方民族史十论》《蒙元制度与政治文化》《读史的智慧》等书,其实都是您已发表的那些论文或学术评论的结集。在中国的学术界,这好像有点另类吧?

姚大力:很多年以前,复旦一份叫《复旦青年》的校内报纸有记者采访我。那篇访谈稿选用了我当时说的一句话"我是很幸运的"来做标题。这是我的真心话。因为如果在某个一般院校里,我可能连当副教授都不够格;但到复旦不过两年,我就被晋升为正教授。在最近二十多年里,我很可能是全国唯一的一个未出专著就获得正教授职位的人。不仅如此,讲老实话,在晋正时,我正拖欠着在南京大学时认领的一个教育部科研项目,并且已拖了好多年。所以我一直被挂名在教育部的"黑名单"上,不允许再申报新的部颁课题。现在看来,我是有幸提前一步,在以项目、经费和著述数量来掂量学人斤两的劣规陋习还没有今天这般势大滔天时,好歹算是已经长结实了。直到 1990 年代中后期,学术评价方面的公论虽日渐迷失,但似乎还没有彻底变坏到"只重衣衫不重人"的地步。我做了十几年副教授,并没有热锅上蚂蚁那样的焦虑,没有感觉到因为不是正教授就被别人看不起,而且活得也还算可以。但若不是复旦赶在学术评价指标恶性硬化前对我"破格",我大概只好在副教授的岗位上退休了。

同时也应当感谢南京大学对我的包容。我从 1981 年开始读博士,直到 1986 年底通过论文答辩,其间足有五年多。当时没有什么别的人读得这么长的。现在回想起来,连自己都感觉单纯得不可思议。虽然几乎从一开始就大体确定了博士学位论文主题,但事实上有很多年我都没有把精力真正集中在论文写作上。除了花很多时间修习法文、俄文等外语课程,我几乎一直是在由着性子东找西找地挑书读。那时候,亲眼见证"影射史学"之荒诞的老先生们大都主张回到实证考据派的立场上去。受导师们的影响,我对国学传统中审音勘同之类精湛的文本处理方法很入迷。另一方面,尽管还没有像极少数同辈人那样明确地意识到,实证史学如日中天的声势其实已然是一种回光返照,我还是在朦胧中觉得,史学方法上的突破与更新已成为一件容不得忽视的事情。那时在中国以外,以施坚雅"汉学死了,中国研究万岁"之语为标帜的针对中国历史文化研究的"社会科学化"主张,已经流行近二十年。它虽有某些带根本性的缺陷,而且也已在欧美的中国研究学术圈内引起反思,但与当时国内力图将自然科学中"三论"(即系统论、控制论和信息论)的观念、理论与方法直接引入史学领域的尝试相比,前者毕竟还多一点启发力,少一点生硬性。中国现代的蒙元史研究一向极关注外国同行们的工作成果。受这一传统的引领,我在那个时期补读了许多西方"中国研究"的著作与论文,从中受益实在不小。

　　我的硕士导师和第一任博士导师韩儒林教授于 1983 年去世。此后我转到中国社会科学院民族研究所翁独健教授门下。两位好像都对我很信任,任由我尽情读书,从没催过我赶快写完论文毕业。但等翁先生于 1986 年去世后,南大和民族所两方面的老师们就觉得我再拖下去有点不对劲了。我想请蔡美彪教授继续做我的论文指导教师。他大概也觉得不太对劲,建议我不必再另寻导师,只是督促我赶快写论文,并同意将来做我的论文答辩委员会主席。这才逼得我连忙转过身去,在翁先生逝世当年写完论文,并通过了答辩。

　　不是抱着要解决某些具体问题的特定目标,而基本上是信马由缰、任凭兴趣选书读书,这样的学习方式好不好呢?只要你能真看进那些书里去,那就不但没有什么不好,反而还应当经常挤一点时间这样做。根据我自己的经验,过去只是"由着性子"读过的各种书籍,实际上大多数都会在后来所从事的研究中被派上用场。就好像当时无意中撒在水里的许多网,日后无论拉起哪一张,都会有满满的收获。由一个人的直觉导出的诸多学术兴奋点或兴趣点,虽然从表面看来可能相互孤立而缺乏联系,其实在与他的学术个性最匹配的那个特定智识结构中,往往都存在着某种内在关联。研究生时代单纯的读书生活,让我至今留恋当年南京大学元史研究室的那间塞满古书和外文书刊的屋子。

　　那个时代让人留恋的另一件事情,是我们多少还有些许的机会,亲眼目睹从辛亥革命前后以来的六七十年间中国学术的现代转型阶段幸存下来的一批大师们最后的风采。孔子曾经把春秋近两百五十年的历史由近及远地划分为所见、所闻、所传闻等三个阶段。借用他的说法,我们可算是刚好挤进了尚能亲承大师耳提面命之教的那个"所见"时代的最末端。在研究生时期教过我的老师中,还有人能够从古代经典的随便哪一句开始,流利地接着它背诵下去。你提一句"北决九河,通十二渚,疏三江",他就能不加迟疑地往下背:"禹傅土,平天下,躬亲为民行劳苦。得益、皋陶、横革、直成为辅……"。随着从幼年起就接受"记诵经传、句读文义"的传统教育方式的人们纷纷凋谢,今后的学生再也不可能碰到这样的老师了。

在当时的南大操场上,每天早晨都能看见许多正在锻炼慢跑或散步的老先生。他们中间很少有像今天的名教授那样西装革履、行头笔挺的,大多是一身中山装,甚至还皱巴巴地稍嫌邋遢。可其中属于最响当当的大师级学者的绝不在少数。比如我常见到一位矮小而貌不惊人的老先生,就是中国最权威的法国文学专家。他一直招不到博士生,因为他出的专业试题,竟要求考生把《诗经》里的选篇译成法文。学法文的年轻人自然读不懂《诗经》,连其中的汉字都认不全。出这样的考试题目,哪还能招得到研究生? 在操场跑道上,你可以与大师常川相遇。这是何等令人心仪的日子啊!

真的,只要面对着这些老先生,你就不能不被体现在他们身上的那股充沛的人文精神所感召。但是我们还能把它继承下去吗? 我们这一代,其实是"接轨的一代":一则要跟中断了数十年的本国学术传统、治学方法接上轨;二则要跟同样长期地被疏离的国际学术接上轨。对基本上属于"半路出家"的我们这一代,这种承上启下的使命沉重非凡。所以需要想一想,当我们自己也在慢慢地变老的时候,我们能留给下一代的是什么? 在下一代想起我们的时候,除了互相间那种鸡肠狗肚的争斗,除了看见我们在谈车子、谈房子、谈票子、制造一座庞大无比的精品垃圾山,我们还能留给他们一些什么样的更值得纪念的东西？

　　这么说来，您还真的十分幸运，竟然没有被日益严峻甚至似乎有点恶化的学术竞争和学术生态"hold"住。

姚大力：倒也不是完全没有干扰。有时我会忍不住。我不止一次在学校会议上发牢骚说，自己代表了学术上的弱势群体，但希望学校不要把弱势看作就是弱智。不过叫归叫，更关键的，还得要有一种沉静的心态。既然自己确实低产，你就不能还那么在乎，事事要与人争一日之高下。那就回转身来守以淡定吧。早在进入专业领域后不久，我为这辈子设定的目标，就是要在蒙元史和北方民族史领域的一些重大题材上，写十几篇大型的、三四万字的第一流论文，让后来的研究做不到轻易绕开它们。我自己认为这是一个很高的目标；事实上，我至今还在朝着这个方向努力，不知道能不能实现。我一向没有撰写专题著作的打算。最近虽已动手把开设"北方民族史文献讲读"课程的讲稿改写为书稿，但那至多也只是一部综合性的"疏论稿"，算不上"专著"。这意思不是说写专著不好，更不是要反对别人写书。但我觉得健康的、多样化的学术生态，应该平等地允许并鼓励人们去从事各种各样在形式与风格上互有差异的学术活动。不写书的人就一定比写书的人来得弱智吗？我绝对不相信。

　　但是我担心的是，现在盛行的这套科研项目化、评价数量化、育人明星化、棋艺盘外化的规制，会把太多的年轻学者们"hold"住。不是说这些规制一无是处。可是，学术研究真的都可以像鞋匠那样预先制订生产计划、接受主顾的预约和定金、按部就班地投入制作、如期交货并结清余款吗？历史学的讨论需要多学科的视角，但学者们也早已意识到，遏制它自身的人文科学的根本属性、将它完全"社会科学化"，只会无止尽地伤害这门学科的价值和魅力。把学术研究活动压缩在"项目"范围内,实际上是把只属于课题研究后期的"成果产出"阶段与研究者事先即已投入其中的在自身技能提高、知识更新、素材积累、思想酝酿等方面必不可少的长时期学术准备阶段强行剥离开来,并且根本不承认后者的存在。在量化考核压力下接二连三地认领和实施这样的项目研究,极不利于青年学者的健康成长。不少地方把一个人的各种学术成果统统折合成"工分"加以衡量比较。多发表一篇文章就多两分;某甲的书比某乙的书早出版一年,也可以因此多得两分。但是一个写了八篇文章的人,就一定比只写过六篇的人水平更高吗?一本早出两年的书,其评价就必定应当高于比它晚出的书吗?对一个青年人来说,究竟是应该抓紧一两年时间多写几篇文章,还是首先巩固或提高甚至再新学一门对他十分有用的外文更重要?大概因为太多的"人情"关系,人们越是怀疑对于学术成果品质的任何权威评定的公正性,就越是只好求诸数量指标,以及由此延伸出来的各种荒唐的"可显示度",如大部头、多卷本、系列著作等等。这种局面若不改变,必将贻害无穷。

您曾提出,要在民族史研究中更充分地重视出于被研究对象自身的主体叙事和主体意识。在这一研究领域越来越受到关注的今天,为什么您觉得还需要特别强调这个看法?

姚大力:这也许是当代的民族史叙事之区别于有关民族史的中国传统叙事模式的最重要特征之一。汉语文献对中国民族史的记载有很久远的历史传统。这一传统的叙事模式,在《史记》时代从更早先的神话叙事转变为成熟的"行纪-传译体"叙事,并由此一直沿用到晚清。《通典》把这一类记载归入"边防门"。清代的四库馆臣批评说,其中很多部族、人群或国家"既不临边,亦无事于防","边防"之名殊多不妥。所以《古今图书集成》改以"边裔典"称之。清末同光年间在边疆危机刺激下兴起的"边疆舆地之学",代表了中国民族史叙事从它的传统模式向现代模式转变的过渡阶段。而这个学派的殿军洪钧,在以下两层意义上,成为上述叙事模式转变的标志性人物:他第一次向中国学术界揭示出非汉语的民族史料和域外史料对本领域研究的极端重要性,从而给基本上依靠汉文资料进行考察与讨论的传统局面带来极大的冲击;另一方面,他本人还没有直接运用民族及域外语文资料的能力,所以还只能拐一个弯,通过请人翻译俄、英、德文的第二手著述,间接借用欧洲东方学对各种非汉语文献的释读,来从事与传统汉文资料作对照比勘、互证互补的工作。

不能把洪钧的贡献,看作仅仅是将民族史的史料范围扩大到汉语之外其他语文的文献而已。它反映的,实际就是现代民族学高度重视被考察的边缘人群之主体叙事和主体意识的学术取向。正是由于这一点,民族学才会强调长期的、持续的田野工作,强调参与其中的观察,强调沉浸到被研究对象的文化和日常生活里去,强调用被考察者自身的视角和情感去释读那个部落、人群或社会。显而易见,民族史研究无法直接借用民族学的种种基本方法,因为民族史研究者根本没有可能从事针对过去的田野工作,根本无法亲身参与,更不用说无法沉浸到被研究对象的文化和日常生活之中去。尽管如此,民族史研究者还是可以从民族学的上述学术取向中获得非常重大的借鉴和启发。在这里,我想举一个自己处理过的例子来说明问题。

我们都知道,努尔哈赤出于"建州女真"部。因为明代文

献和李氏朝鲜王朝的汉文记载都这样指称他。他们自己当
然也知道明人和朝鲜人都这样称呼他们。那么,被我们称为
"建州女真"的这个部落,是否有一个出于他们自己的自称
呢?建州女真以外的其他女真语部落都有这样的自称。如
乌拉、辉发、叶赫、瑚尔哈、哈达等等。所以建州女真应该也
有属于他们的自我指称。然则这个自称是否已从文字记录
里完全消失了呢?

　　属于他们自己的早期历史记载叫《满洲实录》,它是经过
删改的《满文老档》汉译本;而《满文老档》又是对更原始的满
文"旧满洲档"的删改文本。这种最原始的满文档案被塞在
故宫大内档案库的几个大口袋里,于 1930 年代被重新发现,
后来运至台湾,到 1970 年代中叶才开始有学者对它们作释
读研究。旧档的写作年代,有些属于努尔哈赤时期。它们往
往书写在明政府公文纸的背面,尚未经过纸张供应充裕的皇
太极时期重新整理抄写,故可断定是当时的原件。就在这部
分文书原件里,也出现了"满洲"一词。这个"满洲"究竟指的
是谁呢?不可能是别人,只能是努尔哈赤本部!

　　这就表明,"满洲"并不像我们一直以为的那样,是皇太
极时期发明的一个名称。它一向就是努尔哈赤所在部落的
部名。不仅"建州"不是他们的自称,连"女真"一名,也不是
他们原初就知道的!这些被明朝人和李氏朝鲜人、因而也被
今天的我们称作"女真"的人们,最初把自己叫 Jushan("诸
申"),明朝人把这个名称汉译为"朱先"。如果说,明人和朝
鲜人是凭藉着数百年连续不断的文字记载,才得以把辽东边
外的女真语各部看作金元女真人的后代,那么这个部落群体
内部并不存在类似的知识传承与历史记忆,可以使他们把自
己和金元时代的女真人联系在一起。满语中的"女真"一词

写作 jioji，完全是汉语"女直"一名的音译，是一个源于汉语的外来词。

因此，真实的情况是，恰恰就在努尔哈赤与明朝和朝鲜有了更多接触后，才通过他们知道了金元女真人以及他们曾经创造过的辉煌历史。为了在由明、朝鲜、辽东边外女真语各部以及蒙古等势力集团构成的东北亚国际斗争环境中增强自己的政治合法性，努尔哈赤立即把新获得的知识变成了一项珍贵的历史资源加以利用。为全面接续金王朝的统绪，他把新成立的政权称为"金"，即没有像突厥、蒙古人那样把原属统治部落的名号变成全体部众的共同族名，而是把诸申追溯为金元女真的后代。"满洲"的部名于是也就不可避免地被他的这些措施淡化了。如果努尔哈赤的上述政治-文化策略没有在皇太极时被终止，那么 17、18 世纪的中国所见证的，也许就不是一个叫做"满洲"的民族的诞生，而是古老女真民族的复兴了。

那么皇太极又为什么会断然否认自己与金代女真之间的直接继承关系呢？因为他变成了漠南蒙古人的汗，所以他不愿意再把自己看作是曾被蒙古人灭国的女真人的后代。因此，努尔哈赤选择的"金"的国号，在这时被"大清"所更替。也就是说，"满洲"并不是皇太极的发明，但确实被他重新发掘出来，用以取代正在变成"女真"同义词的"诸申"。

由上例可见，对被研究者主体叙事和主体意识的重视与发掘，有助于将过去被我们长期忽略的某些历史变迁层面重新揭示出来，为民族史叙事提供更丰富多彩的内容。比如在重视中央王朝治边策略及其实践过程的同时，也更多地关注边陲社会自身状况的变迁；在了解汉-少数民族关系史的原有认识基础上，进一步探明互动背景下以相关族群为主体的叙事;在留意于政治史、军事史层面的同时加强对族群内部经济、文化和人地关系的考察;在依靠汉语文献同时也花力气去开展田野调查,开展民族语文资料和口头传说的收集与解读,并把对民族语文资料的文献学解读与边疆史地的宏观叙事更密切、更有机地融合为一体。

您所说的从民族学引入到民族史研究中来的这一新取向,对该领域之外更广泛意义上的历史学思考来说,是否也有启发呢?

姚大力:这个问题提得很好。强调尽可能基于被研究对象自身的感知去了解、认识他们以及他们生存于其间的世界,实际上是历史学的根本性格所规定的。人们曾天真地以为,历史学可以客观地还原或再现"真实地发生过的往事"。但是进一步的历史哲学分析却使他们失望地发现,历史学家讲述的其实只是"我们以为发生过的事情"。于是就有人从这一极端跳跃到另一个极端,如同柯林伍德批评过的,主张仅凭"同情的洞见"或"想象的理解",将历史过程纯粹主观地封闭在"思想家的心灵之内"。针对德国人与法国人所持的这两种相反立场,美国的中亚史专家费耐生(R. N. Fryer)评论道,或许还是"东方"人说得更贴切:历史就是"人们认为往事曾应当如何发生"。不知道他说的"东方"所指何谓。但此处的"人们"显然是有区别于"我们"的一个概念,我以为它首先应当指曾亲身参与及经历过那些往事的人们。这就是说,我们只有透过最详尽真切地去感悟亲历者们"认为往事应当如何发生"这一环节,才有可能使"我们以为发生过的事情"最大程度地接近"真实地发生过的往事"。这里有两点需要提出来略加分疏。

如果说历史研究真应该"还原"什么,那它首先要还原的,就应该是活动在那个时代的各人群或个人存留在历史文本及其他形式记忆之中的对那个时代的切身感知。有一位我很敬重的作家说过,要力求对自己所描述的对象有一种"如肌肤触碰般"的踏实具体的了解。历史学家怎样才能"如肌肤触碰般"地感受他要加以讨论的那个时代,以至于闭起双眼就好像能够看见它呢?当然最重要的是靠阅读亲历者们讲述"往事曾应当如何发生"的各种记录。不避繁琐地检阅所有最细小的情节或信息,远远不止是为著书立说寻找某些具体证据或反证的需要,更根本的,还是为了从海量的叙事中寻获对于过去的身临其境般的感受。这是只知道一门心思地利用电脑检索软件的人敲一辈子键盘也敲不出来的。

对每一件细琐的史料都用足工夫后,还要能从中跳出来。无论是在各有专长或各有不同聚焦点的历史学家们之间,乃至在具有不同类型与性质的知识需求的专家与一般阅读者之间,他们的相互理解与交流大多不会发生在非常微观的细节层面上。因此细部研究又必须被还原到有关那个特定时代的精神气质、人类生存环境,以及当时人如何感受其生存环境的宏观历史图景之中去,从而使这幅宏观图景变得比原先更丰富、更立体、更多样化、更准确可凭。真正出色的微观研究非但不能回避对宏观图景的应有关怀,而且恰恰就是宏观描述所必须依赖、不可或缺的。

所以,民族史领域内的这种学术新取向,也是完全符合历史学本身的学科逻辑的。

（原载《中华读书报》2012 年 4 月 25 日,采访者:蓝田）

琐忆韩师儒林

第一次见到韩师儒林先生，是在 1978 年南京大学研究生入学考试复试阶段的面试考场上。他给我出的口试题目，是要我谈谈成吉思汗身边有哪些大将，以及他们各自的主要经历。半个多小时面对面的口试，竟然没有在我的记忆中留下对韩先生的任何印象。主要原因大概

《朔漠情思：历史学家韩儒林》书影

有两点。一是当时的紧张心情像是一道网筛，把除去考试内容以外的其他临场细节几乎都过滤干净了。二是一起参加考试的其他考生的技艺让我深感吃惊。笔试结束时，偶然发现坐在我前面的一位考生正在做一张特殊的加试卷，卷面上的外文字母就像一行行排列整齐的"豆芽菜"。后来知道他是在翻译一段蒙元帝国时期的阿拉伯文史料。另一位考生则在与我一起离开考场时大谈藏缅语和壮侗语之间是否有"发生学"关系的问题。一种强烈的自惭形秽的感觉，可能也无形中抑制着我对那日情景的回忆。

幸运的是，我还是考上了韩先生的研究生。从云南到南京入学的第二天晚上，我去他的家里做礼节性的拜访。那时

他已经从"文化大革命"时栖身的地下室搬回从前住的小粉桥五号那幢小楼。不过当时还只有底层的两个房间以及一间狭小低矮的三层阁楼归他家使用；二层楼仍然被另一位教师占用着。

盛暑虽已过去，南京依然闷热异常。我们就从这个话题谈起。韩先生说，夏天虽然又长又难熬，但南京的秋天却让人非常喜欢。关于我的学业，他只是简单地说：不必急，等慢慢熟悉起来，大体上找到在蒙元史这个大领域里自己的兴趣究竟在哪些方面，再商量一个长远一点的计划。坐了不多久，我便起身告辞。他把我送到楼前小园子的门口，站在那里看我离去，把胳膊抬到差不多与肩膀相平，不住地挥动手里的大蒲扇。

直到今天，我依旧清楚地记得在朦胧的夜色中逐渐淡去的他那熟悉的身影。他并不健谈，言行举止像他的文章一样朴实；提起韩师母，他略带河南口音地称她"我老伴儿"，这时你甚至会觉得他有一点乡土味。他很平易，不过似乎又不那么容易接近。在跟着他读元史的随后五六年里，对韩师的了解越来越多，但是它始终没有改变我对他的最初印象中的这一层"底色"。

在研究生学习期间，听过很多老师的课，正式在课堂上听韩师讲课的机会却不多。他只是在由元史研究室的老师们集体开设的"元史研究专题"这门课程里为我们讲过两个题目，一个是元史研究的目录学，另一个是中国北方民族史研究中的审音与勘同问题。我们主要通过元史研究室内的自由讨论接受他耳提面命的指导。虽然学校不实行坐班制，但在我就读硕士研究生的三年中，韩师只要没有外出开会，几乎每天上午都会来元史研究室；研究室的其他老师也都如此。因此，在这个不大的集体里，差不多每天都有自然而然地形成的互相交流研究信息和新见解的讨论会。从国内外新近出版的著作或论文、各人正在酝酿的研究课题，到对某一个学术观点的辨证，甚至某一条史文的勘误，每一个话题都让我们这些初学者感觉新奇、有趣，又有点应接不暇。慢慢地，在老师们的鼓励下，我们也壮着胆加入到讨论中去。虽然所发表的意见可能大多还很粗浅，但是参与使我们的学习和理解都变得更有主动性，也更加有效率。在他逝世前的最后一年多，因为身体不好，韩师来研究室的次数减少了。不过，上午的自由讨论作为研究室的一个不成文的制度，还是被长期坚持下来。

从这些讨论会中，我学到的东西真是太多太多。它使我越来越真切地懂得，在论文中被作者完美、成熟地表达出来的那些一得之见，必须靠数量上巨大得多、但也许还不那么成熟和完善的见解或思考来加以培育，才可能最终瓜熟蒂落；就像浮出水面的那一角冰山，须由水面下比它大七八倍的冰块所支撑一样。自由讨论使我们有机会了解老师们心中正在形成和调整的那些看法，了解高水平的研究工作是如何在逐次逼近历史真相的认识过程中展开的。有些见解甚或猜想，虽然尚欠成熟，但还是会给我们非常有益的启发。当然，过分热衷于发表的写作活动，却又像飘浮在水面上的气球，难免轻薄无根的性格。韩师很欣赏"只问耕耘，不问收获"这句话；他强调慎于发表，对学问持敬畏之心。他的身教和言教，对后学是一笔可以从中终生受益的精神财富。

现在回忆起来，当年最令人怀念的事情，就是这些不拘形式的学术讨论会。韩先生往往到得比我们稍晚一些。听见熟悉的脚步声从门外的走廊传进来,我们总是习惯地从各人的座位上站起来,在紧靠墙边书橱的狭窄过道上为他让出一条路。他一边和大家打招呼,一边走向靠着南窗的他的写字台。在他稍稍翻检一下当天新收到的邮件后,讨论就很自然地由某人提出的一个问题开始了。即使是在这样的场合,韩先生的话也不算很多。但他总是说得很到位,指出有关本问题已有过哪些重要的研究成果,阻挡着我们进一步认识它的主要障碍又是什么。言谈之际,他经常会顺手从书架上抽出一本书,无论英文的、德文的、法文的、俄文的,或者是蒙文的、藏文的、波斯文的,熟练地翻到需要引证的地方,取下眼镜,把书凑到眼前,习惯性地伴着喃喃之声默读起来;接着,他就轻易地用相当流利的汉语将它口译出来,作为他的见解的依据。在这样的时候,有谁还能不从心底里钦佩他渊博的见闻与学识?在他身上,朴实无华和博学精思两者确实已十分自然、和谐地被融合于一体。

韩师又是一个性格含蓄的人。他的循循善诱,他的严厉与和蔼,都带着含蓄的色彩。

80年代初,历史人物的评价仍然是史学研究中一个颇受人关注的话题。有一个高年级的本科生跑到元史研究室来,问韩先生对历史人物评价有什么看法。韩先生在60年代也曾经写过评论成吉思汗、耶律楚材等历史人物的论文。虽然多少受到当日意识形态的影响,但他的论文主要还是力图透过这些个人的历史选择与独特经历去把握那个时代的一般特征和走向。它们应归属于从那个"火红的年代"留下来的少数至今仍具有学术价值的史学研究论著。尽管如此,韩师不大提倡轻易地将历史人物拿来做文章。他是怕初学者按八股式、"政审"式的腔调依葫芦画瓢,走歪了路子。不过他当时并没有把这个意见直截了当地说出来。他只是回答说:"关于这个问题,古人老早就讲过很好的看法。"他要那个学生回去读一读《四库全书总目·史评类》的序说。谈话结束后,我连忙按韩先生的指示去查阅原书,发现那段话说:"至于品骘旧闻,抨弹往迹,则才翻史略,即可成文,此是彼非,互滋簧鼓。故其书动至汗牛。"原文批评的,固然是史学评论中的浮泛之作,移用于教条式的历史人物评论,也是完全贴切的。儒林师的表达方式虽然委婉,他的意思却是再清楚不过了。

我没有见过韩先生发火,但你还是很容易从他脸上看出他的不高兴。有一次他走进研究室,一眼见到阅览桌上摊着一本无人阅读的书,如果记得不错,大概是谢再善的《蒙古秘史》汉译本。他径直走到桌边,将书本合拢,准备把它插回书架上去。当发现这本书残破不全的封面已只有一小半与快散开的书脊相连的时候,韩先生的神情立刻严肃起来。他指着书问我们:"这本书是谁在看?封面都快要掉下来了。这个屋子里的书,我们用了一二十年。学校图书馆曾经派人来清点过几次,从来没有掉过一本、损坏过一本。这在学校图书馆都是出了名的。现在你们进来了,希望你们也懂得爱惜它们。因为在你们以后进来的人,还需要使用这些书。读书人应当知道爱书,这是最起码的。"说着,他顺手拿一张旧报纸,把那本书包起来,放到自己的办公桌上;临走时又把它一起带走了。两天后,仍然是用那张旧报纸包着,他把这本书拿回研究室,并且一声不响地把它放回到书架上。后来我们发现,他已经用牛皮纸为这本书重糊了一个封面。

元史研究室藏书的基础,是当年为了替谭其骧先生主持编绘的《中国历史地图集》绘制古代蒙古地区历代图幅的需要，由韩先生带着他五六十年代招收的研究生们，从学校图书馆里选调出来的宝贵资料。那时候，"杨图组"领受的是"毛主席交给的任务"。元史室扛着这根金字令箭，毫无困难地将学校图书馆内有关元史及北方民族史的汉文史料和研究书刊，以及原中央大学图书馆收藏的有关东方学的大批西文、俄文与日文书刊，几乎全部搬进了元史研究室。很多参观过元史室的学者都说，在这里做研究生，比在别处学习元史，起码可以节省一年到处搜访书刊资料的时间。我们是在韩师和其他老师的言传身教下，才逐渐懂得应当如何去珍惜这种优越条件的。

　　除了读书以外，韩先生似乎没有什么别的特殊的生活爱好。不过他时而也会关注到甚至去参与对学生们来说正饶有兴趣的那些琐事。只有这时候，你才可能透过他一贯的矜持，辨认出他性格中那种深层的率真。当时我有一个漂亮的签名本。在有机会与那些著名学者接触时，总要请他们为我签名留念。有一次陪同韩师到上海参加中国历史地理学会的年会，我拿着这个本子到处找名人签字。看见我那副紧张的样子，韩先生说："你不如把本子给我，由我在合适的场合代你请他们签名。"几天后，他把签名簿还给我，一面还笑着说："还是我的效率高。你看，你点的那些名人已经被我一网打尽了。"替我签名的人中间，有个别人是我不太了解的。韩先生一发现我还没有听说过他，马上认真地补充道："这个人的学问可好了，明天我来介绍你认识他。"近二十年前在上海延安饭店的这一幕，是我对韩先生最为难忘的记忆之一。

　　30 年代后期从欧洲游学归国，韩师进入天主教会学校辅仁大学教书。这所学校是当时日据北平城内的一个文化孤岛。韩先生后来回忆说，每天晚上，教授们经常不约自来，聚集到坐落在半地下室里的阅览室中，通过西方传媒了解中国和世界的时局。有人收听英美电台。陈垣先生则喜欢听人口译西文报刊上的最新消息和时评。有一次，张星琅先生喜滋滋地走进阅览室，压低了声音对在场的人说："今天我去城里，听见卜卦先生说，日本人久不了了。"虽然没有人会认真对待算命先生的这个预言，那天晚上，大家毕竟还是因为聊觉欣慰而好过不少。

就是在这种气氛中，韩先生或许是把太多的对现实的愤慨带进了他讲授的匈奴史的课堂。这时他收到当时很著名的一位日本汉学家辗转递送到他手里的一张名片。大家都觉得此举隐含威胁恐吓的意义。这件事最终迫使韩先生下决心接受顾颉刚的邀约，举家迁离北平，转道前往昆明，又从昆明到重庆华西大学任教。

韩先生去世后，为了编写关于他的生平材料，我们从他家里借阅了他在1950年代以来填报各种政治审查表格时留下来的底稿。50年代初，在回答他当年从北平远走西南"有何目的"的那一栏内，韩先生写的是"张个人地位"一句话。为什么他会这样回答？这个问题曾使我久惑而不得其解。

也许他觉得对那张名片所蕴含的信息已无法确凿举证，因而贸然以"受日寇威逼"来解释他为什么要离开辅仁，有点像往自己脸上贴金。但为了这个缘故而不惜贬损自己，毕竟还是不大符合常理。我以为他的苦衷，也许是为避免如实地回答便可能进一步招致的两个更难以说得清的问题：既然受到日本军国主义的威胁，为什么不与它坚决斗争而要逃离北平？既然要离开北平，为什么不是投奔抗日民主根据地，而要跑到国民党的大本营去？现在看来,提出这样的问题简直是荒谬的。可是在那个革命激情高涨的年代,人们对如此"追根刨底"式的质问绝不会感到不可思议。尤其关于后一个问题,在"蒋介石反动政权"已完全丧失历史合法性的政治背景下,"延安还是西安"的选择所反映的,是一丝容不得含糊的根本立场问题。与它相比,"个人思想意识"问题虽然也是缺点,但在性质上就远不如立场问题那么严重了。

在有关"社会关系"的个人材料底稿内,韩先生提到了法国著名学者伯希和。在"你与他的具体关系"一栏里,他写道:"他是我在法国学习时的老师。我治元史的这一套方法,就是从他那里学来的。"有趣的是,显然是写完这句话以后,韩先生在"方法"一词之前又加上"资产阶级玩古董的"一语,用一个圆括号和下划线将它插入原句中。韩师一生对他所驾轻就熟的东方学传统中的实证方法至为珍爱。"文化大革命"里,说他是"国民党特务""资产阶级走狗",他沉默以对。可是当他的一个学生当众打了他一记耳光,斥责他"有什么学问？只有假学问"的时候,他难过得当场流出了眼泪。当年这种自我批判的用辞,似乎很难说就没有言不由衷的成分。

我这样说,丝毫不暗示自己对韩师有任何不敬重的意思。我们没有理由怀疑经历过40年代末糜烂性政治腐败和经济崩溃的一代人当初赞同和拥护新制度体系的真诚。参与和投入一个崭新时代的急切愿望,使他们自觉不自觉地力图"忽视"思想深层那些与这个制度体系及其意识形态并不和谐的观念、看法及其意义。这是一种真诚的妥协:通过妥协去认同新制度体系,同时也热切希望通过妥协被新制度体系所认同。我们曾经一次次地为这样的真诚付出过太多太沉重的代价;但这一点并不能成为我们怀疑受害者们的真诚的理由。出于"为尊者讳",任凭中国当代思想史的这些宝贵资料散失,是不负责任的态度。而自以为据此就可以对前人非难讥诮,则适足暴露议论者本身的妄自尊大与完全缺乏历史感的轻薄而已。

从1955年起,韩先生就兼任中国科学院社会科学部的学术委员。长期享有的崇高学术地位,好像一直在磨砺他谨慎、谦虚的作风。他每次讲课,总是要准备新的讲稿。韩师母曾经笑话他说,韩先生每次备课必定要直到"最后一刻";有时甚至出了房门又匆匆赶回来,为了重新查对一两条资料。在1965年奉调北行,去担任内蒙古大学副校长前,他写过一首诗。诗里说:"滥竽南大廿二年,诬枉岂止人三千。""北国此去期寡过,故人勿惜药石言。"语辞虽然夸张,但却反映出他对教书育人深怀敬畏、不敢稍有怠慢的真实心情。

他生前亲自编定的论文集《穹庐集》由上海人民出版社出版,共三十二万字。而他去世后由江苏古籍出版社出版的《韩儒林文集》则有六十三万多字。旧稿中被他自己删削的有将近一半。在《穹庐集》的出版过程中,韩先生的病已经很重,由我负责代他一遍一遍地看排印出来的小样。他不止一次叮嘱我:"年轻时鲁莽,不知天高地厚。对屠寄等人批评起来没有分寸。遇到这种地方,一定要改一改。"

对元史界比他低一两辈的学者,他都以朋友相待。有时他会用很特殊的方式表示对他们的赞赏。例如他曾经这样讲到原北京大学历史系教授张广达:"人要有学问,就要先被打成右派,像广达那样。叫你万念俱灰,只好埋头读书。"他主张我们多跑北京、内蒙,去向他们请教。他说:"清朝的读书人，要想有学问，就得做上一两任京官，在北京长见识、见世面。所以你们也要经常去做做'京官'。当然，学蒙古史，还得去内蒙学习。"

那些年里，为了修改《元朝史》，编撰《中国大百科全书》《中国历史大词典》有关元史的词条，我有许多机会看到韩先生与那些比他年轻的优秀学者在一起讨论学问。在这样的场合，他们之间师生辈分的差别好像真的消失了。互相间对不同的看法直言不讳，毫无保留。在他们中间，韩先生也变得年轻了。这是从乾嘉学派流传下来的有生命力的传统之一。中国元史学界长期保持着这个宝贵的传统，韩先生是有倡导之功的。

很少会有这样的导师，他让他的学生觉得时时在受着他的影响，同时又让他觉得他们之间的多年相处是那样纯粹恬淡，以至于想不起多少生动的事情可以回忆。韩师就是这样的一位导师。

这就是在我心中一辈子不会忘怀的韩先生。

（本文原载《百年》第 6 期，1999 年 11 月）

后　记

　　这本史学评论集初版于 2010 年。就像我另外两本论文的结集一样，书中都没有"序言"或"后记"一类文字。我觉得写作的人需要呈现给阅读者的，应该是他对各种相关问题的具体的认识见解。至于有关他本身的种种个人情况，包括在研究、写作或生活中的甘苦体验、亲属们的辛劳关爱等等，可能未必是一般读者都会感觉有兴趣想予以了解的内容。当然例外的情况也是有的。例如司马迁为《史记》所写的后叙《太史公自序》就是千古名篇。从今日的眼光看来，《史记》若是缺少卷一三〇的这篇"自序"，就很难成为现在这样的完璧了。

　　本书修订版与初版相比，面貌改变较大。主要是删去了原书中的四篇长文，又补入最近五年来新写成的一些文字。抽换的文字超过十万。抽出去的文章里，有两篇会放在新编的一本小书《司马迁和他的〈史记〉》里，该书也将由复旦大学出版社刊行。还有一篇会编入三联书店即将出版的《追寻"我们"的根源：中国历史上的国家认同与族群认同》中。现在这样安排，比起本书初版来，所收入的文章在体例上是更趋一致了。它们大体上可以分为三组。第一组是关于元史和北方民族史的书评或专题评论；第二组是其他书评（包括两篇戏剧评论）；第三组多为会议发言或讲演的稿本，也有一些忆旧的文章，及一篇访谈。《四库全书》的编撰凡例说：编入的书目分为四十三类,"各冠以小序";"如其义有未尽、例有未该,则或于子目之末,或于本条之下,附注案语,以明通变之由"。因有上述"通变之由",所以也才有了写这篇后记的必要。

是书初版时,就是在宋文涛老师手里编成的。现在,修订本的责任编辑仍是宋老师。借这个机会,为他在本书编辑过程中付出的辛勤劳动,谨致以衷心感谢。我的老师邱树森教授为本书封面题签;另外,这次对修订版篇目的存删分并,是在复旦大学出版社总编辑孙晶老师十分具体的建议下完成的。在此也一并向他们致谢。

图书在版编目（CIP）数据

读史的智慧/姚大力著.—2版(修订本)—上海：复旦大学出版社,2016.5（2024.12 重印）
（复旦文库）
ISBN 978-7-309-11805-6

Ⅰ.读…　Ⅱ.姚…　Ⅲ.①读书方法-文集②史学-文集　Ⅳ.①G792-53②K0-53

中国版本图书馆 CIP 数据核字（2015）第 220163 号

读史的智慧（修订本）
姚大力　著
出 品 人　严　峰
封面题签　邱树森
责任编辑　宋文涛

复旦大学出版社有限公司出版发行
上海市国权路 579 号　邮编：200433
网址：fupnet@ fudanpress.com　http://www.fudanpress.com
门市零售：86-21-65102580　团体订购：86-21-65104505
出版部电话：86-21-65642845
浙江新华数码印务有限公司

开本 850 毫米×1168 毫米　1/32　印张 13.125　字数 269 千字
2016 年 5 月第 1 版
2024 年 12 月第 2 版第 6 次印刷

ISBN 978-7-309-11805-6/G·1518
定价：68.00 元